谨以此书纪念戈公振先生诞辰一百三十周年

本书受国家社科基金一般项目"中国新闻史史料学建设研究"(编号：15BXW003)资助,为此项目中期成果；

受"中央高校基本科研业务费专项资金"和"东华大学励志计划"资助(项目名："中国新闻史与新闻学研究",编号：LZB2016006)；

亦受东华大学"中央高校基本科研业务费专项基金"资助(项目编号：2232019H−02)。

国家社科基金丛书

GUOJIA SHEKE JIJIN CONGSHU

戈公振年谱

A Ge Gongzhen Chronology

涂鸣华　王小杰　编著

人民出版社

说　　明

　　戈公振(1890—1935)是近代上海著名爱国报人,中国新闻史研究的开拓者,中国新闻摄影的发起者,早期中国新闻教育的重要组织者和领导者,广告理论家,同时还是杰出的社会活动家。他因家境贫寒来上海谋生,逐步成长为《时报》附刊《图画时报》主编,南方大学、中央大学新闻系主任,领导了新闻事业的大量改良工作。1927年,戈公振出版《中国报学史》,这本书成为中国新闻史研究的开山之作。他两次代表中国在世界报业大会上发言,向全世界介绍中国新闻事业的成就。九一八事变爆发后,他随李顿调查团前往东北,实地采访日本帝国主义侵略东北的暴行,遭到日本方面逮捕。1933年赴苏联等国考察,详细参观了苏联的社会主义建设成就,思想上起了很大的变化。可惜的是,1935年回国不久,就因腹膜炎医治无效而去世,死前犹高呼:"我是中国人。"

　　戈公振所处之年代,正是近代中国社会从传统转入现代的激烈动荡时期,他作为一个知名报人,见证和参与了中国新闻史乃至中国近代史的若干重大事件,如五四新文化运动、五卅惨案、九一八事变、一·二八事变等,与众多名人如孙中山、胡适、梅兰芳、胡蝶、陈布雷、史量才、邹韬奋、黄炎培等都有往来,不少还是至交好友。通过整理戈氏年谱,能帮助人们更好地认识戈公振其人,更深地理解近代上海新闻人的事业和生活。

　　为了全面展现戈公振爱国敬业、律己爱人的一生,我们以历史唯物主义为指导,广泛搜集戈公振本人的书信、文稿、公开发表的作品以及其他文献资料,通过访谈、调研和考证,力求实事求是地展现戈公振的人生轨迹,尤其是同新闻事业相关的活动,不仅要记录谱主的主要生平活动,更要反映其精神风范、人格魅力。有关戈公振参与的活动尽可能采录,其发表的文章会提供名称和主要内容信息,对于相关的人物事件也会提及,一些没有依据的材料则会摒弃,同时为节省篇幅,绝大多数材料的来源会省略或者仅在第一次出现时标注。又江苏人民出版社出版过洪惟杰先生编著的《戈公振年谱》,该书在材料整理上给本书有巨大帮助,不少内容补充到本书中,不在文中特别注释。

具体编撰时,采用如下体例:

一、按照年、月、日纪事,一些具体日子不可考的以旬、月、季、年等条目为单位。

二、记述谱主活动时,一般省略谱主姓名;记述其参与的集体活动时,则不省略。

三、连续性较强的活动,如参观考察,一般承前省略集体主语。

四、年谱中出现的为人所熟知的人名,一般不做身份介绍;反复出现的人名,不重复提及其职务。

五、谱主发表的文章,除作者特别提及写作日期的之外,以文章发表的日期收入年谱。

六、报纸刊登的谱主相关活动,一般在谱主活动后一两日内刊登,一般只标识谱主活动的日期,不再另录入此活动见报的日期。

七、谱主发表的文章,一般除发表时间和刊物外,还做必要的内容介绍,其出版的著作也做主要内容介绍。谱主的题词全录,发表照片则收录题名、发表刊物名称及发表时间。

八、谱主写信使用"给………写信",其他人给谱主来信,则使用"来信",信件均以写信时落款日期为准收入年谱并介绍主要内容。

九、为方便读者了解相关情况,在一些地方做必要的注释。

目　录

谱　　前

　　戈姓,起源于夏,以侯国为名。元朝末年戈氏始迁祖戈胜四,从广德迁徙至江苏扬州的通州。永乐四年,戈氏四世祖戈斌中进士,官至监察御史,其后代定居泰州。乾隆中叶,因当时泰州地广难治,分泰州东北九场、四乡设置东台县,戈氏遂为东台人。

　　戈氏为当地望族,枝叶繁茂。戈公振的曾祖戈长龄,字寿泉,生于1819年4月17日(嘉庆二十四年三月二十三日),1843年入东台县学附贡生(纳捐取得),以团练功保奖候选训导例授修职郎,著有《漱泉山馆诗钞》一书,死于1870年10月13日(同治九年九月十九日)[①]。戈长龄为人急公好义,"县有艰屯,矢躬荷之"。1856年(咸丰六年)东台大饥荒,戈长龄倾其所蓄,赈济乡民。1860年(咸丰十年),太平天国战事期间,主办保卫巡徼,保卫乡里。1868年(同治七年),知县欧阳锴倡导桑棉,从广东引进新织布机,戈长龄总负责此事,"民用殷富"。其他扶危济困之事,"难可指数"[②],积善之家,必有余庆。

　　戈长龄生有四子三女,长子戈德荣,次子戈德祺,三子戈文杰,四子戈德均。戈德荣字蓉卿,曾任从九品衔例授登仕佐郎,生有五子二女,儿子分别是戈铭猷、戈铭绅、戈铭彝、戈铭鼎、戈铭盘。戈铭猷(1860—1937)对戈公振影

---

① 《戈氏家谱东台支系》影印本,第4页。
② 陈祺寿:《戈长龄墓志铭》,见《漱泉山馆诗抄》影印本,第1—2页。

响较大,他字百洪,一字伯鸿,号昧芳,另号二石山人。1886年(清光绪十二年)府试第一人东台县学优贡,因江南乡试堂备额满而未能中举,1908年(光绪三十四年)权瑞州府铜鼓营分防同知,1909年(宣统元年)奉旨改为南昌府铜鼓厅抚民同知,1911年奉调湖北督淮盐总局提调并施诊局总理医务,1912年办理江西宜黄县东陂缉私卡,1914年署理乐平县知事,1916年任南京造币厂文牍科员,后任陆军司令部一等军医官,著有《中国沿海形势图说十卷》《法学辑要十卷》《慎园诗文钞》《羞不恒斋日记》《民傭堂随笔》等作品。戈公振曾过继给戈铭猷,早年就读翟太夫人创办的学塾,戈铭猷即翟太夫人长子。

戈德祺是戈公振祖父,生有两个儿子,长子戈铭烈、次子戈铭恩。戈铭烈(1863—1922)是戈公振父亲,字骏叔,是个监生(指未经正经科举而欲乡试者,需纳捐取得例监出身),以教书为生,曾在东台县修志局任职。戈公振母亲龙氏(1865—1907),廪贡生龙澍次女。戈铭烈生有两子一女,长子戈绍甲(1887—1938),为戈公振大哥,字曙东,一字公素。1909年东台地方自治研究所毕业,曾任城镇乡地方自治调查员,又就读于淮南法政学校。1913年考入南通县江苏省代用师范学校,六年本科第一部毕业,任东台县立第一高等小学教员。1918年夏入江苏省童子军讲习所听讲毕业。后至上海任有正书局经理,1921年担任上海青年会会员科委员。1922年返乡任东台县立代用高等小学校校长,1923年任女子初级小学校校长,1925年任母里师范学校教员、东台县立第一女子小学校校长,1927年冬任东台县督学。戈绍甲有四子四女,著名翻译家戈宝权即其次子,曾过继给戈公振。戈公振还有一妹戈绍怡,是教育工作者。

早年生涯（1890—1914 年）

（光绪十六年到民国三年，从出生到 24 岁）

1890 年　11 月 27 日,出生在"苏北东台县城的一个所谓'世代书香'的人家"①,又名戈绍发,字春霆,又字公振。

戈公振之名的由来,据称是其长辈根据《礼记·月令》"雷乃发声"所取,又由雷字,从《诗经》的"如雷如霆,徐方震惊"一句,取了"春霆"的字,接着从《说文解字》中,以"自其振物言之谓之震",再取字"公振",后多用此名,又有一说认为公振为公正的谐音②。

1896 年　6 岁,进入伯祖母翟太夫人创办的羟庵学塾读书。

1899 年　9 岁,转入同里的杜清波学塾,同时又在一名为戈右衡的泰州本家开设的求智学社学过算术。

---

① 戈宝权:《回忆我的叔父戈公振》,见政协东台县文史资料研究委员编:《东台文史资料第 3 辑　纪念戈公振诞辰 95 周年专辑》,1986 年,第 25 页。

② 卞珠:《南京是否可以偏安——戈公振随国联调查团北上》,中共上海地下组织斗争史研究中心、中共上海地下组织斗争史陈列馆编:《民族脊梁　父亲的抗战历程》,上海人民出版社2016 年版,第 3 页。

1904 年　14 岁,因晚清废除科举,进入乡绅夏寅官①创办的东台高等小学就读②。据戈宝权文章回忆,"他在学校里的成绩是优等生。他学过黄山谷、赵子昂的字帖,因此字也写得非常工整。我记得当我进高等小学时,有些同学从学校后楼的一间库房里检出了不少古老的试卷,其中就有他写在红格子纸上的考试作文。他还写过骈文,据绍龙三叔告诉我,当在巴拿马运河劳动的华工遭受虐待时,学校里出了一个作文题,他写的作文里就有'我亦有土,何必力尽海边;家非无坟,突为骨埋岛山'的句子。那时我们家在县城中部的玉带桥巷,高等学堂却在城东头的文庙旁边,当他毕业考试名列第一名时,学校里特地派了轿子,给他披了彩带,抬他回家,这在我们全家人是引以为荣的事!"而据戈公振在《申报》同事黄寄萍回忆文章,戈公振是从东台第一高等小学第一名毕业。③

1907 年　17 岁,母亲龙氏病故,享年 43 岁。本年后,在东台镇兰香街居住(今辟为"戈公振故居")。

1908 年　18 岁,随侍伯父戈铭猷,并在县署里学习,戈宝权回忆文章指戈铭猷"正在江西省铜鼓厅任知县",根据戈氏年谱记载,时间应该在 1908 年至 1911 年期间,根据戈公振发表文章,应为 1908 年春到江西。④

---

①　夏寅官(1866—1943),字虎臣,又字浒岑,号檞舫,晚号忏摩生。祖籍苏州,后迁入江苏东台。1888 年(光绪十四年)应江南乡试中举人。1890 年中庚寅科进士,钦点为翰林庶吉士,后任编修。1905 年创办东台中学堂,次年又创办师范学堂,任两学堂堂长。1907 年任东台教育会会长;同时兼任省教育总会会员、评议员。1912 年创办私立淮南法政专门学校,三年后停办。编著有《清儒学案》《碑传补》《求志居诗文集》《师友纪略》《科学丛谈》《悔庵笔记》等。

②　此处存疑。戈氏家谱记载戈公振于 1904 年毕业于东台高等小学,戈宝权的回忆文章记载于此年入东台高等学堂,而《东台市志》并无"东台高等学堂"这一校名,戈的友人回忆戈自称从"东台第一高等小学"毕业,而东台第一高等小学之名又是民国才有,因此戈毕业的学校比较合理的是东台高等小学,后改名第一高等小学,可资印证是戈宝权毕业于东台第一高等小学,曾见过乃叔多年前试卷。《申报》在戈公振逝世的报道里,亦采用了 1904 年作为戈的入新式学堂年份,又 1906 年东台高等小学与创办人夏寅官的宅子皆被乡民焚毁部分。

③　黄寄萍:《戈公振的遗闻轶事》,《大上海人》1935 年第 3 期,第 13—14 页。

④　公振:《明将邓子龙逸事》,《时报》1913 年 10 月 30 日,第 9 版。

1911 年　21 岁,辛亥革命爆发后,戈公振回到家乡。

1912 年　22 岁,在夏寅官处当家庭教师,性格老成持重,教其二子夏伯衡①,并在其创办的淮南法政专门学校听课,同年参加陈星南创办的《东台日报》,担任图画编辑。

在商务印书馆发行的幼教月刊《儿童教育画》第 22 期上发表目前可查的第一篇署名作品,为插画配谜语,"雷轰轰而不雨,霰飘飘而不寒。路遥遥而不远,石叠叠而无山",署名为"东台戈绍发、赵飞龙"。

1913 年(民国二年)　23 岁,从淮南法政专门学校毕业②。同大哥一起到南通报考张謇创办的通州师范学校(近代民间第一所师范学校),考取了第一名,但因为家境贫寒而放弃,戈公振曾对戈宝权说:"当时家里经济困难,不能负担两个人的学费。你的父亲比我大 3 岁,我才 23 岁,应该让你的父亲先读书。"③

当年,夏寅官迁居北京,为戈公振写了封给狄楚青④的介绍信,望其去上

---

① 史泪:《戈公振入时报之初》,《铁报》1935 年 1 月 1 日,第 3 版。

② 有关戈公振的介绍,关于此学校多有混淆之处,将夏虎臣创办的淮南法政专门学校和梁启超创立的神州法政专门学校混为一谈,实则两校一在苏北、一在上海,现据家谱修订。但对戈公振是否去上海后又上了神州法政专门学校,则还需要更多的史料考察。

③ 戈宝权:《回忆我的叔父戈公振》,见政协东台县文史资料研究委员编:《东台文史资料 第 3 辑　纪念戈公振诞辰 95 周年专辑》,1986 年印　第 25 页。

④ 狄楚青(1873—1941):初名葆贤、又名狄平子、别署平等阁主、慈石、楚卿、狄平、雅、高平子、六根清静人。江苏溧阳人。中国近现代著名报人、报刊革新家。早年应试中举,为北京名公子之一,后留学日本。工诗能文,信仰佛学。戊戌变法时拥护康梁,失败后逃亡日本。1900 年参加维新派发起的自立军起义,事败再度避居日本,曾在《清议报》《新民丛报》上发表大量诗词。1904 年受康有为命回上海创办《时报》,聘陈冷为主笔,锐意革新报纸业务,主张办报"非为革新舆论,乃欲革新代表舆论之报界";辟"时评"专栏,发表短小精悍的评论,为中国报刊最早的短评专栏之一;版面编排,分清主次要闻,用分栏、变字号加以显示;讲究新闻时效与真实性,武昌起义时派出"战地访员"。后与康梁意见不苟,独资经营《时报》,晚年复笃信佛学。遗著有《平等阁笔记》《平等阁诗话》等。

海工作。① 戈公振本人亦决定去上海谋生,他认为家乡风气守旧,"就是在马路上帮助修马路的工人打石子,他再也不回家乡了"②。

当年冬天,戈公振带着夏寅官的介绍信拜望狄楚青,进入其创办的有正书局,在"威海卫路有正书局发行所图画部当职员"③。亦有人回忆戈是先去天津有正书局,再回上海有正书局总局。狄楚青回忆初见戈公振:"我初见子,年方弱冠,韵宇深喜,惺莫见子。"另据其友人回忆:"有人介绍至商务印书馆,张菊生先生说他英文程度太低,因此没有进去。"④

10月28日,在《时报》"滑稽余谈"副刊发表文章《睡舞台》,以三人对谈的形式,讽刺当时上海社会沉迷于戏剧的风气。

10月29日,在《时报》"滑稽余谈"副刊发表文章《万文悫之子孙》,谈高官后人为钱财竟然盗掘先祖墓地之事。

10月30日,在《时报》"滑稽余谈"副刊发表文章《明将邓子龙逸事》,记载随叔父在江西时听闻的邓子龙在江西铜鼓剿匪之事,并抄录邓的一些题诗。

1914年(民国三年) 24岁,调入《时报》馆⑤,正式踏入新闻界工作。

戈公振在有正书局起先的工作是收发员,当时"图画部设在上海威海卫路同孚路口有正书局印刷所内。图画部常设图画生(绘图员)二三十人,为珂罗版影印的古今名画设色加工,分山水、花卉两类:以能做画的为花卉设色;初

---

① 夏寅官与狄楚青共同参与过维新变法,交往密切。见西阶《戈公振遗事》,《晶报》1935年10月25日。

② 江苏省政协文史资料委员会等编:《江苏文史资料 第44集 戈公振纪念文集》,1991年印,第142页。

③ 西阶:《戈公振遗事》,《晶报》1935年10月25日。

④ 黄寄萍:《戈公振的遗闻轶事》,《大上海人》1935年第3期,第13—14页。

⑤ 《时报》馆主人狄楚青并非东台人,但是广义上和戈公振都是苏北人。他早年从事革命活动,后在上海主办《时报》,同《申报》《新闻报》是当时上海的三大报纸。"时报馆与有正书局是一家,设在上海福州路望平街口,楼上是时报馆,楼下是有正书局发行所。有正书局专门发行珂罗版影印古今名人字画及法帖墨迹等。"(见李华丰:《缅怀戈公振先生》,《东台文史资料 第1辑》,1984年印,第24页。)如果读者在《时报》发表作品,往往会获赠有正书局的书券。

学画的为山水设色。对名画真迹上的名人印章,用锌版照样制成后,再由专人负责用最好的印泥盖于画片上,与真迹无异。画片设色集有相当数目,就要送去加盖印章。负责盖章的是狄楚青的夫人汪观定①。戈公振在图画部,经常送画片给汪盖章。汪见他举止大方,任劳任怨,工作认真负责,就向狄楚青说他是个人才,可以重用。不久,戈公振被狄调到《时报》馆工作,从校对、助编、编辑,一直做到总编辑"②。需要注意的是,戈公振不但是《时报》的编辑,还是其体育记者,而从其他材料来看,他未必是《时报》总编辑,但狄楚青晚年因家庭惨变,迷信佛法,因此将报社管理的工作都委托他主持。③ 1920 年时,戈公振给了读者一张名片,署名是戈绍发,左边小字"春霆东台",可见戈公振在成名之前一直使用戈绍发之名,并非仅是谱名。④

而戈宝权则认为戈公振之所以脱颖而出是因其美术天赋,其进《时报》也并非先是收发员,而是学徒。"我的叔父从小学过书法和绘画,一进了有正书局,就先在图画部当学徒,由于他编了一本供学生用的习字帖,立即风行一时,很得到狄楚青的赏识,就被提升为出版部主任。第二年他又被调到《时报》编辑部工作,最初担任校对、助编,后任编辑,一直升到总编辑。"⑤

上海小报《社会日报》则指戈公振"于职务之暇,常为稿投入时报,狄平子见其文理斐然,乃使氏兼任事于时报,所谓有正书局编辑兼时报编辑"⑥。另一小报《铁报》也有大同小异的内容,说戈公振任校对职务时,"月薪极微,然戈怡然自得,终日惟知埋头苦干。平居、衣冠朴素敝旧,而出外时偶易新衣,则

---

① 若是依据包天笑的《钏影楼回忆录》,狄楚青的夫人应姓陈,观定不是正名,而是信佛以后的法号,而陈也不是包天笑的正室,见包天笑:《钏影楼回忆录》,生活·读书·新知三联书店2014 年版,第 396 页。

② 李华丰:《缅怀戈公振先生》,《东台文史资料 第 1 辑》,1984 年印,第 25 页。

③ 谢菊曾:《回忆〈时报〉》,《随笔第 14 集》,花城出版社 1981 年版,第 60 页。

④ 谢菊曾:《回忆〈时报〉》,《随笔第 14 集》,花城出版社 1981 年版,第 60 页。

⑤ 政协东台县文史资料研究委员会编:《东台文史资料 第 3 辑 纪念戈公振诞辰 95 周年专辑》,1986 年印,第 26 页。

⑥ 大风:《戈公振的学徒生活》,《社会日报》1935 年 10 月 27 日,第 2 版。

又异常整洁,足见其爱好之个性。但其时馆中同事,只知其名戈绍发,字春霆也。惟戈于工作之余,颇喜写作,辄以所作稿封入普通之信封,私自投诸邮筒,以达于本馆编辑部,编者得之,初不知为馆中人所投,且来稿亦无地名,故其始采用者不多,为日既久,文亦大进,报端乃日日有其作品,公振之笔名,至此乃渐著,旋为同事者所侦悉,始公开为时报写稿,其后又升为编辑,主持图画时报"①。

而戈公振去世时《申报》所载的《生平事略》则多舛误,如指他在1912年在神州法政学校学习法律,及1913年任有正书局编辑及《时报》编辑②等均和事实有所出入。而同一报纸数日后刊登的《戈公振昨安葬》一文中,收录了戈公振多年好友夏奇峰③的《戈氏事略》,事实就准确了很多,摘录如下:"戈先生戈绍发,初字春霆,后字公振,江苏东台人,五岁入塾肄业,十四岁出就外傅,旋清廷废科举,入学校。十九岁随伯父宦游。民元,先生助理编辑东台日报,二年,入上海有正书局,并时撰文投登时报,不久任时报本埠编辑。"④

---

① 史泪:《戈公振入时报之初》,《铁报》1935年11月1日,第3版。
② 《戈公振昨逝世》,《申报》1935年10月23日,第11版。
③ 夏奇峰(1887—1961):原名夏之云,号奇峰,江苏泰州人,前清高等学堂毕业,早年因革命思想坐牢,流落上海时得到戈公振赏识,由戈介绍教法国人官话,从而学习法语,第一次世界大战爆发后担任驻法劳工翻译,并在巴黎政治大学深造,后在"国际联盟"工作,抗战时投敌,曾在汪伪政权担任要职,抗战后被判无期徒刑,1961年在提篮桥监狱病死。
④ 《戈公振昨安葬》,《申报》1935年12月16日。

1915 年

（民国四年，25 岁）

1 月 1 日　从本年元旦开始，戈公振在《时报》的"时评三"栏目上持续发表文章，字数在百字以内，多为一事一议。

在《时报》发表时评《对于上海之希望》，表达对上海种种的希望，包括振兴商业，挽回利权，改良国货，铲除鸦片，使"社会日进文明，生计日以充裕"。

1 月 3 日　在《时报》发表时评《反对洋货落地税》，认为政府尽管通过这个办法"维持国货"，但"华洋未能一例征收"将必然导致"负义务者无权利，享权利者无义务"。

1 月 4 日　在《时报》发表时评《转移风俗》，对社会不认可新历，表示"在上者未尝从事提倡有以致之"。

1 月 5 日　在《时报》发表时评《拿不尽之匪徒》，认为上海五方杂处之地，"众恶所会"，难以消弭乱党盗匪。

1 月 6 日　在《时报》发表时评《好自为之》，认为绸缎是没有被外国垄断的中国纺织品，"宜于提花配色悉心研究"，不应该"合组公司放弃利权"。

1 月 7 日　在《时报》发表时评《赛球箴言》，告诫对足球比赛结果"毋勉强、毋沉溺，胜负常事也，亦毋以胜而自喜，负而悔丧"。

1 月 8 日　在《时报》发表时评《人间活地狱》，愤慨于"女子而被拐贩鬻入娼寮"。谈法租界勒令关闭娼寮事,希望整个上海能"扫除此上海之污点"。

1月9日 在《时报》发表时评《取消侦探机关》,认为上海侦探"弭乱适以兴乱",应该"一律裁撤"。

1月10日 在《时报》发表时评《憨不畏法之匪徒》,针对大案多发,以为"现在之谋杀案,仅以空言捕捉,不思所以穷其究竟",将来"谋杀案恐将无已时也"。

1月11日 在《时报》发表时评《扩张销路之机会》,表示要"际此西方多事",国货正当发展之时,应当"各商家选择精品,前往陈列,相互研究,藉资取法"。

1月12日 在《时报》发表时评《美术之进步》,认为"图画最足感动人之性情",美术界虽有进步,但选题要"审慎从事,勿徒取悦一时"。

1月13日 在《时报》发表时评《抢掠流行》,指出外地治安混乱,何以"号称乐土之上海而竟纷扰若斯"。

1月14日 在《时报》发表时评《祛除无力之障碍》,指出若努力就不会无力。

1月15日 在《时报》发表时评《呜呼教育之前途》,因"观阮君演说德国教育状况,其计划一经决定,进行中绝不改变",认为"我国尚在幼稚之时"。

1月16日 在《时报》发表时评《廓清道路》,以为道路边"堆置杂物陈设货摊"妨碍行人,车辆也受影响,"今工巡捐局又有派员稽查",希望居民"人人以公益为怀"。

1月17日 在《时报》发表时评《力挽颓风》,提倡"不吸纸烟"。

1月18日 在《时报》发表时评《希图暗杀》,指出两日发生两起预谋暗杀案,希望当局提早防范,否则"沪滨之治安又有不堪设想者矣"。

1月19日 在《时报》发表时评《溷浊不堪之上海》,认为上海社会风气不堪,"暗杀、抢窃、诈骗、凶横之种种恶劣行为几于书不胜书……尤以奸拐之案为最多"。

1 月 20 日　在《时报》发表时评《徒自害耳》，针对破获乱党的新闻，以为"政府既有特赦之条，是诸君已有自新之路，似宜稍稍敛迹矣"。

1 月 21 日　在《时报》发表时评《惩戒与教养》，认为针对犯罪分子，"一方固宜事惩戒以严罚其既往，一方尤应从事教养以预防于将来"。

1 月 22 日　在《时报》发表时评《忏悔》，说日本军学监狱有僧侣传教布道，"以冀犯罪者得所感悟"，中国不应当让别国专美于前。

1 月 23 日　在《时报》发表时评《华人能勿兴感思振》，谈工部局选举董事之事，以为"我华人居民为数最多，纳税之额最巨，举生命财产所系，乃竟不得忝列于其间"，华人应当振奋精神。

1 月 24 日　在《时报》发表时评《日本未能获选》，谈日本人"以数票之微，未能当选"，但是"日人事前对于此事热心筹谋，不肯稍放弃其权利，殊足令人钦佩"。

1 月 25 日　参加送别欧美考察教育团，该团 12 人下午 6 点乘"中国号"邮船出发。

在《时报》发表时评《呜呼社会之化风》，因浦东发生"谋杀亲夫案"，对社会风气发出"社会风化至斯尚堪闻问乎！"的感慨。

1 月 26 日　在《时报》发表时评《南辕北辙》，指责当局一方面"日日言挽回利权，日日言提倡国货"，但另一方面"今也某税调查试办，某税敦促进行"，做法南辕北辙。

1 月 27 日　在《时报》发表时评《敬告有家长之责者》，提醒家长"天花为最危险之传染症"，家长应迅速为孩子种痘。

1 月 28 日　在《时报》发表时评《司法界之内幕如斯》，批评有人纵火行窃被发现以后向司法界纳贿，内地也有贩卖鸦片被抓后以罚代惩的做法，感叹"内幕如斯，宜司法权之日即衰微也"。

1 月 29 日　在《时报》发表时评《交通事业之进步》，对上海拆除城墙、开辟马路、接轨铁路、疏通河道等方便交通的措施，表示"是亦今日之乐观也"。

1月30日 在《时报》发表时评《今日之要务》,谈"西医联合会之研究会"成立,认为提倡"人民对于个人公共之卫生"是"今日要务"。

1月31日 在《时报》发表时评《教育界经济之困难》,认为"学务之至今日亦衰颓甚矣,其原因在经济之困难"。

2月1日 在《时报》发表时评《结束》,以为"阴历年关近矣","吾国商人结束事业之秋",应当反省一年之成败,"如是庶不虚此结束"。

2月2日 在《时报》发表时评《宜筹安置之方》,针对"租界解送过犯二十名,其中竟有逐而复来,来而复犯至十余次者"之事,希望"为地方治安计,宜筹安置之"。

2月3日 在《时报》发表时评《黑狱中之一线光明》,称赞刘检厅长独能注意到监狱中的弊端事。

2月4日 在《时报》发表时评《工厂与贫民》,认为"盗匪之日滋基于生计之道蹙",所以组织纱厂,"一面固以提倡国货,一面尤足收纳贫民"。

2月5日 在《时报》发表时评《党祸其从此已乎》,指出自特赦令下,赦及重要党人,以为党祸或可消停。

2月6日 在《时报》发表时评《盗匪之统计谈》,指出"近日之新闻,其占大多部分者,只有此盗匪之消息而已"。

2月7日 在《时报》发表时评《无独有偶之大律师》,指北京上海都有律师,"号称深谙法律之人而乃为违反法律之举动","为人保障者,今且转而不能自为保障矣"。

2月8日 在《时报》发表时评《救济与防维》,指上海"严寒大雪为沪滨数年来所未有",应当注意救济,否则治安可虑。

2月9日 在《时报》发表时评《岁首与年尾》,评价过去之一年"初为乐观之可言,谚云,年难过年年难过斯言盖似之矣"。

2月17日 在《时报》发表时评《勉商业家》,希望商业家能够"相互鉴戒,慎毋悠悠忽忽,存以待来年之心也"。

2月18日 在《时报》发表时评《教育经费之日削》,指出民国以来教育经费日减,1914年教育经费不及1911年的一半。

2月19日 在《时报》发表时评《迷信神权当头棒》,就"土栈之佣妇因烧香而致丧命"等事,批评迷信"非以自害且以害人"。

2月20日 在《时报》发表时评《党人爱国心之表现》,称赞党人在"外交风云变幻之时"能宣言"宁为英雄死,勿为奴隶生"。

2月21日 在《时报》发表时评《设立兵工学校》,呼吁设学校以造就兵工人才。

2月22日 在《时报》发表时评《呜呼赌博》,指出"年尾之盗匪,岁首之赌博亦可谓等量奇观矣",而上海"赌风之炽,几有一日千里之势",地方应当严查痛惩。

2月23日 在《时报》发表时评《南辕北辙》,指出本来要裁厘加税,结果"既加增税而厘金复不裁汰",与初衷南辕北辙。

2月24日 在《时报》发表时评《敬告茶商》,指茶业以往受欧战和同业竞争的影响而衰退,如今形势好转,应当"放开眼光,联合同业,组织极大公司输运外洋"。

2月25日 在《时报》发表时评《呜乎生计之困难》,指新闻里多"黠者铤而走险,老弱转乎沟壑也",上海"此生计之困难从可识矣"。

2月26日 在《时报》发表时评《上海居大不易》,指出上海"迭出之抢劫案,受害者多店铺……上海今且渐成危境,盗贼放胆横行",所以"上海居大不易矣"。

2月27日 在《时报》发表时评《我有物而不知用》,指"我国输出品大半为天然物产,经外人改制复销售于吾国,一转移间遂获倍",自有其物当自有其利。

2月28日 在《时报》发表时评《投其所好》,指"卖者之品物必适合买者之心理",这是"吾国工商界所亟宜注意者也"。

3月1日 在《时报》发表时评《同日之二盛会》,称"学界开会庆祝选举法""商界开会提倡储蓄票"二会是"璀璨光明之盛会"。

3月2日 在《时报》发表时评《限制铜元入境之严厉》,就当局限制铜元入境一事,指出"倘能并公家之鼓铸而停止",才能"本末兼进"。

3月3日 在《时报》发表时评《禁阻私运烟土》,指私运烟土,"闸北一隅论日必十数起",虽然派员查禁但"即有良策其如包庇之神通广大何"。

3月4日 在《时报》发表时评《命盗案限期破获》,指在清朝"例凡地方出有命盗案,不如期破获必予以应得之处分",民国以后无此规定,于是地方治安破坏,上海当局命盗案限一月破获,"能否遵限实行,斯不得不望之"。

3月5日 在《时报》发表时评《得不偿失之计》,针对开放租界问题,指"国家而以土地为交换之媒介者,皆得不偿失之计也"。

3月6日 在《时报》发表时评《沪上之三患》,指出上海存在三大忧患,仇杀、抢劫和拐贩,因社会视若常见,"虽有极严重之法令而犯者且日趋干犯之途而不讳"。

3月7日 在《时报》发表时评《读银行业调查感言》,认为"财之为物善用之,自觉游刃有余","我国今乃恃借债为生活者,是非不善用其财之一证乎"。

3月8日 在《时报》发表时评《中国进步甚迟之原因》,康有为曾说中国进步甚迟的原因,在于"游学之士,罕有著书译述以启后学",戈认为原因是在"上者久以遣派为功令,不复责其见用于世而期其有效。而至下者,遂视游学为利禄之途"。

3月9日 在《时报》发表时评《忠告烟民》,指出鸦片之害,建议租界禁绝。

3月10日 在《时报》发表时评《中外贸易平均小言》,指出"我国关税输出重于输入他国",希望减轻出口税。

3 月 11 日 在《时报》发表时评《克扣工资》,指克扣工资可以使军队哗变工人罢工,"激成风潮",所以"宜严查而取缔者矣"。

3 月 12 日 在《时报》发表时评《老北门之两劫案》,针对上海两劫案而"盗匪亦无一获者",表示"苟长此以往而不加意防范,得不为人所齿冷欤"。

3 月 13 日 在《时报》发表时评《人之买卖》,针对上海几无日没有买卖人口之事,指"有保卫地方之责者所宜严为查究者也"。

3 月 14 日 在《时报》发表时评《清乡》。上海本埠和江苏新闻多盗匪之记载,当局欲以清乡的办法,但戈公振认为是"灾荒迭见,民生日蹙,有以致之"。

3 月 15 日 在《时报》发表时评《交涉》,指出外交的交涉"非苟且焉者也,片言只字与主权有密切之关系",希望"外交家其勉之哉"。

3 月 16 日 在《时报》发表时评《农具之新发明》,指研究改良农具是改良农业之先河。

3 月 17 日 在《时报》发表时评《敬告巡按使》,就巡按使①来上海之事,希望针对上海商业衰落、民生委靡、盗贼频仍、主权旁落事,巡按使"有所以董理而救济之"。

3 月 18 日 在《时报》发表时评《国货之推广与劝用》,指出推广国货的急务是明确国货与非国货之辨别,使"国人知所取舍"。

3 月 19 日 在《时报》发表时评《弭盗》,指出"在今日而言,弭盗实以稽查流民,联络缉捕为切要"。

3 月 20 日 在《时报》发表时评《信》,就巡按使在商业学校训词,指"我国商业之不发达,多半由于无商业道德耳,如作伪延期短少等弊"。

3 月 21 日 在《时报》发表时评《未来之二大会》,指出小学教育演讲会和肺痨病研究会两会,一为教育,一为卫生,"目的不同,要皆为立身强国之大

---

① 巡按使,民国初年设置的各省最高民政长官,1916 年改为省长。

本也"。

3月22日 在《时报》发表时评《送齐使》,就齐巡检使离开上海,指出若是对于民生种种困苦之情形有所救济则有造于上海之民,否则"仅巡视已尔,何必多此一举"。

3月23日 在《时报》发表时评《祛除依赖与畏难》,认为阻碍进步的是依赖和畏难,"欧洲战事起,是依赖可以止,中日交涉起,是畏难可以息"。

3月24日 在《时报》发表时评《勉淞沪警察》,指淞沪警察曾被表彰,希望"勿自满假,善保令誉"。

3月25日 在《时报》发表时评《讨论商会法》,认为全国商界领袖开会讨论商会法之举裨益家国。

3月26日 在《时报》发表时评《棉纱业之发展》,就"棉纱业之发展产出额竟超过输入额",指出"苟有物足以代外货,不必昌言抵制而外货自灭"。

3月27日 在《时报》发表时评《侥幸之害》,对豆业抛盘的侥幸之举提出批评。

3月28日 在《时报》发表时评《仿效过甚之国货》,对于热衷仿造外货提出批评。

3月29日 在《时报》发表时评《坚忍》,希望国民对于任何事,都能有坚卓之决心,"如斯,则求所欲为而不得者,吾不信也"。

3月30日 在《时报》发表时评《双方兼顾》,指出"丝茧业与绸织业,望于会议时,彼此统筹全局,双方兼顾"。

3月31日 在《时报》发表时评《救国储金①》,指出"吾国今日之危弱,本报所载某君之救国储金办法,是即实力进行之一种",希望沪上的爱国志士能够继起,共持危局。

---

① 救国储金:1915年中日"二十一条"披露后,上海商人马佐臣以"爱国一分子"名义投书《字林西报》,号召全体国民每人以财产的十分之一捐输,存入中国银行,此提议经《时报》《申报》转载后引发社会广泛反响,救国储金运动启动,但后无疾而终。

4 月 1 日　在《时报》发表时评《再论救国储金》,对于募集救国储金,再次呼吁沪上人士积极响应。

4 月 2 日　在《时报》发表时评《三论救国储金》,再三呼吁"拥厚资称富有者"响应救国储金。

4 月 3 日　在《时报》发表时评《国货之调查与说明》,指出:"提倡国货者,急宜从事调查,今需要者知所采择,制造国货者,尤应于其品物著说标明,乘机振发其营业。"

4 月 4 日　在《时报》发表时评《军服选用国货》,指出军服选用国货之举,能够起到示范作用,"每年损失挽回殊不细也"。

4 月 5 日　在《时报》发表时评《敬告磁业》,指出当前有提倡国货的潮流,磁业应当抓住这一潮流,"参酌东西之形式改良之,是乃根本上之要图"。

4 月 6 日　在《时报》发表时评《始终无怠》,对国民积极赞助救国储金活动表示肯定,希望设立专门机构管理储金,国民也能够"一致进行,始终无怠"。

4 月 7 日　在《时报》发表时评《救国为爱国》,指出当前救国储金的储蓄机关已经设立,"我国民果欲救国,果真爱国,亦惟有积极进行"。

4 月 8 日　在《时报》发表时评《收买烟土》,就有人条陈政府收购烟土,以防烟土烟毒祸害民众一事,指出政府尚无此余力。

4 月 9 日　在《时报》发表时评《临时抱佛脚》,以查禁烟土为例,指出"平居则泄沓从事,临时则仓皇失措,此吾国人之通病"。

4 月 10 日　在《时报》发表时评《枪毙盗匪有感》,对于当前社会动荡不安、匪患横行表示担忧。

4 月 11 日　在《时报》发表时评《救国金动用之定义》,指出救国储金的动用,"非经全体之会议,不得动用其分毫也"。

4 月 12 日　在《时报》发表时评《绝非徒托空言》,对于国民积极响应救国储金活动,表示"吾国民之热忱爱国,绝非徒托空言"。

4月13日 在《时报》发表时评《同类相残》,以林子勋为例,对于那些不惜卖同党以冀得赏的人,表示愤怒。

4月14日 在《时报》发表时评《暗杀将无已时》,就社会上屡见不鲜的暗杀案,表示如若不将之前的案件破解,"空言缉捕,而不穷其究竟,则未来之暗杀案,恐已无时矣"。

4月15日 在《时报》发表时评《纪远东运动会》,希望在上海举行的远东第二次运动会,我国参会的运动员"发扬我国少年之气,而一洗我国萎靡不振之风"。

4月16日 在《时报》发表时评《妇女救亡储金会》,谈女界组织起来的储金会,希望其组织能进一步完善,尽劝导之责,而为女界生色也。

4月17日 在《时报》发表时评《坚社会信用》,指出教育为立国之本,应整顿小学教育,"注重教师,复申之曰'坚社会信用'"。

4月18日 在《时报》发表时评《中华国货公司》,积极评价国会维持会拟成立的中华国货公司,"是诚挽回权力之伟举"。

4月19日 在《时报》发表时评《模仿》,就社会上大兴仿效之风,流派愈多,每况愈下,指出"苟能择其一端,实心经营,是无不可以获利,亦无不可以得名"。

4月20日 在《时报》发表时评《会勘烟苗》,指出此次苏省禁烟之结果,能否达到优良,有赖于此次英使会勘之结果。

4月21日 在《时报》发表时评《材料》,以火柴行业发展为例,指出我国地大物博,"足以代外货",只要实业家能够善加利用,国人再热心提倡,"终必有振发之日"。

4月22日 在《时报》发表时评《公债与储金》,指出公债和储金,"两者之性质绝不相仿",批评汉口商会先公债而后储金的做法是误解了意思。

4月23日 在《时报》发表时评《空言无裨事实》,就我国纱布出货少,洋纱趁机而入的情形,指出我国的实业家不应空言维持,而要积极发展本国纱业。

4月24日　在《时报》发表时评《江苏人之荣也》,称江苏人王驾六先生个人捐献救国储金即达到一万元,除团体外只其一人,实乃江苏人之荣也。

4月25日　在《时报》发表时评《假国货》,对于以舶来品充当国货之商人进行严厉批评。

4月26日　在《时报》发表时评《敬告得奖者》,希望得奖者能够将奖金善加利用。

4月27日　在《时报》发表时评《公共卫生》,指出国人不注重卫生的实况,对于淞沪警厅率先加以治理表示赞赏。

4月28日　在《时报》发表时评《储金之用途》,就社会上对于储金用途的说法加以反驳,认为"今日之所急务者,惟热心劝募而已,用途和缓议"。

4月29日　在《时报》发表时评《烟土加税问题》,就烟土加税、寓禁于征的做法,表示坚决的反对。

4月30日　在《时报》发表时评《社会之隐忧》,对社会盗窃之风盛行表示担忧。

5月1日　在《时报》发表时评《土膏加价》,指出鸦片加价虽直接征于商户,实则取偿于吸户。

5月2日　在《时报》发表时评《混售劣货》,就有些商人以次充好、混售劣货严厉批评,希望相关部门能对其加以整理和取缔。

5月3日　在《时报》发表时评《水上飞车》,对于罗君发明的水上飞车试行于沪上表示欣喜,指出吾人之智力不比西方人低。

5月4日　在《时报》发表时评《身怀军火》,指出某些不法分子欲借国势危急之时私藏军火,"不知覆巢之下,安有完卵"。

5月5日　在《时报》发表时评《前代未曾有之举》,指出我国民对于救国储金之事,"踊跃输将,以成此前代未曾有之创举也"。

《申报》刊载消息,称中日菲三国将于 5 月 15 日至 23 日在上海举行远东运动大会,戈公振(用名戈春霆)是运动会售券人。

5 月 6 日 在《时报》发表时评《豆业之不幸》,对于豆业市场的萎靡和损失表示担忧和同情。

5 月 7 日 在《时报》发表时评《落地税》,就当前商业凋敝情形,希望当局能够权衡利弊,不再征收落地税。

5 月 8 日 在《时报》发表时评《速速筹备》,号召国民继起,尽力之所能至,筹备一切。

5 月 9 日 在《时报》发表时评《吾国民果长此沉静乎》,对于一些国民面对国家任人宰割竟无动于衷表示愤慨,"是以不得不于今日储金会之成绩如何,以一观吾国民之态度也"。

5 月 10 日 在《时报》发表时评《毋忘此次之耻辱》,对于以损失国权解决问题表示愤慨,"窃愿我国民毋忘此次之耻辱"。

5 月 11 日 在《时报》发表时评《亲爱之同胞可以兴矣》,指出我国受侮于人,实则兵力不如人而已,呼吁国人以响应救国储金活动为补救。

5 月 13 日 在《时报》发表时评《提倡今日急需之国货》,指出"今也夏令将届,需物至繁,苟能汇集之足以代外货者,号召于需要者之前,其效力必有可睹"。

5 月 14 日 在《时报》发表时评《烟禁问题》,对于政府加烟土税以禁烟目的之实际效用表示怀疑。

5 月 15 日 在《时报》发表时评《储金与国货》,指出"今交涉甫解,正我国人猛力前进,期达始愿之时",但对于国人"以事过境迁,遂视之为无足轻重"表示担忧。

5 月 16 日 在《时报》发表时评《纪远东运动会》,积极评价我国运动员在运动会上的积极表现,希望"与斯会者,其各振作精神,力求胜利,而为祖国争光可也"。

5 月 17 日　在《时报》发表时评《商人之戒心》,就当前社会混乱、匪盗横行的情形,指出新茧登市之时,商人应保持戒心。

5 月 18 日　在《时报》发表时评《预储海军人才》,指出我国若要发展海军,必先培养海军人才,"故知添造军舰而不预储人才,吾未见其可也"。

5 月 19 日　在《时报》发表时评《对于拘捕拐案之求全》,指出当前对于拐卖案件,"往往有拘捕善良,若能详慎周密,而不扰及行旅,则尤善也"。

5 月 20 日　在《时报》发表时评《我国民之当头棒喝》,指出我国民应知耻辱,"痛自刻励,以充我学识,强我国力,为他日争强于世界作准备"。

5 月 21 日　在《时报》发表时评《纷纭不一之禁烟政策》,指出当局对于禁烟与运烟政令谲诡,批评"当局之措施若此,其勿贻外人以非笑也几希矣"。

5 月 22 日　在《时报》发表时评《自觉心》,期望我国民能时备自觉之心,而不至被"挟迫欺侮之后,仍不自觉"。

5 月 23 日　在《时报》发表时评《逾假罚金之荒谬》,批评中小学生请假罚款事之荒谬,"苟不严加取缔,殊非所以统一教育之道也"。

5 月 24 日　在《时报》发表时评《掷诸虚牝之损失》,对于禁烟之成果表示欣喜,然"又何致掷诸虚牝","可不哀哉"。

5 月 25 日　在《时报》发表时评《呜乎烟禁重开》,就当局放开烟禁事,表示"政府自为计则得矣,其如人民损失何?是不得不痛恨始作俑者残忍无良之至于斯极也"。

5 月 26 日　在《时报》发表时评《自动》,以我国国民自动辅助储金、提倡国货为例,指出"凡事能立于自动之地位,然后方可以有位"。

5 月 27 日　在《时报》发表时评《实力与虚声》,指出我国民欲救国应努力与实际,而非空言。

5 月 28 日　在《时报》发表时评《振兴贫民女子教育》,指出社会上组织女子社会服务社者,"果能扩而充之,其有裨益于社会,殊非浅鲜也"。

5月29日 在《时报》发表时评《读商情调查感言》,对于吾国纱业、绸业等商业的窘况表示担忧,希望商人能别开门径,积极发展事业。

5月30日 在《时报》发表时评《也是园茶话会》,对于与日交涉后我国损失利权表示愤慨。

5月31日 在《时报》发表时评《国际贸易之先导》,指出我国旅外之商人可对于其经历,"实录以告国人,吾知于商业前途,必有莫大之利益"。

6月1日 在《时报》发表时评《禁烟》,对当局朝令夕改的禁烟政策加以批评。

6月2日 在《时报》发表时评《投其所好》,就日本商人投吾国人之所好,制造产品,指出我国商人应效仿日人,投国人所好。

6月3日 在《时报》发表时评《愿吾国人交勉之》,希望在损失利权、与日本签署"二十一条"国耻后能够徐图挽救,国人共勉之。

6月4日 在《时报》发表时评《修其本以胜之》,就当前国人交相劝免提倡国货的情形,希望"今之主张用国货者,务修其本以胜之"。

6月5日 在《时报》发表时评《代贫民呼吁》,对于最近火灾频发,特别是闸北药水厂伤亡惨重,希望沪上慈善之士,能够伸以援助之手。

6月6日 在《时报》发表时评《手枪》,指出手枪本是防卫之武器,但是现今落入匪徒之手,极大地危害社会治安。

6月7日 在《时报》发表时评《坚持到底》,就各处报告救国储金之数与核定之数相差甚远之情况,希望"我国民于此仍宜猛力进行,坚持到底,务必到目的而后止"。

6月8日 在《时报》发表时评《勘侦探》,对比侦探机关裁撤前后,认为"较已设侦探前安谧"。

6月9日 在《时报》发表时评《纪运动会有感》,对于远东运动会和女子运动会上国人的表现感到高兴,希望国人能够"持之久远,则虽强国不难矣"。

6 月 11 日 在《时报》发表时评《空论与力行》,对于社会上救国之论蜂起的现象,希望国人能够"各就所见,互相策励,不必放言空论"。

6 月 12 日 在《时报》发表时评《市面活动小言》,指出国人应乘欧战尚未告终之时,"扩张营业,裕民富国"。

6 月 13 日 在《时报》发表时评《从根本上研究》,指出我国商人应在此提倡国货的时机,从根本上研究振兴之法。

6 月 14 日 在《时报》发表时评《皮之不存,毛将焉附》,就中日交涉后,社会又有鼓吹三次革命之风说,指出我国此番元气大伤,"休养尚患不给,岂堪再事扰乱"。

6 月 15 日 在《时报》发表时评《敬告茶业》,敬告我国茶商应亡羊补牢、奋起直追、发展事业,勿再错失良机。

6 月 16 日 在《时报》发表时评《纷如猬毛之捐税》,指责社会上除中央税收外,各省复另立许多名目,横征暴敛,民不聊生。

6 月 17 日 在《时报》发表时评《运动监护之责任》,因省立第一农校学生溺水而亡,告诫校方对学生要严加看护,杜绝此种现象再次发生。

6 月 18 日 在《时报》发表时评《烟土作为药料》,批评以烟土做药料来暗中倒卖烟土的行为。

6 月 19 日 在《时报》发表时评《自来水何可借用》,指出自来水事关国计民生,不能受外人牵制,应有妥善办法,"以维持其后也"。

6 月 20 日 在《时报》发表时评《禁闭烟膏店》,以西人履行禁烟决议案为例,批评我国有人贪得区区税饷破坏禁烟政策。

6 月 21 日 在《时报》发表时评《天灾与人祸》,为社会动荡盗劫频仍,鸦片弛禁,江北又发生蝗灾蔓延数十县,感慨民生维艰。

6 月 22 日 在《时报》发表时评《卑鄙之行为》,对于我国商人"不知自立,但图私利",所售国货掺杂日货的行为,表示严厉谴责。

6月23日 在《时报》发表时评《伪造纸币》，指出伪造纸币，影响社会最为大也。

6月24日 在《时报》发表时评《抛盘》，对社会上出现抛盘的恶性商业竞争表示反对，认为商家当以信用为重，对于不法行为，官厅应予以取缔。

6月25日 在《时报》发表时评《有言无行》，指出提倡国货无外乎裁减税厘和奖励制造，但迟迟未见政府之动作，故感叹"虽有善法，于事实亦何裨益也"。

6月26日 在《时报》发表时评《党人与私土》，以党人和私土为例，指出国人不应贪图私利，"祸患每生于疏忽"。

6月27日 在《时报》发表时评《短期讲习会》，积极评价政府倡导的短期讲习会，称其为教育工作者提供一个集中学习交流的机会。

6月28日 在《时报》发表时评《"利"之一字》，批评社会上的奸商和党人为了一己私利，违法乱纪。

6月29日 在《时报》发表时评《查禁坊本小说》，指出坊本小说"词旨一流入邪僻，足以贼害青年之心智，而贻社会以莫大之隐忧"，应当严加取缔。

6月30日 在《时报》发表时评《查勘蝗蝻①感言》，将查勘蝗蝻和烟苗相比，指出蝗蝻属天灾，尽人力而已，但是查禁烟土未果，又复弛禁，故感叹"烟祸之酷，乃较天灾尤为烈"。

7月1日 在《时报》发表时评《其如商民之憔悴难任何》，指出"今日事之最纠纷者，宜莫税务若矣"，商民与政府钩心斗角，政府不惜巧立名目征收税务，此大大损害商民利益。

7月2日 在《时报》发表时评《中西人对于禁烟之异点》，将中西人禁烟做法对比，指出"外人则实力进行，以期逐渐杜绝；我国官厅则贪恋税项，不惜

---

① 蝗蝻：飞蝗的幼虫。

破坏烟禁"。

7月3日　在《时报》发表时评《参案之波及》,以财政、交通两大参案为例,指出我国官场多拉帮结派,一经查处必有牵连纷纷者。

7月4日　在《时报》发表时评《艰哉民食》,指出今年因为蝗灾缘故,粮食歉收,米价昂贵,希望社会善心人士能起到保民之责,施以援手。

7月5日　在《时报》发表时评《对于盗案感言》,以前此一起丝款盗窃大案为例,对社会盗窃之风盛行表示担忧,提醒稍有储蓄者保持戒心。

7月6日　在《时报》发表时评《国货展览会》,倡导我国商人踊跃参加此次国货展览会,切实提倡国货。

7月7日　在《时报》发表时评《筹设第五工厂之赘言》,指出地方多一工厂,则多一个地方收纳贫民,这样也可减少犯罪,既有利于个人也有益于社会。

7月8日　在《时报》发表时评《恤工小言》,指出沪上工人终日勤劳,但所获甚少,希望经营者能够多多体恤,以图长久之计。

7月9日　在《时报》发表时评《诬良为盗》,对于社会上收受贿赂诬陷忠良为盗者,表示严厉谴责。

7月10日　在《时报》发表时评《纪丝茶得奖》,对于此次我国丝茶在巴拿马万国博览会上获奖表示祝贺,但同时也为国人自暴自弃不知将其加以利用感到担忧。

7月11日　在《时报》发表时评《夏令之卫生》,指出夏天到了,卫生尤其重要,因为沪上人烟稠密,空气浑浊难以改变,希望个人能够多多注意卫生。

7月12日　在《时报》发表时评《维持民食问题》,指出当前米价增长,民生愈艰,政府不应只寄希望于商人,更应当承担起治理责任。

7月13日　在《时报》发表时评《药业注意》,以制造解暑药为例,鼓励商人积累资本,设厂制造,增加国货销量。

7月14日　在《时报》发表时评《糖》,指出糖业虽未有盐业重要,但也应鼓励支持发展。

7月15日　在《时报》发表时评《炎暑中清理积案》,对于政府在炎炎夏日仍能够清理往日之积案,表示肯定、钦佩。

7月16日　在《时报》发表时评《纪大风雨有感》,对于前此大风雨造成的灾害,哀悼吾国民之不幸。

7月17日　在《时报》发表时评《第二次省教育行政会议》。

7月18日　在《时报》发表时评《日用品》,指出日用品如火柴等类,虽然看似便宜,但是日积月累花费也让人惊讶,由此对于此类商品,尤应提倡国货。

7月19日　在《时报》发表时评《欲盖弥彰》,对于政府鸦片弛禁后,又以欲盖弥彰之方法欺骗民众的做法,加以批评。

7月20日　在《时报》发表时评《毋宁防范于事前》,对于社会米价疯涨,贫民生活艰辛,建议政府应及早准备应对之法,"防范于事前",切勿后悔莫及。

7月21日　在《时报》发表时评《新税》,指责政府颁行新税之时,新旧税并行,致使商民负担尤重,"以此而充裕税源,吾殊未见其可也"。

7月22日　在《时报》发表时评《保存固有学款》,反对政府再巧立名目,挪用旧有办学之款。

7月23日　在《时报》发表时评《纪同源庄倒闭有感》,对于官商之间难以理清的关系表示痛心。

7月24日　在《时报》发表时评《救灾小言》,因23日午后大雨骤至,不久雨水即以泛滥于道路,想起前不久广东水灾,希望慈善之人能施以援手。

7月25日　在《时报》发表时评《济贫》,指出当前社会上贫民众多,饿殍载道,然"今公家既决意设立工厂以资挽救矣,国民又有组织贫民工厂者,济贫有方,莫善于此,是诚当务之急"。

7月26日　在《时报》发表时评《敬告赴赛国货展览者》,指出我国商人参加国货展览会,参会商品要适合吾国民之性情、切于使用以及带有振兴国货、挽回利权之意味。

7月27日　在《时报》发表时评《毋绥前志》,就当前救国储金募集之款与计划甚远,勉励国民"毋绥前志"。

7月28日 在《时报》发表时评《注意遣散之粤兵,事见昨日本报香港专电》,指出对于遣散之粤兵,为地方治安计,应及早筹划解决。

7月29日 在《时报》发表时评《天灾颇仍》,指出大雨未几日,现今又大风,对于东南各省的天灾表示忧虑。

7月30日 在《时报》发表时评《风灾之善后》,希望大风过后,对于受灾贫民,素以慈善为怀者,能够施以援手。

7月31日 在《时报》发表时评《天灾之损失》,对于天灾之后的损失难以计算,极为痛心。

8月1日 在《时报》发表时评《对于轮船之小献替》,指出"船身过高,一遇风浪即易倾倒",并举出沪上失事者的例子,所以"轮船未达适当之重量,万勿造至过高"。

8月2日 在《时报》发表时评《裁厘加税问题》,对于商人裁厘加税的要求表示赞同,同时"甚望当道能虚衷采纳,扫除此实业之大障碍也"。

8月3日 在《时报》发表时评《我商人毋放弃机会》,希望商人能在此次商会展览会农业部某司长南来之际,抓住机会提倡商品,勿以为无足轻重。

8月4日 在《时报》发表时评《往事不堪回首》,回顾欧战开始时我国社会之惨状,号召国人在欧战尚未结束之时痛自鞭策。

8月5日 在《时报》发表时评《整顿小学赘言》,指出在教育视察过程中,沪上部分学校经营和管理都存在不同程度的问题,"斯诚不得不加以整饬矣"。

8月6日 在《时报》发表时评《官商俱乐部》,指出官民之间误会重重,沟通不佳,提倡实行"官商俱乐部"祛除官民间的隔阂。

8月7日 在《时报》发表时评《禁止制钱出洋》,指出由于市面上流通的制钱质地不佳,遂政府已要求收回制钱以及禁止制钱出洋,再铸新币。

8月8日 在《时报》发表时评《救灾》,指出天灾不能预料,政府和个人都应当未雨绸缪,"故欲拯救今日之灾,尤必预防未来之灾"。

8月10日 在《时报》发表时评《良心与热心》,以国货为例,指出对于国货的热心根源于良心,"苟为良知良能之所可至者,即当实力做去,以各尽其天职可也"。

8月11日 在《时报》发表时评《顶租呢厂问题》,对于日晖呢厂的债务问题,指出权责一致,"实最易解决之事"。

8月12日 在《时报》发表时评《改良制造》,指出当前国货的销售不是问题,问题在于改造,"当知所先务矣"。

8月13日 在《时报》发表时评《呜呼,人道》,对于沪上拐卖、盗窃以及暗杀案屡屡发生发出感叹:"呜呼,世道人心,日趋邪僻,虽有严刑峻法,亦未知如之何。"

8月14日 在《时报》发表时评《整顿厘金感言》,指出政府整顿厘金弊窦丛生,"舞弊者仍舞弊,于实际终未见有若何之效力也"。

8月15日 在《时报》发表时评《恤灾》,希望此次沪上的风灾,除了政府能够出资赈灾,相关慈善人士也能施以援手。

8月16日 在《时报》发表时评《身先作则》,指出政府的管理者应当躬行实践,起到表率作用,如此才能上行下效。

8月17日 在《时报》发表时评《选举》,指出当前的选举与之前相比热度大减,但"有心者亦大可兴矣"。

8月18日 在《时报》发表时评《振兴实业》,就实业不兴问题,指出"今日而言振兴实业,当莫善于合官之资本与商之人才而运用之也"。

8月19日 在《时报》发表时评《聚众毁学》,批评社会上聚众毁学的风潮,指出其对于社会会造成较大的损失。

8月20日 在《时报》发表时评《纪镇守使遇险》①,谈镇守使回署途中被

---

① 指1915年8月18日,上海镇守使郑汝成送家眷北上,在金利源码头被人扔炸弹,未死,11月10日,又被陈英士派人暗杀于外白渡桥。

刺一事,感慨社会治安之混乱。

8月21日 在《时报》发表时评《多事之秋》,谈 7 月下旬以来的风灾、暗杀、聚众毁学、镇守使遇害和商民罢市,感慨此乃天灾人祸的多事之秋。

8月22日 在《时报》发表时评《灾黎之痛苦深矣》,对于风灾以后,米价疯涨,贫民受苦,然重要赈灾物资迟迟未发,深念:"多延一日,则灾黎即多受一日之痛苦。"

8月24日 在《时报》发表时评《有备无患》,对于徐汇天文台报道当夜飓风将至的消息,希望相关方面能引起重视,严加戒备。

8月25日 在《时报》发表时评《颜料缺乏之可虑》,就我国颜料日少又有美国派人至沪收购现象,指出"我国商人应早为筹及"。

8月26日 在《时报》发表时评《上海商人》,对于社会上流传上海商人关心国体变更之事,是上海全体商人抑或个别商人,表示疑问。

8月27日 在《时报》发表时评《呜乎今日之捐税》,对于社会上捐税繁重表示不满,认为应当减轻国民负担。

8月28日 在《时报》发表时评《赴美实业团回国感言》,对中美实业加以对比,感慨我国之落后。

8月29日 在《时报》发表时评《作伪》,对于当前社会上商品作伪,如棉花掺水、茶叶染色的现象,指出"其间接之损失,遂至不可不究诘"。

8月30日 在《时报》发表时评《自来水购回商办》,对于自来水日渐堕落,水质浑浊不足的现象,指出自来水若能购回商办,"则地方受惠,岂浅鲜乎"。

9月3日 在《时报》发表时评《筹安与救国》,指出筹安与救国,皆为国民所愿也,但是其实际效果并非"吾侪小民之所可知矣"。

9月4日 在《时报》发表时评《庸人自扰》,谈乡民因劣僧煽动聚众闹事一事,感慨庸众对于社会的影响之深。

9月5日 在《时报》发表时评《轨》,就火车出轨事故谈到,天下事也有其自己的常轨,"而世人不察,必待爆裂而后止"。

9月6日 在《时报》发表时评《赈务感言》,指责政府对于大团镇的灾民没有及时赈灾,灾民的呼声和躁动已经不是士兵枪炮所能压制得住的了。

9月7日 在《时报》发表时评《刑讯》,指出审讯员滥用私刑的情况普遍,呼吁及时制止。

9月9日 在《时报》发表时评《私造谋杀之流行》,以沪上发生的伪造钞票、私造枪炮等事为例,指出此乃社会之大患。

9月10日 在《时报》发表时评《烟灾》,指出在天灾频发的时期,又遇到烟土之祸蔓延大地,为社会的安定深感担忧。

9月12日 在《时报》发表时评《有共勉之》,指出当前储金救国活动中途遇到阻碍,代表联合会已经建立,将积极解决问题,希望国人共同努力。

9月13日 在《时报》发表时评《米》,指出米价对于社会的稳定起到了重要作用,"冥冥中已为社会增进安宁不少矣"。

9月14日 在《时报》发表时评《印花税》,批评印花税政策,指出印花税无孔不入,不利于商业发展。

9月15日 在《时报》发表时评《盐兵滋事》,指出此次盐兵生事,与其平日的管理松懈、纪律不严关系重大,相关部门应加以重视。

9月16日 在《时报》发表时评《自来水问题》,认为应将收回的自来水经营权交给地方上之人。

9月17日 在《时报》发表时评《炸弹》,对于沪上频频发现私造炸弹以及炸弹恐怖事件表示担忧。

9月18日 在《时报》发表时评《东西两共和国之比较》,指出中美两国虽政体相同,但现今"两者相去盖不可同日语矣"。

9月19日 在《时报》发表时评《告未得奖者》,安慰在巴拿马筹备会上没有获奖的实业家或商人。

9月20日 在《时报》发表时评《编造计算书之不易》,指出"编造计算书,固为整理财政之要务,然在我国一时尚难施行",但无论多么困难也要积极进行,先从培养储蓄人才开始。

9月21日 在《时报》发表时评《佣妇》,对于当日某佣妇串通土匪抢劫主人家财物表示深恶痛绝,又对于此种情况的出现表示担忧。

9月22日 在《时报》发表时评《官与商》,呼吁官商和衷共济,评价官商恳亲会就是一个很好的开端。

9月24日 在《时报》发表时评《本票用印花之困难》,指出政府应根据自身的实际情况,决定是否贴印花。

9月26日 在《时报》发表时评《尿池宜有屏蔽》,指出设立尿池的积极意义,而"能拦一木板以蔽之"则更益于社会风化。

9月27日 在《时报》发表时评《呜乎"特别"》,对于"特别"一词在社会上各个领域都有很多讨论与运用表示惊讶。

9月28日 在《时报》发表时评《将谓》,对于社会的治安状况表示担忧,"究不知何年何月,我小民始有安贴之一日也"。

9月29日 在《时报》发表时评《争执》,指出争执并非人之所愿,在政府间、商民间都有很多体现,双方以诚相待,则有益于双方。

9月30日 在《时报》发表时评《公共体育场》,指出公共事业对于上海尤其缺乏,教育行政会议提出的修建公共体育场"实为社会不可少之设备"。

10月1日 在《时报》发表时评《影响》,指出商业受欧战影响,国体又受到商业的影响,感慨"吾商民值此旋流之中,其能不受外界之刺激者,盖亦难矣"。

10月2日 在《时报》发表时评《人格教育》,就社会上是非不分的现象,指出应当提倡人格教育,但"恐学说虽佳,终难举世昏浊之人心"。

10月3日 在《时报》发表时评《未可一概论》,对于社会上集会结社的现象,指出与国家初光复时相比,"今日而仍组织会社者,是皆多事之流也"。

10月4日 在《时报》发表时评《中美教育之异点》,指出中美教育的异同点,美之教育尚切实,我国偏重虚文,"今后之办学者,慎勿以高尚优美之教旨,矜异于社会其从事,实质上着意即可矣"。

10月5日 在《时报》发表时评《军人之好模范》,指出我国军人的通病多半失之骄纵,希望军人能够以古代英雄人物为榜样,保家卫国。

10月6日 在《时报》发表时评《破坏易建设难》,以北蔡小学被破坏,学生不能上学为例,指出天下事与此相同,破坏易而建设难。

10月8日 在《时报》发表时评《塞源以止流》,指出"利之所在,人之所趋",凡事只有断绝其源头才可以止流。

10月10日 在《时报》发表时评《国庆日》,指出今年之国庆日与之前相比,"风景未殊,情状犹昔,所不同者,谣诼频惊,乃较前稍异而"。

10月11日 在《时报》发表时评《道属教育会》,指出对于教育事业应当设立专门机构统一管理,所设联络机构应当"勿徒以讨论为尽职,要当以督促为依归也"。

10月12日 在《时报》发表时评《华茶畅销》,指出我国茶叶一直以来质地优美,为外人称道,后因劣商无德而销量大减,现今已恢复旧观,希望我国茶商能够改良品种,严缔劣货。

10月13日 在《时报》发表时评《比较》,将我国小民承担繁重税收与我国社会生计加以比较,"而稍减其仔肩乎"。

10月14日 在《时报》发表时评《防务》,指出由于上海处于战事防卫状态,从而影响了商业的正常发展。

10月15日 在《时报》发表时评《整理私塾》,批评政府对于私塾教育管理不善,"徒以文牍往还",不能解决实际问题。

10月16日 在《时报》发表时评《旅沪公民代表入都》,指出国体问题发生后,沪上人士极为关心,成立了请愿组织前往北京。

10月17日 在《时报》发表时评《吴淞大火》,指出吴淞之前已经历大火,"今又继以大火",希望慈善人士能够予以帮助。

10 月 19 日 在《时报》发表时评《谁实为之》,对于制造伪钞、贩卖烟土、私藏烟土等行为屡禁不止表示不满,指出"谁实为之而至于此,是亦可以深长思矣"。

10 月 20 日 在《时报》发表时评《初选》,谈袁世凯为篡改国体,于当月在各省召开的"国民代表大会",呼吁有投票权的民众要审慎投票,选举出能够代表人民利益的代表。

10 月 21 日 在《时报》发表时评《谣言》,指出谣言本身就是空穴来风,当局不仅应当防范谣言,更要知道谣言的源头,以免无的放矢。

10 月 22 日 在《时报》发表时评《泥城》,指出上海近些年来拆城、造路、筑埠等等,已经花费很大的人力和物力,当前又有建造泥城的消息传出,"将来如其实行,则捕缉者或可稍歇并安心与?"

10 月 23 日 在《时报》发表时评《徒见费词而已》,指出商人虽然对政府的新税收政策表示反对并呼吁陈情,但是"上者方施其竭泽而渔政策",商人再多的努力,也只是"徒见其词费而已",于事无补。

10 月 24 日 在《时报》发表时评《吾商人其猛省之》,指出正值欧战时期,外国商货进入国内益少,我国商人应当痛加策励,积极发展自身。

10 月 25 日 在《时报》发表时评《遍地荆棘》,对于巡警无端被杀表示惊讶,指出"社会险恶,此特一斑",难免让人有遍地荆棘之感。

10 月 26 日 在《时报》发表时评《亡羊补牢》,就吴淞再次发生大火之事,认为亡羊补牢,为时未晚,"倘能从此大加振刷,则前途之受益固无量也"。

10 月 27 日 在《时报》发表时评《无形之损失》,批评当局因为没有根据的谣言,布兵戒严、提早收市等,指出由此造成的无形损失,不堪设想。

10 月 28 日 在《时报》发表时评《利用时机》,指出时机到来之时,必有善于利用者以此谋高位,冀上赏;不能利用之人则"日处漩流而莫知所适矣"。

10 月 30 日 在《时报》发表时评《信用》,批评苏路股款和救国储金不能如期发还一事,指出国人如此办事,终将信用扫地。

10 月 31 日　在《时报》发表时评《笞刑》,质疑使用笞刑,指出"其效犹未可睹也"。

11 月 1 日　在《时报》发表时评《哀哉愚民》,对于我国民众为了蝇头小利,不惜以生命做赌注,表示怜悯。

11 月 2 日　在《时报》发表时评《军火》,指出社会上呈"扰扰不宁之象",私造藏匿买卖军火难辞其咎。

11 月 3 日　在《时报》发表时评《捐》,指出我国商民若想真正盈利,要弄清薄利的源头并非是因捐税,而要降低成本,提升与外货之间的竞争力。

11 月 5 日　在《时报》发表时评《破除疑虑》,对于北军南下一事,指出当局应当说明情况,破除国人疑虑。

11 月 6 日　在《时报》发表时评《清理沙田》,就清理沙田一事,指出"主其事者,当加以悯恻,其毋涉于操切也可"。

11 月 7 日　在《时报》发表时评《土布》,就土布销路不畅一事,指出应一面减轻税则,一面加以改良,提升与外货的竞争力。

11 月 8 日　在《时报》发表时评《鸦片》,对于鸦片价格日高却销量反增一事指出,提倡鸦片弛禁之人,"虽诛之又岂足蔽其辜乎"。

11 月 9 日　在《时报》发表时评《鸿仪里之暗杀案》,对鸿仪里又发生暗杀案表示不安,对上海的社会治安表示担忧。

11 月 10 日　在《时报》发表时评《请免加漕》,就近年苏省频发天灾人祸,希望当局能够与民休息,请免加漕。

11 月 12 日　在《时报》发表时评《印花税》,就印花税实行以来,租界的商人拒不缴纳一事,表示租界的商人也是国民,理应缴纳。

11 月 13 日　在《时报》发表时评《郑使之哀荣》,对于郑使死后得到政府的封赏而嗟叹。

11 月 14 日　在《时报》发表时评《研究之好机会》,号召商人应当积极响应政府此次听取国民意见的机会,详加研究,指出这对商人有极大利好。

11 月 15 日 在《时报》发表时评《希望上海实业界》,对于 10 月 4 日上海举办的国货展览会表示欣喜,并认为此为"我国挽回利权之先导"。

11 月 16 日 在《时报》发表时评《防务与商业》,指出由于国体变更问题,导致国家不稳定,上海防务日严,商业也难以发展,表示极度的担忧。

11 月 17 日 在《时报》发表时评《影响》,指出郑使被刺,沪上各区加派重兵防守,对于商界的影响可想而知。

11 月 18 日 在《时报》发表时评《安》,指出人人都想拥有安定的生活,但"安"之一字,"乃实际而非矫饰也明甚"。

11 月 19 日 在《时报》发表时评《哀灾民》,对于沪上民众夏季遭受风潮灾害,冬季粮食又减收一成,表示同情和哀卓。

11 月 20 日 在《时报》发表时评《告体育界》,希望热心体育的青年,不要受一时名誉心驱使,为了成绩而违背了体育的本意。

11 月 21 日 在《时报》发表时评《小机工匠罢工》,指出当前机器工业盛行,手工作坊式生产者应当与时俱进,"慎勿逞一己之私见,而为无意识之举动也"。

11 月 22 日 在《时报》发表时评《郑使灵榇首途感言》,谈郑使出殡之日之所见与所感。

11 月 23 日 在《时报》发表时评《国誉》,指出"我国果能修明其政治,发展其商业,改良其工艺,极力经营,以充满其实力,则外人虽欲轻蔑又孰从而轻蔑之"。

11 月 24 日 在《时报》发表时评《保护经营实业华侨》,指出近数年来海外华侨对于国内之事无不施以援手,但缺少相关联络机构,呼吁政府和社会能够积极筹办。

11 月 25 日 在《时报》发表时评《商会联合会临时会》,指出我国商界"年来凋敝极矣,新税重叠,金融奇紧",希望商会联合会能克尽其责,为商界前途谋发展。

11月26日　在《时报》发表时评《酒捐》,对于近来酒业又受到苛捐重税,批评政府"杀鸡取卵",并指责居心叵测之人摧残同业。

11月27日　在《时报》发表时评《电车乘客之安全问题》,指出当前电车出现安全事故多因疏忽,所以研究安全极其重要,西人之大胆指陈其失、力持公论做法可取。

11月28日　在《时报》发表时评《印花税》,指出印花税实行以来,商民担负愈重,各省商埠已经电请改良,希望政府能够有所作为。

11月29日　在《时报》发表时评《商事条例》,对于新实行的《商事条例》因人而异,之图一时之便利,表示不满。

11月30日　在《时报》发表时评《今年之冬防》,指出当年沪上两遭天灾,秋收歉薄,冬季又饥寒将至,所以冬天的防范工作应当事先准备。

12月1日　在《时报》发表时评《告商会代表》,对于商会联合会临时大会的召开给予较高的评价,并希望商会联合会能够积极发挥作用。

12月2日　在《时报》发表时评《烟酒税》,指出烟酒作为消耗品理应征收税赋,但是过重的赋税则不利于烟酒行业的发展。

12月3日　在《时报》发表时评《人力车夫罢工》,指出人力车夫为了绵薄之利,不论春夏秋冬始终奔走于城市之间,而车行又要提高车辆租金,希望"各车行哀其贫困,而有以通融于其间也"。

12月4日　在《时报》发表时评《再论人力车夫罢工》,指出人力车夫因为车行加租已经罢工两日,倘若再不解决,这些人很可能会"流于作奸犯科"。

12月5日　在《时报》发表时评《增加与减轻》,指出政府谋求增加收入,而商民谋求减轻负担,最后只见"国用足,民生憔悴"。

12月7日　在《时报》发表时评《肇和肇事之一瞥》①,就肇和兵轮轰击制

---

①　指1915年12月5日革命党人组织起义反袁,占领肇和舰,炮轰江南制造局之事,两日后起义失败。

造局一事而造成的商店停业、社会动荡不稳现象,批评政府社会治安不力。

12 月 8 日　在《时报》发表时评《沪乱余音》,指出沪南刚刚停息战火,闸北、西门等地又出现枪炮声,对于人民和社会的安全表示担忧。

12 月 9 日　在《时报》发表时评《防务与商务》,指出经过"癸丑之役",沪上商业已受打击,又遇挖战壕、筑土垒一事,致使上海处于警备状态,更不利于商业发展。

12 月 10 日　在《时报》发表时评《金钱与生命》,为社会上某些人为了蝇头小利,不惜以生命作代价而不值。

12 月 11 日　在《时报》发表时评《炸弹与手枪》,指出手枪、炸弹的危害越来越大,乃至危害民众的生命和财产安全,为此种情形担忧。

12 月 12 日　在《时报》发表时评《毋信谣言》,劝导商民不要听信谣言,对于任何事要理性分析对待,不可人云亦云。

12 月 13 日　在《时报》发表时评《中资捐》,指出地方公产日渐稀少,而学校等地方公益性产业维持困难,增加屠宰、中资等捐税也可以理解。

12 月 14 日　在《时报》发表时评《戒严声中庆贺声》,指出虽然因国体问题,沪上近来迭出事故,但是当君主问题解决以后,大家仍能庆贺,不可不谓之"苦中寻乐"。

12 月 15 日　在《时报》发表时评《女抄班》,指出海关为了防止走私,特地增设了女抄班,以此解决妇女夹带走私物品的问题。

12 月 16 日　在《时报》发表时评《上海之地位》,指出上海最初只是一个商业城市,并非军事重镇,后因制造局的关系,逐渐被称为东南重镇。

12 月 17 日　在《时报》发表时评《纪疯人事》,以疯人贺某突发升天狂想终至殒命为例,指出当前社会上某些人看似正常人,实与疯人无异。

12 月 18 日　在《时报》发表时评《读省视学报告感言》,就年底省视学上海教育不合格一事,指出负教育改良之责者,应当严加整顿,改善沪上教育环境。

12月19日 在《时报》发表时评《呜呼，军火》，对于亚细亚报馆两次出现炸弹、鸿兴里私藏炸弹案、老虎灶搜出炸弹等事所体现的沪上社会治安之混乱，表示极度的不安和担忧。

12月20日 在《时报》发表时评《查禁谣言》，对于当局查禁谣言一事，希望能够慎之又慎。

12月21日 在《时报》发表时评《加征货物税》，对于"肇和一役"后，当局又加征货物税一事表示反对。

12月22日 在《时报》发表时评《商民之小劫》，指出沪南本就因战事，商业一蹶不振，又加上此次警厅调查户口，更令商民不安，影响商业发展。

12月23日 在《时报》发表时评《虚声与实际》，对于欧战尚未结束，外货较少进入国内，而我国工厂不能供应国民需要表示担忧。

12月24日 在《时报》发表时评《禁止迁徙》，指出当局虽已派出军警对于谣言加以戒备，但更应该消除民众的疑虑，以免商民迁徙，影响地方发展。

12月25日 在《时报》发表时评《设立茶叶公司》，就美国商人拟联合我国商人在上海设立茶叶公司一事，指出我国商人也应当有此种筹划，发展贸易。

12月26日 在《时报》发表时评《善后》，对于沪上谣言引起商民迁徙众多，政府积极发挥作用稳住局面表示肯定。

12月27日 在《时报》发表时评《烟禁》，指出我国禁烟一事一直以来倏弛倏张，对此次中央又特颁禁令之效果表示怀疑。

12月28日 在《时报》发表时评《戒严》，指出若想要真正达到戒严的效用，应当首先解决谣言一事，这样才能消除民众的疑虑和恐慌。

12月29日 在《时报》发表时评《今日之商人》，指出今日之商人，"物力凋敝，新税频增，意外之事又复丛集"，对于商业的发展表示担忧。

12月30日 在《时报》发表时评《附加税》，指出值此年关之际，新旧税纷至沓来，商人难免无法承受。

12 月 31 日　在《时报》发表时评《今年之上海》,指出此一年中最令人印象深刻之事,"莫如郑使之被刺及肇和之变端",社会上又盗窃频发,民生凋敝,让人深感担忧。

1916 年

（民国五年，26 岁）

1月1日 在《时报》发表时评《今年之希望》，指出民国四年已经过去了，希望在今年吾国及国民能够努力进行，有所裨益。

1月3日 在《时报》发表时评《呜呼，侦探》，批评军中的军探行恶事，对于沪上今日汇集的侦探担起保卫治安的责任表示期待。

1月4日 在《时报》发表时评《教育》，指出"教育为强国之本固"，但是当前我国地方和中央对于教育的投入远远不够，为其感到悲哀。

1月5日 在《时报》发表时评《私运土膏》，指出私运土膏一事一直存在，其根本在于禁止烟土买卖，否则终难肃清。

1月6日 在《时报》发表时评《安心营业》，指出近来本就因为天灾人祸导致商业发展难以为继，政府今又增加赋税，则更难让商人安心营业。

1月7日 在《时报》发表时评《吾国之实业》，指出筑路开矿等发展实业之举，对外丧失利权，对内则导致贪污腐化，从而难以促进我国商业发展。

1月8日 在《时报》发表时评《实用与体育》，指出苏省教育近来提倡实用与体育乃良好现象的开端，我国社会各界应当积极响应。

1月9日 在《时报》发表时评《枪声》，指出四年来上海滩枪声终不绝于耳，感慨"世变无穷"。

1月10日 在《时报》发表时评《纷纷扰扰》，对于"长浜路的枪声""太阳庙的炸弹声""漕河泾的攻击声"等近日上海发生的社会治安问题表示担忧。

1 月 11 日　在《时报》发表时评《今日之商人》，指出我国商人四年来之艰辛，对商业的发展表示同情。

1 月 12 日　在《时报》发表时评《参观团》，指出上海是受西方影响最早的地区之一，内地常有来学习者，此次上海教育界组织参观团考察内地教育，虚心求学的态度让人赞叹。

1 月 13 日　在《时报》发表时评《移赠赛品》，批评政府征集商界出品时不守信用之举，"倘他日再有赛会者，恐国人将视为畏途"。

1 月 14 日　在《时报》发表时评《商人与捐税》，指出政府与商人因增加税收一事相持不下，后虽然解决，但此间造成的商业损失已然难以挽回。

1 月 15 日　在《时报》发表时评《提倡实业人才》，指出我国实业未兴，皆因人才缺乏，故应当提倡实业人才教育，培养专业人才。

1 月 16 日　在《时报》发表时评《金戒与炸弹》，指出社会上"以金戒之嫌，而乃诬及炸弹"，此种做法足见人心险诈，希望政府以后能够严加管理，整肃治安。

1 月 17 日　在《时报》发表时评《今日之沪上防务》，指出自"肇和一役"后，政府对于上海的防务更加重视。

1 月 18 日　在《时报》发表时评《恩威并济》，指出值此天灾人祸之际，灾民遍地，民生维艰，政府不应只是武力镇压，更应当速筹赈抚之，"恩威并济"。

1 月 19 日　在《时报》发表时评《侦探》，指出侦探这一群体虽能够破获要案，但是卑劣之人亦会作奸犯科，政府应当严加督察，别无他道。

1 月 20 日　在《时报》发表时评《莫礼逊①与青木②》，指出莫礼逊与青木

①　莫礼逊（George Ernest Morrison，1862—1920），出生于澳大利亚移民家庭，1887 年毕业于苏格兰爱丁堡大学医学院，1895 年获博士学位，1895—1912 年担任《泰晤士报》驻东亚特派记者，1912 起担任中华民国大总统顾问，1919 年以中华民国代表团成员身份参加巴黎和会，1920 年在澳大利亚去世。

②　青木宣纯（1859—1923），日本侵华间谍。1859 年出生在日本宫崎，1879 年陆军士官学校毕业，1884 年到广州从事间谍活动，1897 年前往北京，协助袁世凯编练新军，1908 年出任驻华武官，1912 年晋升中将，孙中山发表《讨袁宣言》时，青木前往上海配合孙中山，1923 年病死在日本。

来沪,对于我国外交和军事都有所影响,此乃沪上最近应当注意之事。

1月21日 在《时报》发表时评《今昔之感》,指出虽然旧历新年即将到来,但最近沪上谣言四起、盗窃频发、饥民遍野,让人不甚感怀。

1月22日 在《时报》发表时评《幼稚园》,指出"幼稚为人一生之始基,故保育之道至重",而我国幼稚园教育极度落后,教师极度缺乏,应当努力发展,培养此项人才,发展幼稚园教育。

1月23日 在《时报》发表时评《大雪与贫民》,因昨夜沪上忽来大雪,联想到街边的饥民无家可归、束手待毙,期望政府能够积极赈济。

1月24日 在《时报》发表时评《本年之商业》,指出阴历新年将至,综观去年一年之商业,因为国家和社会动荡,发展止步不前,而今年商业如何发展,亦尚难预料。

1月25日 在《时报》发表时评《考试塾师》,指出学校改革尚属初步阶段,考试塾师等做法亦属权宜之计,此时仍应当推广。

1月26日 在《时报》发表时评《因果》,指出善恶因果报应自有定论,讥讽当今有些人"日造恶因而又日冀善果"。

1月27日 在《时报》发表时评《党人行动》,指出近日沪上党人多已赴云南抗敌,仅设一团体筹集经费而已。

1月28日 在《时报》发表时评《敬告言搜括之策者》,就南汇饥民闹荒一事,指出在上者不知小民艰苦,"徒知功令为重,刻期重敛",致使饥民暴乱一发不可收拾。

1月29日 在《时报》发表时评《年关》,感叹新年将至,本应及时行乐,可惜"默察社会"市场萧条,朝不保夕者大有人在,只能愁叹。

2月6日 在《时报》发表时评《回忆》,回忆去年,多是"可惊可骇可悲可虑之事",不知今后是何境况,只愿一切平安即可。

2月7日 在《时报》发表时评《医学会》,指出我国民不讲卫生,"以致人多病夫",故医学会亟须建立。

2 月 8 日 在《时报》发表时评《商业之衰落》,指出我国商人大多视野狭窄,"谨守现状,鲜有为扩张之计画者"。

2 月 9 日 在《时报》发表时评《一年之计在于春》,谈论到道属教育行政联合会暨中华医学会、英文研究会等,同时开设在上海,由理想而成现实,愿国人能够努力前进,勿负大好光阴。

2 月 10 日 在《时报》发表时评《洋药展限销售》,指出当局不能果断执行政令禁绝印花土和私土,亦导致人民消耗,不利于社会发展。

2 月 11 日 在《时报》发表时评《黄远庸》,为黄远庸①客死美国感到悲痛。

2 月 12 日 在《时报》发表时评《肇和案之判结》,指出肇和案终于告一段落,但中央对于上海更加重视,防务也更加严密。

2 月 13 日 在《时报》发表时评《火车相撞》,指出沪宁火车昨日与货车相撞,造成极大的交通事故,事后调查发现是红绿灯控制者的疏忽,应当严加惩办。

2 月 14 日 在《时报》发表时评《赌》,指出"及时行乐,本属人情",但是沉迷于赌博不能自拔,实不应该。

2 月 15 日 在《时报》发表时评《游戏》,指出中西方游戏的不同,中人之游戏无秩序、无节制,于身心几无裨益,而西人游戏"咸寓教诲之意",甚至能增长知识、强身健体。

2 月 16 日 在《时报》发表时评《自治制新书》,指出上海自治制实行后与官治实行相比较,"今昔不同之情形,已可得其大略矣"。

2 月 17 日 在《时报》发表时评《是岂恤商之道乎》,批评政府对商人不

---

① 黄远生(1885—1915),原名基,字远庸,江西德化人,16 岁中秀才,20 岁中举人,21 岁成为晚清最后一批进士,1909 年赴日本学习法科,辛亥革命后涉足新闻界,成为著名记者,1915 年为躲避袁党追逼避祸美国,却遭暗杀。

加体恤,任意加收赋税。

2月18日　在《时报》发表时评《商务与治安》,以"肇和一役"上海商业受到严重影响为例,希望西南的战事不要波及湘沅,从而影响到湘沅商业发展。

2月19日　在《时报》发表时评《吾民之担负》,指出我国财政本就拮据,现在政府征收新税,"不知直接取之于商,间接仍取之于民",从而更加重了民生之艰难。

2月20日　在《时报》发表时评《口》,指出病从口入,祸从口出,"在此世道混浊之秋,稍不措意,即召意外之虞",所以一定要慎言。

2月21日　在《时报》发表时评《加税与加价》,指出加税与加价有连带关系,加税则商品的成本提高,商人就要加价,加价之后人民的负担则更重。

2月22日　在《时报》发表时评《分利》,指出我国商人眼界狭窄,盈利则分之,不懂再次扩大投入生产。

2月23日　在《时报》发表时评《华盛顿生日》,以美国人庆祝华盛顿生日为由,赞扬华盛顿"公天下之心"。

2月24日　在《时报》发表时评《陋规》,揭露官场上很多官员中饱私囊,贪污腐化,希望政府能够剔除陋规,整治管理队伍。

2月25日　在《时报》发表时评《告染业》,指出当前我国染业因进口颜料不够,生产停滞,希望染业商人能够设法使用我国土产染料,挽救残局。

2月26日　在《时报》发表时评《胜负》,指出"胜败乃兵家常事,故交战苟未终了,其胜负究难预断"。

2月27日　在《时报》发表时评《盗案之影响》,指出因受盗案影响,致使"商人提早收市,居户入晚即检点门户",民不聊生。

2月29日　在《时报》发表时评《作伪》,谈到当今作伪之事很多,"皆未加审查之过也"。

3月1日 在《时报》发表时评《谣言》,指出谣言虽是空穴来风,但终有其发生发展的原因,其危害亦相当大。但只要"果有卓然自树之道,谣言虽多,亦奈我何哉"。

3月2日 在《时报》发表时评《沪上之治安》,指出近来盗案频仍,"甚至日或数起",在熙熙攘攘的马路上甚至有抢劫者,匪徒的胆子越来越大,地方治安堪忧。

3月3日 在《时报》发表时评《今日之商情》,谈到上海的商情"金融奇紧,捐税重重",昔日繁华地区现在已有外强中干之情形,希望当局能注意到,加以维持。

3月4日 在《时报》发表时评《今日之教育》,指出"教育为立国大本",我国西南地区虽遭遇战事,但是对比欧战初期,欧洲各国仍重视教育,告诫我国西南地区负教育之责者,仍应积极进行教育事业。

3月5日 在《时报》发表时评《女总会》,指出中国最繁华的地方当属上海,"而穷奢极侈,骄纵逸乐,尤推上海之妇女"。

3月6日 在《时报》发表时评《保育》,指出"孩提为成人之阶梯,故保育之道至重且要",孩子最为天真、单纯,监护人对孩子的影响极其重要。

3月7日 在《时报》发表时评《呜呼,战事之影响》,指出欧战和我国西南地区的战事对我国都产生了不同程度的影响,感慨战事不知何时才能结束。

3月8日 在《时报》发表时评《纸烟》,指出纸烟已经成为社会流行之物,我国已有设厂自制者,"要之吾国今日未兴之实业至多,亦在不畏折阅者为之耳"。

3月9日 在《时报》发表时评《多事之浦东》,谈到浦东近日出现了北蔡毁学案、张江栅闹荒案等,又有难民滋事,感慨浦东之多事。

3月10日 在《时报》发表时评《谣诼与防范》,指出谣诼越多,防范越严,防范越严,谣诼又越多,感慨民众难以安居乐业。

3月11日 在《时报》发表时评《自扰》,以党人起事的消息为例,指出

"天下本无事,庸人自扰之"。

3月12日　在《时报》发表时评《兵燹》,指出国内出现战事,致使同胞陷于战火之中,每个身处战火之外的人都应当伸出援助之手。

3月13日　在《时报》发表时评《日用物品》,因为欧战,火柴、肥皂等日常生活用品价格不断增长,担心长此以往,社会经济将有极大损失。

3月14日　在《时报》发表时评《异数》,指出上海本只是一个商埠,但后来党人、遗老、政客等都集聚沪上,从而为全国注目,成为异数。

3月15日　在《时报》发表时评《检查》,指出在乱世下,不能疏忽于检查,"偶一失检,即足置世缧绁"。

3月16日　在《时报》发表时评《党人袭击昆山》,指出昆山之于上海,看上去并非重要地区,但昆山一丢失,"淞沪今日防务,盖亦难于措置矣"。

3月17日　在《时报》发表时评《提倡中美商务》,指出我国商务"维持现状,尚虞其难",今美国主动提出中美贸易合作,希望我国"勿失大好时机"。

3月18日　在《时报》发表时评《总商会议事厅落成》,指出今总商会议事厅成立以后,我国商业"从此群策群力,使我国商务日益推广,进步无量"。

3月19日　在《时报》发表时评《战事与商务》,以川沪间商务稍见起色后又因战事而停滞为例,指出"战事与商务,诚有莫大之关系"。

3月20日　在《时报》发表时评《防范》,对今防范工作虽无处不在,但党案的发生却屡见不鲜提出质疑。

3月21日　在《时报》发表时评《盲童学校》,以盲童学校为例,指出当前我国的慈善事业大多为外人开办,希望我国负教育之责者,能够行动起来。

3月22日　在《时报》发表时评《工业》,感慨我国利权大量流失,自身工业的发展,缺乏人才,资本又有限,难以扩充。

3月23日　在《时报》发表时评《擦白党①》,严厉斥责社会上擦白党一类

---

①　也称拆白党,最早指租界兴起时聚集在小树林的不良少年,以敲诈勒索为业,后指用雪花膏把脸涂白的小白脸,以各种骗术为生。

人有伤风化,指出当局对其应当严加取缔。

3月24日　在《时报》发表时评《粤商爱护桑梓之感言》,谈到在时局嬗变之时,旅沪粤商关心家乡,电讯频传,体现了粤商爱护乡里的感情。

3月25日　在《时报》发表时评《避乱商民》,谈川湘的商民为了躲避战乱而来到上海之事。

3月26日　在《时报》发表时评《"洪宪"》,感慨"洪宪帝制"的闹剧终将成为历史上之陈迹。

3月27日　在《时报》发表时评《印花税》,指出当前商业发展因受战事影响已停滞不前,批评政府又不切实际增收印花税。

3月28日　在《时报》发表时评《民气》,指出"一国之民气,犹之大地之空气也,长养之则足以自强",我国当此羸弱之时,民气更为重要。

3月29日　在《时报》发表时评《华商电车》,以华商电车公司营业蒸蒸日上为例,指出我国实业"商办者无不日有起色,一至官办则苟延岁月"。

3月30日　在《时报》发表时评《半夜枪声》,谈到沪上居民因半夜枪声而成惊弓之鸟,联想到川湘陷于战火之国民,何尝不是如此。

3月31日　在《时报》发表时评《销毁帝制文电》,指出当局将帝制的文电销毁,"本属事势所必至"。

4月1日　在《时报》发表时评《函电交驰》,指出政府取消帝制的政令一发,大家纷纷发表函电,表达赞同意见。

4月2日　在《时报》发表时评《探报》,指责政府方面对于没有确证过的消息信为事实,甚至会将谣言信以为真。

4月3日　在《时报》发表时评《安置穷黎》,指出当今流离失所的难民很多,政府以加税为手段安置这些难民的做法有待观察。

4月4日　在《时报》发表时评《夜禁》,批评政府在帝制发生时戒严,现在帝制取消,又要戒严甚至夜禁,感慨沪上之人不得安宁。

4月5日　在《时报》发表时评《美舰来沪》,以美国温得华中将来沪为例,指出外人在我国战乱时来访,主要还是为了自身商业利益。

4月6日　在《时报》发表时评《日人考察我国商业感言》,指出外人经营商业眼界开阔,知道如何扩大销路,提高利润;而我国商人"成败利钝一付自然",缺乏商业知识和眼界。

4月7日　在《时报》发表时评《杨皙子》,指出杨度①因提倡帝制而造成西南兵祸,后有谣言称其逃亡,甚至传其逃亡海外,这一消息一度成为趣闻。

4月8日　在《时报》发表时评《今日之粤东》,指出广东自从广西独立后就动荡不安,旅沪商人也一直牵挂,现又传闻广东独立,此一事将与全国局势关系重大。

4月9日　在《时报》发表时评《广东独立之影响》,指出广东独立后,各方势力态度不一,感慨广东一省的独立竟然影响如此之大。

4月10日　在《时报》发表时评《今后之新希望》,因最近广东一省独立,又加上十二师南下,民间甚为恐慌,感慨不知何时才能国泰民安。

4月11日　在《时报》发表时评《北军》,以北军想要投粤,粤人拒之,他省亦复拒之为例,指出整个社会已经处于极度恐慌的状态。

4月12日　在《时报》发表时评《国货》,指出国货去年因受外商影响,发展止步不前,今侨商回国支持国内商业发展,希望我国商人能够努力进行。

4月13日　在《时报》发表时评《浙江独立消息》,指出浙江宣告独立,上海的形势日益严峻,"居民之迁徙者更络绎于道"。

4月14日　在《时报》发表时评《沪上治安》,因沪上近日"炮声、炸弹、火警一时相继而至",人民遭受战火,为沪上的治安和稳定担忧。

4月15日　在《时报》发表时评《会议》,因近日军队方面召开会议,希望

①　杨度(1875—1931),原名承瓒,字皙子,后改名度,别号虎公,早年参加"公车上书",师从王闿运,1902年赴日本留学,民国后任参政院参政,发起组织筹安会,主张君主立宪,1929年秘密加入中国共产党。

各界能够关注上海安全。

4月16日 在《时报》发表时评《江浙问题》,指出江浙本是唇齿关系,虽然达成了互不侵犯的协议,但只是权宜之计,希望相关方面能够尽早达成共识。

4月17日 在《时报》发表时评《违反众意之龟鉴》,称蔡乃煌①因请兵入粤,后致粤省独立,卒至身败名裂,希望后人以此为戒。

4月18日 在《时报》发表时评《租界与治安》,指出上海租界的繁盛和上海重要的经济、地理位置息息相关,感慨"租界盛衰,竟系吾国之治乱"。

4月19日 在《时报》发表时评《炸弹》,谈及近数日来,上海各地纷纷发现炸弹,感慨社会动荡,居民生活艰难。

4月20日 在《时报》发表时评《纵火》,谈到之前有商家为了骗取保险赔款而纵火,今高昌庙等地发生纵火之事目的却与商家殊途,感慨此乃"无妄之灾"。

4月21日 在《时报》发表时评《沪杭通车问题》,指出沪杭铁路对于两省的治安和发展至关重要,"恢复原状诚为今日之要图"。

4月22日 在《时报》发表时评《作伪日拙》,批评当前有人冒充总商会之名,捏造通电,指责此等手段低劣。

4月23日 在《时报》发表时评《防乱》,指出当前人心已去,有再多军队防乱也无济于事。

4月24日 在《时报》发表时评《防不胜防》,指出当前社会混乱之势已不可遏制,"大局因防而愈离,虽欲挽救,又孰从而挽救之"。

4月25日 在《时报》发表时评《遏止》,指出"战端既开,社会必遭糜烂",希望当局能够及时遏止,妥加处理。

---

① 蔡乃煌(1859—1916),字伯浩,广东番禺人,1891年中举,1908年任上海道台,买下《中外日报》,北洋政府期间追随袁世凯,曾任江西、安徽、江苏三省禁烟特派员,1916年被粤军将领龙济光枪杀。

4 月 26 日　在《时报》发表时评《根本解决》,指出近来澄锡和金山一带战事不断,希望有根本之方法能够解决,维持治安。

4 月 27 日　在《时报》发表时评《茧市》,指出蚕茧的交易将要开始,而战事绵延,担忧以蚕茧业为生计者受到影响。

4 月 28 日　在《时报》发表时评《招商局之炸弹》,指责招商局此前运送北军南下,现在又发现承运炸弹。

4 月 29 日　在《时报》发表时评《新裕》,因"新裕一役"伤亡惨重,感慨人民饱受战乱之苦。

4 月 30 日　在《时报》发表时评《避乱难》,指出近日有较多人来沪避难,感慨这些人"乐土抑又难久恋"。

5 月 2 日　在《时报》发表时评《公私》,指出人一旦在权利面前就会被私心所驱使,感慨"今日之扰攘不宁,无一不由于少数人之私心有以酿成之也"。

5 月 3 日　在《时报》发表时评《务商中学》,指出今务商中学已进退维谷,希望负教育之责者能够妥加维持和善后。

5 月 4 日　在《时报》发表时评《北四川路之惨剧》,就近日一巡警枪伤多人案一直未有结果之事,感慨人之发狂至如此地步。

5 月 20 日　在《时报》发表时评《金陵轮失慎》,由鸿安公司栈房失火,太古公司之"金陵"轮毁于火等实例,感慨公司对于祸患应当慎之又慎。

5 月 21 日　在《时报》发表时评《大局与金融》,指出"大局一日不解决,则金融即无回复原状之可望",国家和人民的利益都会受到影响。

5 月 22 日　在《时报》发表时评《速定国是》,对于当前"国是"一直未定表示担忧,指出"国是一日不定,吾民即多受一日之困苦"。

5 月 23 日　在《时报》发表时评《维持》,指出凡事若只维持现状,便很难发展,但我国现在的情形"维持而亦不可得"。

5 月 24 日　在《时报》发表时评《团结》,指出"各自为谋,不相联络,其结果必致同归于不振"。所以,在商业领域我国商人应当团结一致,共同发展。

5月26日 在《时报》发表时评《限制携带现洋》,指出自停滞兑现以后,钞票已经很难兑现了,而现在又限制旅客携带现洋,商业的发展令人担忧。

5月27日 在《时报》发表时评《南京会议代表返沪》,指出此次南京会议若能成功,则国家从此能够安定,但结果尚不可知,"设仍纷纷扰扰",则开此会议即多此一举了。

5月28日 在《时报》发表时评《失业工人》,指出当今铁路交通因为战事阻断了,纱厂、布厂停工,失业工人甚众,如果不加以妥善解决,则势必会导致治安问题。

5月29日 在《时报》发表时评《信用》,以交通钞票不兑现失去信用为例,指出"信用非一时所能增进者,而一朝即足以破坏之"。

5月30日 在《时报》发表时评《自私自利》,指出我国现在陷入混乱状态,得因于国人自私自利,"国人稍存公益之心,则吾国情势又何致江河日下至于此极"。

5月31日 在《时报》发表时评《秦人眷念桑梓》,指出旅沪秦人得知北军即将进军家乡的消息立即发电阻止,是人之常情,因为"战端一开,无论胜负,地方必遭糜烂"。

6月1日 在《时报》发表时评《私土与盗匪》,指出由于战乱造成印花土滞销,工人失业,从而引起了私土买卖和盗匪横行,希望当局能够严加防范,从根本上解决。

6月2日 在《时报》发表时评《绍兴轮》,指出由于欧战的影响,太古公司的两艘轮船"金陵"轮和"绍兴"轮都毁于战火,死伤者不计其数。

6月3日 在《时报》发表时评《呜呼,今日之商业》,指出当前交通不通、钞票停止兑现、现洋禁止携带,商业上受到了难以估计的影响,为商人感到惋惜,"商人何辜,而必摧残至是"。

6月4日　在《时报》发表时评《威信扫地》,指出"现洋归诸公家,废纸充塞市肆"的做法会扰乱金融秩序,使国家威严扫地。

6月5日　在《时报》发表时评《端阳与纸币》,就恰逢端阳节出现纸币停兑的现象,为国人哀叹。

6月6日　在《时报》发表时评《茶》,指出我国商品流行于世界市场的唯有丝茶,但因为销售不得其法,销路渐不畅,希望国人在此新茶上市之际,能够抓住机遇发展茶业。

6月7日　在《时报》发表时评《元首逝世之传说》,指出帝制之乱后,社会经济发展缓慢,现忽然有元首逝世的传闻,若真是如此则沪上的商业将渐有起色。

6月8日　在《时报》发表时评《告有维持地方之责者》,指出当前社会经济萧条,人民生计困难,已经达到极点,希望各界人士能够协力维持,共渡难关。

6月9日　在《时报》发表时评《除旧布新之希望》,指出黎元洪①出任大总统,"各界人士莫不竭诚庆颂",希望新总统上台后,社会将除旧布新,百姓安居乐业。

6月10日　在《时报》发表时评《恢复原状》,指出当前大局将定,交通即将通行,金融稳定,"一切困难之点当不难迎刃而解"。

6月12日　在《时报》发表时评《恐吓图诈》,指出对于沪上近日出现的恐吓图诈之案的犯罪分子,要追究案件实在,加以严惩。

6月13日　在《时报》发表时评《民意》,指出黎元洪接任总统之后,社会各界无不额手相庆,贺电纷披,民意不可假借。

6月14日　在《时报》发表时评《苏省学款问题》,指出苏省本是富庶之区,但近来学校经费出现了问题,对学子的学业表示担忧。

①　黎元洪(1864—1928),原名秉经,字宋卿,湖北黄陂人,中华民国第一任副总统、第二任大总统。

6月15日 在《时报》发表时评《赈济比国妇孺会》,指出欧战给欧洲诸国带来了极大的损害,希望欧战能够早日结束。

6月16日 在《时报》发表时评《庆祝共和》,指出我国商人、旅沪美侨都在庆祝我国国体确定,两国人民都向往共和。

6月17日 在《时报》发表时评《通车与兑现》,指出沪杭通车问题已经完全解决,而今纸币兑现问题还未解决,希望当局能够早日实行恢复。

6月18日 在《时报》发表时评《呜呼,交通部》,指出交通部本宣布交通银行商办,并未履行承诺,发行纸币又图卸责不愿承担兑现责任,"商民损失不足计,其如国家之信用扫地何?"

6月19日 在《时报》发表时评《党派》,指出我国始恢复旧日安定之局面,不可再受任何扰乱,今各党派领袖一致表态共同提携,期望我国能够恢复国力,前途向好。

6月20日 在《时报》发表时评《心理与事实》,指出黎元洪出任大总统,社会各界对他期望很高,但多日过去中央尚无表现,商民心情忐忑。

6月21日 在《时报》发表时评《交通银行》,指出交通银行的纸币仍不能兑现,百姓持有其行纸币者生活困难,感慨"是可忍孰不可忍"。

6月22日 在《时报》发表时评《公益》,就南市、闸北水力不足而酿成大火一事,指出地方上公益之事有必要提前筹划,始能见效,否则遇到意外则南辕北辙。

6月23日 在《时报》发表时评《捐税》,指出年来捐税至繁且多,无孔不入,商民备受其害,号召商民即社会各界请求中央豁免苛捐杂税。

6月24日 在《时报》发表时评《时局与商业》,指出当前约法恢复问题已为大多数所公认,可是久不果行,人心难以再收回,而商业受到时局影响甚重。

6月25日 在《时报》发表时评《解严》,指出在淞沪戒严时期沪上商民受到极大困苦,今已解严,希望当局能够与人民以诚相见,恢复战前安定状态。

6月26日 在《时报》发表时评《教育借款》,指出当前中央和各省莫不借款度日,"现象如此,其不为埃及、波斯之续者亦仅矣"。他省则对于教育采取漠然态度,庆幸苏省还愿借款以维持教育。

6月27日 在《时报》发表时评《米业意见感言》,就米业因扣佣而发生工潮,相持不下,该业董事出面解决一事,指出"区区米业,整顿行规犹如斯其不易,况国政之大乎"。

6月28日 在《时报》发表时评《中国前途》,指出近来政客、议员都齐聚上海,商讨共和一事,但中央一直迁延,担忧中国前途将陷于困境,难以解决。

6月29日 在《时报》发表时评《商业上之二害》,指出当前商业发展的两大危害就是捐税和盗匪,现今大局粗定,应当对此二者从根本上消弭。

6月30日 在《时报》发表时评《除恶务尽》,由蝗灾而联想到当今贪官污吏如同蛙虫,应当一一肃清,避免贻祸他日。

7月2日 在《时报》发表时评《官产与公产》,指出官产与公产很难分清,清理其中之一都会影响地方事业发展。

7月3日 在《时报》发表时评《私之害》,指出私造炸弹、私铸银元、私售红土等私自行为应受到相应制裁,不能养成社会只为利己而不顾他人之风气。

7月4日 在《时报》发表时评《民意机关》,指出当前约法恢复、共和确定,应当恢复国会、省议会和县议会三级民意机关。

7月5日 在《时报》发表时评《道德问题》,由帝制之乱指出,此一乱提醒社会知道道德不可假借,吾国官员应当以此为鉴。

7月6日 在《时报》发表时评《新银角》,指出民国成立后铸造银币一直沿用前清旧式,近日社会上流通新制银角,经查属正版银角,但却被指为伪造,感慨吾国人办事因循守旧。

7月7日 在《时报》发表时评《再论新银角》,指出当前纸币停兑仍未恢复,新银角的流通又掀起风波,当前业已查明来历,应当畅通无阻。

7 月 8 日 在《时报》发表时评《官产》,指出官产有很多是官厅假借清理清丈之名占取。

7 月 9 日 在《时报》发表时评《三论新银角》,指出新银角流通困难已经多日,影响金融难以发展,不仅会使国民损失利益,也损害政府信用。

7 月 10 日 在《时报》发表时评《谣言》,指出谣言一经传播会引起极大影响,即使信用良好的汇丰银行也不例外,所以其他不如汇丰之企业应更加注重巩固自身。

7 月 11 日 在《时报》发表时评《政纲》,指出从前政府计划的大政方针很多未能实行,今又宣布了十大政纲,"甚愿其力行无怠,而不徒为具文也"。

7 月 12 日 在《时报》发表时评《裁减侦探》,就近日裁减侦探一事,感慨"或可永绝于沪上"。

7 月 13 日 在《时报》发表时评《实业界之曙光》,指出上海之前实业几乎全为外人占领,近来华商已渐兴起,"创电车,辟轮埠"等,成效昭然,此乃实业界之曙光。

7 月 14 日 在《时报》发表时评《防盗策一》,提出防盗策:报警机关应当分段编设,居家铺户应多设一种报警之铃,"一遇邻近有盗,当守望相助,按铃为号"。

7 月 15 日 在《时报》发表时评《防盗策二》,提出又一条防盗策:有报警者不知报警电话,应与电话公司商议,如遇报警应直接为之接线。另外,"华人往往不谙西语,各捕房之电话间,宜令一华人专司收接华人之电话"。

7 月 16 日 在《时报》发表时评《第十师》,指出上海现已安定,驻扎在上海的第十师应当回驻原地。

7 月 17 日 在《时报》发表时评《新银角》,指出新银角已经由官方认定,本埠各钱铺应当开始接收和使用。

7 月 18 日 在《时报》发表时评《逃兵散勇之可虑》,指出最近发生之盗窃案,很多归咎于散兵游勇,今战事已息,政府应当"妥筹安置之法"。

7月19日 在《时报》发表时评《各处中行钞票照常通用》，指出现今中行的钞票即将开兑，业已流通，希望政府对于交通银行的钞票，也能够设法维持。

7月20日 在《时报》发表时评《集会》，指出近来全国名流集会于上海，"或述政见，或联情谊，今日言论即他日施行之张本，是则吾人所尤当注意者也"。

7月21日 在《时报》发表时评《权利》，指出国人之前对于权利之不重视，经过多次权利损失之后，"今乃群起而谋所以保护之矣"。

7月22日 在《时报》发表时评《改良币制》，指出新银角一事已经引发了新币之议，今我国对于币制改革一事，已到刻不容缓之地步。

7月24日 在《时报》发表时评《恢复原状》，指出当前国体粗定，政府应当着手恢复原状，约法、国会、军队等都应重新建立，人民生计恢复也望之于政府。

7月25日 在《时报》发表时评《烟酒税》，指出烟酒本应当给以重税，但我国素乏保护商人之方，今烟酒业联合团体已请求减税，"政府既有蠲除杂捐之明令，必有以轻其担负也"。

7月26日 在《时报》发表时评《读海关报告感言》，指出海关报告去年本埠贸易出口大于进口，"我国工商界尤应联合团体，从事发展，毋令大好时光悠悠以去"。

7月27日 在《时报》发表时评《动静有时》，指出当前国是初定，国人应当"各出其精神财力，以趋于建设之一途"。

7月28日 在《时报》发表时评《扰害商旅之匪徒》，指出轮船码头一带常有匪徒，在货物上下之际行窃，"望有保卫之责者，严缉首要，痛加惩治也"。

7月29日 在《时报》发表时评《提用积谷》，指出积谷是在灾荒时期的备用，如无特大变故，不应因一人的异议而轻易提用。

7月30日 在《时报》发表时评《挽回矿权》，指出我国矿产丰富素为外人觊觎,今凤凰山铁矿又有由某国开采之说,国人应当积极保护我国主权,集资自行开采。

7月31日 在《时报》发表时评《商团》,指出"商团解散后,商界久失援助",今若能按照提议恢复,"此后之进行,当能益加策励,以趋于实际之一途"。

8月1日 在《时报》发表时评《博物研究会》,指出科学的发达是各国强大的基础,我国科技发展缓慢,"今博物研究会开会提倡,吾知求实之学者,必有闻风兴起者"。

8月2日 在《时报》发表时评《恢复省县议会》,指出自治机关取消以后,地方事务无人管理,人民忍气吞声,今"国会继续开幕,省会、县会万无不恢复之理"。

8月3日 在《时报》发表时评《镇静》,指出上海为交通要道,他处一有事故,莫不受其波及,应"防患于未然,固为当道之职志"。

8月4日 在《时报》发表时评《路政感言》,指出办理铁道,开辟马路,不应务虚饰以为名高,否则亏折之事会发生。

8月5日 在《时报》发表时评《洋药报效》,指出国家不应贫困就开放烟禁,不可有饮鸩止渴之举。

8月6日 在《时报》发表时评《自己意思》,指出人对于任何事要根据自己意思,不能依附于他人,随人进退。

8月7日 在《时报》发表时评《日人被害案》,指出最近沪上命案时有发生,又有日人被害,查明后与伪造纸币案有关,现已拘捕两名嫌疑人,等待案情审判。

8月8日 在《时报》发表时评《无谓之纷扰》,谈抢劫警署谣言被平定之事,感慨社会上现在仍有纷扰不宁的现象。

8月9日 在《时报》发表时评《随从带土》,就近日发现的司法总长随从私带烟土一事,指出实为国家蒙羞,应当严厉惩治。

8月10日　在《时报》发表时评《利》,就三省自弛禁以来,落入法网者仍不可胜数之现象,感慨世道人心总为利所迷惑。

8月11日　在《时报》发表时评《公道》,指出扫除烟毒的危害是"今日唯一之要务",谴责那些以重利诱惑政府者。

8月12日　在《时报》发表时评《纪盲童学堂感言》,指出"盲目之童,一经教育便可成才",但我国现在还缺少此类学堂,为盲童教育感到担忧。

8月13日　在《时报》发表时评《裁厘加税》,指出裁厘加税一直难以推行是因为部分官吏阻挠,"今幸国是已定,正宜除旧布新",商人应协力进行,振兴商务也将从此开始。

8月14日　在《时报》发表时评《追悼会》,指出对于为国事而死的诸烈士,今应当开追悼会,为其追悼。

8月15日　在《时报》发表时评《女子与家事》,指出女子主家政,实属分内事,"故女校之造就人才,当以家事为前提"。

8月16日　在《时报》发表时评《商业之生机》,指出纳税虽为商人之义务,"惟因纳税过重,而反阻其生机",今政府应当免去对商业额外征收的重税,为商业发展减少阻碍。

8月17日　在《时报》发表时评《收束军队》,指出收束军队是当前最要紧事务,军人应以服务国家,服从命令为天职,今国是已定,应当合理妥善安排部分军人复员。

8月18日　在《时报》发表时评《币制》,指出"整理财政,莫先于币制",否则将阻碍商业的发展,"今国是已渐次就绪,改良币制尤宜积极进行"。

8月19日　在《时报》发表时评《呜呼,交涉员》,指出之前私带烟土的大案还没有结案,今又有云南交涉员行李中私带烟土,应从严追究,严厉惩处,以儆效尤。

8月20日　在《时报》发表时评《私隙几酿人命》,指出炸弹是危险之物,但今有一店主因为私隙几至引爆炸弹,幸而事败。

8 月 21 日　在《时报》发表时评《烟禁展期问题》,对于近日烟禁即将展期于 9 月的传闻,表示担忧。希望当局能够以利国利民为前提,"勿为威迫,勿为利诱"。

8 月 22 日　在《时报》发表时评《梁士诒①》,指出据西报记载,梁士诒现藏于上海租界,若此消息准确,实乃"作恶者终以自害也已"。

8 月 23 日　在《时报》发表时评《安插民党》,指出民党与地方的治安关系密切,当今国家大局已定,民党应各谋其树,以为长久之计。

8 月 24 日　在《时报》发表时评《周金箴②》,指出周金箴因商界领袖之地位步入官场,但为官一年多来碌碌无为,一时间成为众矢之的。

8 月 25 日　在《时报》发表时评《实利主义》,指出"比来沪上高校,已有趋重实利之势",这是一个值得提倡的方向,不止沪上高校,全国高校都应当重视实利主义教育。

8 月 26 日　在《时报》发表时评《钞票停兑后之影响》,指出交通银行等发行的钞票停兑,捐税、商业以及商民的利益都受到不同程度影响,呼吁早日结束。

8 月 27 日　在《时报》发表时评《县议员联合会》,指出"国会重开,省会定期召集,则此为宪政基础之县、市、乡会,更无不回复之理",地方政府应当

---

①　梁士诒(1869—1933),字翼夫,号燕孙,汉族,广东三水人。光绪年间进士,授翰林院编修。曾参与袁世凯胁迫清皇室退位的活动,任袁世凯总统府秘书长、交通银行总理、财政部次长、北洋政府国务总理等职务。为中华民国时期北洋政府交通、财政高级官员,旧交通系首领,是清末和民国初年非常活跃的一位重要政治人物。

②　周金箴(1847—?),号晋镛,浙江慈溪人。通久源轧花厂、赣丰饼油公司等企业股东。清光绪十四年(1888)与严信厚等创办华新纺织新局。光绪二十八年当选上海商业会议公所副总理。光绪三十年当选上海商务总会协理,光绪三十二年当选上海商务总会议董。光绪三十三年选为上海商务总会第四任总理。光绪三十四年在电报总局任职,同年与李云书、虞洽卿、陈子琴集资创办四明银行。宣统元年(1909)、宣统二年连续当选为上海商务总会第五、六任总理。1912 年任上海总商会第一任总理,1914 年连任。1915 年升任沪海道尹,同年任职华洋保寿公司。1921 年任职招商总局,1922 年任职阜丰植棉公司。

积极组织县级议会重开,"俯顺舆情,提前召集"。

8月28日　在《时报》发表时评《周道尹免职》,指出官吏私运烟土是我国禁烟史上最反对之事,谴责为一己之利私卖烟土的行为,积极评价周道尹被免职。

8月29日　在《时报》发表时评《销毁危险品》,指出炸弹本是军用的利器,小人利用炸弹会危害社会治安。"今大局既定,此种危险品实无存在之必要",应当收回销毁。

8月30日　在《时报》发表时评《恢复各级自治》,就近日传闻"各级自治将与省会同时召集"的消息,指出政府应当依然恢复之,以此来满足国人期望。

8月31日　在《时报》发表时评《会长问题》,指出会长"固非名誉职可比,必与本会有密切之关系者",所选出之会长应当为全体谋幸福,不能不顾实际,任意选出。

9月1日　在《时报》发表时评《宗社党》,指出披发文身为野蛮人的陋习,今宗社党也有此种现象,深入观察后,发现其又与土匪有联系,所以应当"及早而查禁之"。

9月2日　在《时报》发表时评《送游美诸君》,指出美国为共和先进之国家,其必有我国可以学习的地方,我国应当从美国吸收人才,输入我国社会,促进我国社会进步。

9月3日　在《时报》发表时评《唐总长》,指出"新国员"任命后,唐总长一直谦让不愿任职,后因国事需要以及百姓呼声,终于"治装北上"。

9月4日　在《时报》发表时评《意见》,指出无论何事,只要有意见势必难以进行下去,感慨"假使人人俱以公益为怀,彼此竭诚相与,试问又有何不可融洽之事"。

9月5日　在《时报》发表时评《方针》,指出做任何事都应有方针指导,即所要进行的标准,但也不能墨守成规,应当善于利用、实事求是。

9 月 6 日　在《时报》发表时评《代表大多数国民》,以袁世凯称帝时内阁成员一致同意为例,指出国民代表的意见多偏颇,应当听从大多数国民的意见。

9 月 7 日　在《时报》发表时评《警界之耻》,对于负有保卫人民之责的警察近日持械行凶殴毙路人的行为表示严厉谴责,指出这是警界之耻,相关部门应当严加整顿。

9 月 9 日　在《时报》发表时评《争做会长》,指出商界联合会会长的人选不可随意,不能只行义务,也不能只争权利,应当选出"能联合全国商人以谋进步之人"。

9 月 10 日　在《时报》发表时评《告漆业》,指出漆业罢工风潮发生已有数日,一方以为"应勿为过分之要求",一方以为"亦勿为极端之拒绝"。

9 月 11 日　在《时报》发表时评《悼杨心一①君》,哀悼杨心一,言其学成归国,"不奔走于势利,惟尽力于社会,处心以厚,任事以勇",但却因肺痨而死。

9 月 12 日　在《时报》发表时评《振兴国货之急务》,指出工艺未精、资本缺乏、金融机关不完备等都不是振兴国货的急务,当前最急之务应是造就工商业之人才。

9 月 13 日　在《时报》发表时评《国民缺乏常识之可虑》,指出我国民因为自身限制,缺乏常识,易于陷入居心叵测之人圈套,"可虑也"。

9 月 14 日　在《时报》发表时评《开辟依周港》,指出"依周港为淞沪孔道,辟为商场,非但可以振兴商业",还可以抵制外人侵犯。

9 月 15 日　在《时报》发表时评《男子生尾》,因近日传出一男子生出尾

---

①　杨心一(1889—1916),江苏吴县人,1907 年毕业于邮传部高等实业学堂商务专科,随即赴美国宾夕法尼亚大学就读商务财政专业,1911 年回国后在《时报》《共和西报》以及中华书局编辑部工作,编辑翻译了大量英文教材和小说,1916 年因肺结核去世。

巴一事,感叹国人之前留的辫子,"安得克利医生之剪,而一一为之剪除"。

9月17日　在《时报》发表时评《拒绝禁烟展限》,指出拒绝烟禁展限一事,可见公道自在人心。

9月18日　在《时报》发表时评《严禁花会赌博》,指出花会赌博的实质就是骗术,危害社会,政府应当积极查禁。

9月19日　在《时报》发表时评《远东运动会之预备》,指出日人早已准备明年之远东运动会,我国青年应及早准备,为我国体育之声誉而努力进行。

9月20日　在《时报》发表时评《读省教育会劝告书感言》,就社会上教师沉迷于赌博一事,指出我国自兴学以来,学校和社会关系一直不够融洽,"读省教育会劝告书,甚望我教育界有则改之,无则加勉"。

9月21日　在《时报》发表时评《告徐道尹》,希望新任徐道尹入职后,"能扫除积习,多做几件裨益地方之事"。

9月22日　在《时报》发表时评《重申烟禁》,指出大总统已经重申了禁烟令,烟毒危害极深,"深望上下一心,坚持到底,自湔前耻,毋再为外人所窃笑"。

9月23日　在《时报》发表时评《针》,指出"针虽微物,然为缝纫所必需",今已有华商要开设此类工厂,如果能施行,则将挽回我国此一方面之利权。其他如洋钉、小刀等,我国实业家也应当积极制造。

9月24日　在《时报》发表时评《盗匪游行街市》,指出政府将盗匪游行于街市并未达到预期之效果,"民不畏死,奈何以死畏之"。

9月25日　在《时报》发表时评《冗员》,指出官府冗员招摇舞弊、侵蚀国家财产,危害极大,高度评价沪上新任徐道尹裁汰冗员之举。

9月26日　在《时报》发表时评《实业人材》,指出我国实业多年未有发展,主要因为缺乏实业人才,我国青年应当有长远眼光,"若培植而奖励之,则政府之任也"。

9月27日　在《时报》发表时评《舞弊》,就制造局总办与税务所所长舞弊一案,指出相关官员应当秉公处理,查明真相。

9 月 28 日 在《时报》发表时评《制钱》,就社会上制钱日少,指出因铜价日昂,有不法分子暗中收购制钱熔化后,出售国外。政府应当采取适当办法,及时制止。

9 月 29 日 在《时报》发表时评《机匠应募出洋》,就社会上出现机匠弃家室出洋寻求工作的现象,感慨"此项机匠固均年力富强、技艺娴熟者,何竟不得一资本家与以衣食,俾得安心效力于国中"。

9 月 30 日 在《时报》发表时评《庆祝双十节之预备》,指出去年双十节由于袁世凯称帝之乱,爱国志士难以有所行动,今共和业成,共和团体完全恢复,其中"上海为中外观瞻所系,吾知各界必有踵闸北火会起而先事筹备者矣"。

10 月 1 日 在《时报》发表时评《告办理党人善后者》,指出办理党人善后一事多日无结果,今经济问题已解决,"与其迟缓,毋宁从速"。

10 月 2 日 在《时报》发表时评《闸北创行电车》,指出闸北近来经济有较大发展,交通得进一步发展,可推动商业进步,今当地绅商已经注意到此处,议论创行电车。

10 月 3 日 在《时报》发表时评《绝大之危险》,指出事无大小,对于别人设计好的陷阱,我们应当及时思考自救,而不是坐以待毙,否则将会面临绝大之危险地步。

10 月 4 日 在《时报》发表时评《日人视察商业感言》,指出日本商人来我国考察所记录下的文字,我国人看后也不得不瞠目结舌。

10 月 5 日 在《时报》发表时评《国货与华侨》,指出今华侨纷纷回国调查实业,"国货商家于此亟竭诚与华侨联络,并将出品从事改良,以为他日运销外洋之预备焉"。

10 月 6 日 在《时报》发表时评《呜呼,帝党》,称袁世凯帝制丑闻时,热心富贵者趋炎附势,后时势已非,乃遭国人唾弃。

10月7日　在《时报》发表时评《我国飞行界之光》,以朱志尧儿子①亲临法国战场一事为例,指出我国飞行事业尚处在萌芽阶段,"崭然露头角者已不乏其人,如朱君者,他日归而为国效力,则其成绩尚未知如何也"。

10月8日　在《时报》发表时评《职业教育》,指出当前学校培养出来的学生,"毕业后而竟不得一职业,或得矣而用所非学",将会使社会对学校失去信赖。教育会应当积极研究,提出解决办法。

10月9日　在《时报》发表时评《自治研究会成立》,指出当前百废待兴,民生凋敝。地方上相关人士,应当积极研究,从事地方自治一事。

10月10日　在《时报》发表时评《国庆日》,指出恢复共和后第一个双十节,全国国民拥护,万众一心,盼"我国民其人人毋忘此共和复活后之第一国庆日"。

10月11日　在《时报》发表时评《五年来所未有》,指出双十节期间,"一切进行事业均有欣欣向荣之概",是五年来所未有之局面。

10月12日　在《时报》发表时评《道尹》,指出"道尹未尝无裨于治理也,惟其收效恐不敌靡费之巨而",但只要对国家有利,不应当随意裁撤。

10月13日　在《时报》发表时评《栽种与贩运》,指出虽然印土合同期满,烟土之祸有不禁自灭之势,"但吸者售者如故,岂徒人民依然未除其害,且恐外人起而有所借口",政府应当注意,不应松懈。

10月14日　在《时报》发表时评《党人善后问题》,指出对于党人的善后,已经迁延多日了,"若再不赶为结束,窃恐他日举动,将有甚于此者在也"。

---

①　朱斌侯(1885—1940),被称为中国空战第一人,字允章,号迎生,生于1885年,祖籍江苏。其父朱志尧曾任东方汇理银行经理,后在上海创办求新机械厂。朱斌侯13岁从徐汇中学毕业,随后去法国留学,就读于列里机械学校。1913年朱斌侯再度前往法国学习飞行,第一次世界大战爆发后在法国外籍兵团航空队担任了1年多战斗机飞行员,在空战中取得了击落敌机2架、迫降2架、击伤1架、击落气球1枚的战果。抗战时曾投书要求参加空军,1940年去世。

10 月 15 日 在《时报》发表时评《名伶保险之作用》，就梅兰芳、王凤卿①来沪，由于保险金较高引起谣言一事，指出"欧西名伶尝掷极巨之险金，固以预防不虞"，呼吁我国人应当理性对待此事。

10 月 16 日 在《时报》发表时评《棉》，指出我国棉纱的需求量日增，但现今纱厂多为外人设立，"果有资本家出而提倡，则挽回利权，初非难事"。

10 月 17 日 在《时报》发表时评《邮政》，指出邮政近几年发展较快，但邮局大多为外人控制，若能收回自办，"并力谋减轻寄费，添设分局，增进社会之信用，扫除官办之陋习，则其进步当尤有一日千里之势也"。

10 月 18 日 在《时报》发表时评《对外贸易》，就美商司梯芬提到"中国人急宜注重对外贸易"一事，指出我国商人应思考司梯芬的话，"放远眼光，加意研究，思所以挽回利权之道"。

10 月 19 日 在《时报》发表时评《海盗》，指出我国商人受到迫害，官厅却无能为力，"我商民出捐税以养兵警，果为何事，而所得结果乃如此，不亦大可痛欤"。

10 月 20 日 在《时报》发表时评《缠足》，指出缠足百害而无一利，国人应当摒弃此陋习，政府也要加以劝导。

10 月 21 日 在《时报》发表时评《党会》，指出党会众人的义务应当是为公众谋幸福，为国计民生谋福利，而不能一味谋求一己私利。

10 月 22 日 在《时报》发表时评《夜市》，指出租界已有夜市，而城厢之夜市在小东门的商店已有发起，"果能逐渐推广，殊足为内地商业前途庆"，交通的发展对于夜市的繁荣亦有重要作用。

10 月 23 日 在《时报》发表时评《妇女生计》，指出妇女"观于乡村之中，

---

① 王凤卿（1883—1956），京剧老生。幼与其兄一同学艺。14 岁演出于四喜班，名渐显。汪桂芬赏识其艺，纳为弟子，传授拿手杰作《取成都》《朱砂痣》等剧，其他如《文昭关》《战长沙》《鱼肠剑》等，亦有指正。光绪三十四年（1908），被选入升平署。至民国初年，名盛一时。他曾与梅兰芳合作演出《汾河湾》《宝莲灯》，被誉为珠联璧合。新中国成立后在中国戏曲学校任教。

尚多耕作纺织,而一至城镇,则大都无所事事",所以妇女之生计问题,应当引起社会注意。

10 月 24 日　在《时报》发表时评《回复自治》,指出对于地方自治,国会通过后,政府迟迟无明令发布,希望政府能够早日回复,以免人心不宁。

10 月 25 日　在《时报》发表时评《商品陈列所》,指出上海商品陈列所开设后,观摩之人稀少,冷冷清清,"说者归咎于地点之不佳",但"凡办一事,必先有其精神乃可发达,而地点尚其次也"。

10 月 26 日　在《时报》发表时评《冬防》,指出"上海为五方杂处之区,故一交冬令,则各处匪类莫不群聚于此",因此政府应当及早加以防范,慈善家也应早有赈济贫民的计划。

10 月 27 日　在《时报》发表时评《老西开①交涉》,指出老西开交涉对于中法两国影响较大,"想法国当局必能见其大,断不肯以区区之事,而有伤两国商民之感情也"。

10 月 28 日　在《时报》发表时评《纸币价值》,指出纸币流通之所以能维持在于其信用,而此次中行纸币开兑价值骤增的风波,引人长思。

10 月 29 日　在《时报》发表时评《送党人》,指出党人善后问题已经告一段落,当局对于党人的妥善处理让人欣慰,"从兹诸后,甚愿诸君各本爱国之初心,勉作社会之良士"。

10 月 30 日　在《时报》发表时评《商业上之发展》,指出当前商业发展已有较好的机遇,政府减免苛税,瓷业改良出品,仿制洋货销行欧陆。因此,我国政府和商人都应当积极努力进行。

10 月 31 日　在《时报》发表时评《生货与熟货》,指出增设茧行若成功,

---

①　天津老西开毗邻法租界,1912 年法国天主教会在老西开强买土地,派驻巡捕,1916 年 10 月 18 日法租界工部局向直隶省发出通牒,要求中国 48 小时内让出老西开。20 日,法国巡捕强占老西开地区,激起天津各界人民反抗,迫使法国侵略者放弃完全侵占老西开的图谋,改由中法共管。

则中国的丝织原料将大大输出国外,"以兰货往者,转瞬即以熟货来,大利外溢",所以不应只从片面看问题,要有全局意识。

11 月 1 日　在《时报》发表时评《交通开兑消息》,指出北京中行钞票已经开兑,近来沪上交行亦有消息称钞票筹备开兑,"吾愿此消息之非虚"。

11 月 2 日　在《时报》发表时评《呜呼,实业》,就当前汉冶萍公司被外人觊觎,股息又无法筹措一事,感慨我国振兴实业十几年但成效甚微。

11 月 3 日　在《时报》发表时评《光复纪念》,感慨去年今日帝制问题发生时,沪上之人惶惶不可终日,而今已成往事。

11 月 4 日　在《时报》发表时评《冒牌》,指出"我国商人对于营业,应从根本上研究",不应产出冒牌货物,应改良产品与外货竞争。

11 月 16 日　在《时报》发表时评《禁止铜元出口》,指出社会出现铜元缺乏,"非经人私运不至此",因此应当严厉查处此类问题,禁止私自出口铜元。

11 月 17 日　在《时报》发表时评《酌减运价》,指出苛捐杂税政府已经渐渐减免,"今交通部筹议划一货物等级,酌减运价,使果见诸实行,是亦奖励商业之善策也"。

11 月 18 日　在《时报》发表时评《云土案》,指出"云土案"已持续多日,嫌疑人都异口同词称不知,因此了结此案尚有较大难度。

11 月 19 日　在《时报》发表时评《送任外交总长①》,高度评价伍博士赴

---

①　伍廷芳(1842—1922),本名叙,字文爵,又名伍才,号秩庸,后改名廷芳。汉族,广东新会西墩人,清末民初杰出的外交家、法学家。出生于新加坡,3 岁随父回广州芳村定居,早年入香港圣保罗书院,1874 年自费留学英国,入伦敦大学学院攻读法学,获博士学位及大律师资格,成为中国近代第一个法学博士,后回香港任律师,成为香港立法局第一位华人议员。洋务运动开始后,1882 年进入李鸿章幕府,出任法律顾问,参与中法谈判、马关谈判等,1896 年被清政府任命为驻美国、墨西哥、秘鲁、古巴公使,签订近代中国第一个平等条约《中墨通商条约》。辛亥革命爆发后,任中华民国军政府外交总长,主持南北议和,迫清室退位。南京临时政府成立后,出任司法总长。1917 年赴广州参加护法运动,任护法军政府外交总长、财政总长、广东省长。1922 年陈炯明叛变,伍廷芳因惊愤成疾,逝世于广州。

任外交总长职,"愿博士以葆一己者扩而大之,以葆国家"。

11月20日 在《时报》发表时评《纪各会开会感言》,指出昨日之会,国民对于自治、孔教、国货等问题纷纷提出意见和看法,"我国民果能从此而为建设之准备,则中国前途实有莫大希望"。

11月21日 在《时报》发表时评《呜呼,金融》,指出"铜元风潮初平,而银拆之风潮又见告矣",政府应当及早调查处理,以防他日危害中国金融和商业发展。

11月22日 在《时报》发表时评《日警莅沪》,为日人警察势力因赫林里一案进驻上海租界而感到担忧。

11月23日 在《时报》发表时评《呜呼,社会 呜呼,官吏》,指出陈其美被害,私运烟土等大案频发,感叹我国社会黑暗、官吏腐败之风难以清除。

11月24日 在《时报》发表时评《抵借美款》,指出加收捐税则商人苦、商业难有起色,政府以烟酒税抵借美款,当是念及此。

11月25日 在《时报》发表时评《鹅管毒药案》,指出社会上出现多起命案,凶手迟迟难以查出,但"证据仍存,似不难彻底清查"。

11月26日 在《时报》发表时评《依周塘马路问题》,指出筑路发展交通是当前紧急之事,对于依周塘马路问题,提醒相关人士"审慎从事"。

11月27日 在《时报》发表时评《三联合会》,指出江苏县议员暨全国烟酒、江浙丝绸联合会等三联合会成立,所牵涉之事皆与民生有密切之关系,"当道盍权其轻重缓急,而有以慰我众庶之望乎"。

11月28日 在《时报》发表时评《划一币制》,以上海银拆铜元之风潮为例,指出统一货币极其重要。

11月29日 在《时报》发表时评《焚土》,谈近日沪上查处的一宗私土买卖大案,所收缴的私土今将完全付之一炬,希望"我贩者吸者其及早懔悟欤"。

11月30日 在《时报》发表时评《实习农事》,指出我国农业素称发达,但后因墨守成规止步不前。近来农商部令各校学生实习农事,"深愿此后学生对于此事加以研究,毋失我五千年来以农立国之美德"。

12 月 1 日　在《时报》发表时评《官营商业》,就近日闸北水电厂为官营商业一事,指出我国商业不宜官营,其结果大多"舍任用私人、靡费公帑外,几无所谓成绩"。

12 月 2 日　在《时报》发表时评《商业停滞》,指出"因欧战而影响及于金融,因金融而影响及于商业,遂使全沪市面顿呈停滞之象"。感慨我国处于此一环境下,战争一日不结束,商业一日难以发展。

12 月 3 日　在《时报》发表时评《江皖水利联合会》,指出江皖频年水灾,人民处于水灾危害之下,"今两省组织水利联合会于沪渎,将谋所以根本解决,利国利民,端在斯举"。

12 月 4 日　在《时报》发表时评《冒名吓诈》,指出冒名吓诈的行为日益严重,扰乱社会秩序,"窃愿官厅彻底清查,惩创一二,庶此风或可稍息乎"。

12 月 5 日　在《时报》发表时评《悼蔡上将①》,指出蔡上将两次来沪,沪人都未能一睹容颜,今蔡上将已辞世,令人痛哭惋惜。

12 月 6 日　在《时报》发表时评《火政》,指出南市和北市近来频发火灾,救援不及时,"故为将来计,诚不能不严加警戒"。

12 月 7 日　在《时报》发表时评《华侨恳亲团》,就泗水商会发起恳亲团,回国兴办实业一事,"窃愿国内实业家,先事调查,加以研究,以为他日协力进行之标准焉"。

12 月 8 日　在《时报》发表时评《饮鸩止渴》,感慨我国每次饮鸩止渴借外债,"每当交款还款之际,其金银市面必奇涨奇跌,一为人所操纵",极大损害了我国的利益。

──────────

①　蔡锷(1882—1916),原名艮寅,字松坡,湖南邵阳人,近代伟大的爱国者,著名政治家、军事家、民主革命家。辛亥革命时期在云南领导了推翻清朝统治的新军起义,后参加了反对袁世凯称帝、维护民主共和国政体的护国军起义。

12月9日 在《时报》发表时评《通车》，谈沪宁、沪杭甬两路今日举行通车礼，为我国交通事业的发展感到欣慰。

12月10日 在《时报》发表时评《杀人团》，因当日出现杀人团一事，感慨"世道凌夷，人心叵测。有转移风俗之任者，其将何以挽救之也"。

12月11日 在《时报》发表时评《盛杏荪》，指出盛宣怀①一生毁誉参半，如创办招商局、红十字会、通商银行等，"观于比来各界之开会追悼，而盛氏之贤否，已可略见一斑矣"。

12月12日 在《时报》发表时评《职业教育》，指出职业教育在我国已越来越受到重视，凡在学校学习所学者，应当为日后立身社会的根本。

12月13日 在《时报》发表时评《吗啡》，指出吗啡之毒甚于鸦片，政府应当严加取缔，"勿任其毒蔓延于社会也"。

12月14日 在《时报》发表时评《图书馆》，就京师民国图书馆已由大总统敦促实行事件，指出沪上人才济济，也应当起而图谋。

12月15日 在《时报》发表时评《拐匪》，指出"沪上拐风之炽，甲于他处"，希望政府能够从根本上解决，对于包庇者也要严惩。

12月16日 在《时报》发表时评《悬挂洋旗》，对于近日有华商挂洋旗以求保护一事，感慨"引外人以自卫，固属可耻，惟其至此，非尽无因"。

12月17日 在《时报》发表时评《中行经理他调问题》，指出中行在此建设方始，调走主管经理，若此事果实行，"则中行前途益觉危险矣"。

12月18日 在《时报》发表时评《敬告党人》，指出党人善后一事仍未结

---

① 盛宣怀（1844—1916），字杏荪，又字幼勖、荇生、杏生，号次沂，又号补楼，别署愚斋，晚年自号止叟，江苏武进人。清同治九年（1870）入李鸿章幕，曾任轮船招商局督办、中国电报局总办、华盛纺织总厂和中国铁路总公司督办等职，并创办了中国通商银行。官至邮传部尚书，一品衔。在首创天津中西学堂后，于清光绪二十二年（1896）春，筹建南洋公学（今上海交通大学和西安交通大学前身），亲自担任公学督办。光绪三十年（1904），袁世凯任直隶总督兼北洋大臣，从盛宣怀手里夺取了轮船招商局、电报局和部分铁路的权力。同年，商部尚书戴振函令公学办理移交。次年2月，盛宣怀辞去南洋公学督办职务。1916年死于上海。

束,但是国家初定,财政困难情有可原。希望党人以爱国为前提,"勿以小失为人所訾议"。

12 月 19 日　在《时报》发表时评《森林》,指出森林也有利可图,我国地势广阔,无处不可造林,"果能善为治理,不越数年,其利息即源源不绝"。

12 月 20 日　在《时报》发表时评《退屋让路问题》,指出"退屋以利交通,固不应有所反对",但也不能对于受损之人,冷漠处置,政府要双方兼顾,妥善处理。

12 月 21 日　在《时报》发表时评《呜呼,作伪之茶商》,指出茶叶本为我国重要出口商品,对于作伪的茶商应当严厉打击,重振我国茶叶市场。

12 月 22 日　在《时报》发表时评《金融》,就此次银铜市价暴涨暴跌一事,指出金融及商业与社会关系密切,"深愿各方面从兹协力维持。毋使此等现象再发生于沪上"。

12 月 23 日　在《时报》发表时评《工》,指出我国向来不重视工业,但经过多年发展应当清晰"百工成器,以利天下,其效至为巨大"。

12 月 24 日　在《时报》发表时评《中国沪行之纷扰》,指出上海中行商股联合会成立,沪上商民皆欢迎,但其后来的一些做法,纯属无中生有,庸人自扰。

12 月 25 日　在《时报》发表时评《共和复活》,回忆去年此日由于战事,沪上社会动荡,军警戒严,人民恐慌,感慨如今此景象已不复存在,美好生活来之不易。

12 月 26 日　在《时报》发表时评《停收省附税》,对于近日江苏省议会停收省附税,表示赞同,也为农民由此稍减负担深感欣慰。

12 月 27 日　在《时报》发表时评《地方治安之虑》,指出上海自入冬以来,时常发生盗窃案,希望地方政府能够设法防备,保护人民财产安全。

12 月 28 日　在《时报》发表时评《欧战与商业》,言近日有传闻欧战即将结束,无论消息真假,我国"此时应当放开眼光,预储商业人才,完备商业机关"。

12 月 29 日　在《时报》发表时评《交通银行》,指出交通银行停兑风潮以后,持该行钞票者深受其害,今有传闻"不日即可开兑,愿当事者其迅起而图之"。

12 月 30 日　在《时报》发表时评《盲童学校》,惊叹美国盲童学校发展迅速,"深愿我国教育家、慈善家,有以提倡之推广之也"。

12 月 31 日　在《时报》发表时评《岁暮感言》,指出今年共和恢复,商业应有所发展,社会应当进步,然成绩差强人意,"深愿我政府,我商人,其于此后之种种,慎毋再事倏忽"。

本年　堂弟戈绍龙①来上海谋生。戈公振时为《时报》记者和有正书局编辑,学习刻苦,工作勤奋,思想进步,对戈绍龙影响很大。

由伯祖母翟太夫人做主,戈公振与家乡大樊庄翟蕴玉结婚。婚后,戈公振教其读书,鼓励她认真学习。

回故里,送侄儿戈宝权一盒积木,并在积木盒盖耳朵里面,用工整的小楷题有"房子是一块砖头一块砖头造成的,学问是一本书一本书读成的"文字。这几句话,对戈宝权以后的生活产生很大影响。

---

①　戈绍龙(1898—1973),字乐天,又字夔生,江苏东台人,1898 年 4 月出生。自幼学习优异,1916 年毕业于公立江西专门医学校,再入德语专修学校,1918 年自费留学日本,旋即以江苏省留学生考试第一名入日本仙台第二高等学校,1923 年考入九州帝国大学医学部,与郭沫若为校友,1927 年获学士学位,1931 年以德语论文获日本医学博士学位。1930 年戈绍龙回国后,先后担任清华大学校医、北平大学医学院教授,1934 年任河北省立医学院院长,1935 年到 1936 年任广西省立医学院院长,抗战期间在上海开办私人诊所,1946 年担任《大公报》医药与健康版主编,1949 年当选为上海市人大代表,1956 年以后任苏州医学院副院长,1973 年病逝。

1917 年

（民国六年，27 岁）

1月1日　在《时报》发表时评《未来之希望》，指出民国五年已经过去了，"惟能上下一心，通力合作，则今年安知不可大有所为，是在吾人之趋向如何耳"。

1月3日　在《时报》发表时评《告海校卒业诸君》，指出中国几无海军可言，也无良港，亦缺乏人才，希望此届海军毕业之人才能够留下，"为国家之干城也"。

1月4日　在《时报》发表时评《水产》，指出中国本海产丰富，但仰求于国外。希望"今水产之学校，实为吾国振兴渔业、挽回利源之始基，深愿卒业诸君，有以副吾人之期望也"。

1月5日　在《时报》发表时评《纸烟》，指出纸烟业获利丰富，我国政府已有设厂自造之说，但是烟草有毒，"愿我国人，力加屏戒"。

1月6日　在《时报》发表时评《呜呼，人命》，指出最近法租界烟膏店主被击毙、闸北乡民被盗匪杀害等命案时有发生，呼吁"有治安之责者，幸毋以等闲视之也"。

1月7日　在《时报》发表时评《军国民》，指出中国古代由于兵民分歧，渐有趋重文事之弊，今由于外人逼迫，渐兴起军国民教育，沪上已有相应组织，内地也应提倡。

1月8日 在《时报》发表时评《证券交易所》,指出上海虽然拥有庞大市场,但是大多数商业都操纵于外人手中,"我国商人,既无实力,又乏经验,证券之所徒拥虚名哉"。

1月9日 在《时报》发表时评《寒》,指出入冬以后,由于饥寒交迫,贫民流为盗匪者甚多,"盖阴历年关为其已近,苟速为筹谋尽善,则地方治安必有不堪设想者在也"。

1月10日 在《时报》发表时评《杨使赴浙督任》,称杨善德使因军事夺情,赴浙江督任,沪人都感到始料未及。

1月11日 在《时报》发表时评《限制茧行问题》,指出限制茧行,能够有效阻止生货尽输于外洋,"深愿议员诸君,其毋徒偏于空论,而于事实亦一加研究之也"。

1月12日 在《时报》发表时评《盗卖无主荒地》,指出上海地价向来寸土寸金,有投机之人借着土地所属混乱之际,买卖土地赚取利润,希望政府能够早加管理,以免主权损害。

1月13日 在《时报》发表时评《防盗》,指出公共租界盗窃频仍,溯其根源,"盖在莠民以沪地为归宿耳",巡捕房应对行踪诡异者严加监控,稍有异动,严加取缔。

1月14日 在《时报》发表时评《青年会》,高度评价青年会这一机关团体,"甚愿类似此种机关,布散于全国,则于淘淑人心、培植人才,必大有裨益也"。

1月15日 在《时报》发表时评《吓诈品》,指出炸弹是危险品,今以此为手段恐吓他人的行为大多失败,告诫那些不法分子早日收手。

1月16日 在《时报》发表时评《寒假》,指出即将放寒假,希望学子们"应谋学业锐进之道,毋谓休业中遂可恣情放浪,而消磨此大好时光也"。

1月17日 在《时报》发表时评《火车逾时》,指出沪杭火车多有逾时事件,为长远计划,希望能早日加以整顿。

1 月 18 日　在《时报》发表时评《结束》,指出阴历年关又至,最近之较多问题大多为金钱方面,感叹"其终结无论为贫为富,而于改岁则固相同而无异也"。

1 月 26 日　在《时报》发表时评《劝业场》,指出新建筑劝业场,应当引起国人之注意,由此可见华界商业的进步。

1 月 27 日　在《时报》发表时评《财》,批评社会上想以拜财神谋取财富之人。财富的获取,应当通过正当手段获取。感叹"个人如此,推之一家一国,何莫不然"。

1 月 28 日　在《时报》发表时评《迁排问题》,谈南市木材的迁移问题,指出沪上商业多来北市,南市的商务不加以发展,"当局者是果何心哉"。

1 月 29 日　在《时报》发表时评《工商》,指出社会已经渐知工商业发展的重要性了,"为目前计,宜改良出品,为将来计,宜预储人才"。

1 月 30 日　在《时报》发表时评《会计人员舞弊》,指出会计人员舞弊一事,已经司空见惯,但如果再任由其发展,后果不堪设想。希望当局"对于违犯者,务执严以绳,毋稍宽假"。

1 月 31 日　在《时报》发表时评《教育》,指出教育的发展决定综合国力强弱,近年来我国教育事业有所发展,但由于财政困难,一度发展缓慢。"今时局稍定,窃愿政府于强迫教育之制,速施而力行之"。

2 月 2 日　在《时报》发表时评《存土》,指出烟禁的期限即将结束,而存土还没有销售完,"是以处置存土,遂为今日最堪研究之问题矣"。

2 月 3 日　在《时报》发表时评《取缔荐头行》,由蒯氏被雇佣人伤害一案,指出荐头行难逃其咎,"深望有治安之责者,其严为取缔之也"。

2 月 4 日　在《时报》发表时评《再论取缔荐头行》,指出"凡有开设荐头行者,必须令觅确实之担保,如男女之仆役发生不法之事,即惟该行是问"。

2月5日 在《时报》发表时评《保险》，指出保险应当是提倡的储蓄办法，但今有不法分子以此骗取钱财，"故国家于此，宜立专律以取缔之，毋令若辈再贻害于社会也"。

2月6日 在《时报》发表时评《修改印花税》，指出"印花税本为世界所通行，而我国一加仿效，则弊病滋多"，现在已有总商会提请修改，希望财政部门能够善加考虑。

2月7日 在《时报》发表时评《告调查自治部员》，指出恢复地方自治是全国人民的诉求，希望政府不要再搪塞了事，应趁机收复人心。

2月8日 在《时报》发表时评《女飞行家》，指出美国女飞行家史天孙①来沪久矣，期待其不久的试演。

2月9日 在《时报》发表时评《新教育》，指出我国的教育已有发展的迹象，但"果欲造就真人才，自非根本改革不可，则采取欧美新法其急务矣"。

2月10日 在《时报》发表时评《生计》，因美德交恶，担忧商业又会受其影响，"战祸日滋，而生计之恐慌，且将与之俱进，讵非隐忧也哉"。

2月11日 在《时报》发表时评《学生会》，积极评价学生会对于教育事业的促进作用，"甚愿国人群以研究学术为务，并希望该会时以新知识灌输国人也"。

2月12日 在《时报》发表时评《土产》，指出现今我国土产出口势态良好，"惟航业未辟，工厂鲜少"，难以发展。希望我国资本家能够发展航业和工厂，大力出口土产。

2月13日 在《时报》发表时评《改用银元》，指出币制不统一，不利于商业的发展。今县商会会长已经提议改用银元，"窃望此事及早见诸实行"。

2月14日 在《时报》发表时评《烟禁》，指出"鸦片禁绝，为期不远矣"，但是政府对于烟禁模棱两可，希望相关方面能积极行事，以防功亏一篑。

---

① Katherine Stinson，美国女飞行员，1916—1917年在华进行飞行表演，1977年去世。

2 月 15 日　在《时报》发表时评《现银输出》,指出我国现银输出一二年间已有四千余万,而且洋货充斥,外债日增。希望政府能够及时谋救治之法。

2 月 16 日　在《时报》发表时评《赌博》,指出近来赌博之风盛行,若任其发展必会影响社会安定,"深愿有治安之责者,并为注意之也"。

2 月 17 日　在《时报》发表时评《保护野禽》,指出前有旅沪西人号召我国保护野禽,今工部局亦有告示,希望我国人对野禽加以保全,遵循"人道"。

2 月 18 日　在《时报》发表时评《请聆飞机之讲演》,称女飞行员史天孙飞行于江湾之情形,将由理科教授研究会开设演讲会,希望关注飞行事业之人积极观看演讲。

2 月 19 日　在《时报》发表时评《外交后援会》①,指出我国外交后援会①因德国潜艇问题已经建立,"深愿国人屏除私见,以共助政府之进行,而致国家于苞桑之固"。

2 月 20 日　在《时报》发表时评《人材问题》,指出段总理以人才不够为由,拖延自治进程,但是"当局果以尊重民意为前提者,宜知所从事矣"。

2 月 21 日　在《时报》发表时评《师范生服务问题》,指出当今国内外毕业生已有不少,但是真正利用的很少。感慨人才利用服务章程由来已久,"今日果能实行,是尚未可必也"。

2 月 23 日　在《时报》发表时评《地雷爆发》,指出地雷本是不祥之物,为收旧货者误把地雷当成废铁收购而导致家破人亡之人所惋惜。

2 月 24 日　在《时报》发表时评《新辅币》,指出新银辅币和新铜辅币已经发行流通,但对于"将来此项新币,果能使商界遵从,是诚一疑问也"。

2 月 25 日　在《时报》发表时评《朱交涉员》,指出上海为通商巨埠,需要一个懂得推广海外贸易之人担任交涉员,矢交涉员乃议员中的佼佼者,可担此任。

---

①　1917 年 1 月,陈铭鉴等 40 多名议员就德国潜艇击沉载有 500 多名华工的法国邮轮一案,成立国民外交后援会,交涉相关事宜。

2月26日 在《时报》发表时评《禁烟大会》,指出对于存土问题,可以购而焚之,不必用来制药,这也是国民的态度,希望政府能"审慎从事,善为处置"。

2月27日 在《时报》发表时评《用志不纷》,指出教育部新规定校长不能兼任他职,学生不能加入政党,中学以上教员须转任是让相关人员"用志不纷,乃凝于神"。

2月28日 在《时报》发表时评《钱业合组公会》,指出上海是对外贸易的中枢,商民应当团结一致,与外人竞争,"今钱业有合组公会之动议,果能见诸实行,则于商业前途必大有裨益也"。

3月1日 在《时报》发表时评《知法犯法》,指出当前"查土之人而贩土,查盐之人贩盐,此私贩者之所以日多欤",指责执法之人在利益面前忘记了本职。

3月2日 在《时报》发表时评《中美间商业问题》,指出美国已有实业团来华,有在华扩张商业的趋势,希望中美两方能够相互为用,也提醒我国商人注意美商在华的扩张。

3月3日 在《时报》发表时评《自治》,指出"自治一日不恢复,举凡地方应兴应革之点,人民何以建设",指责政府对于自治一事,今又以法律调查为借口,一拖再拖。

3月4日 在《时报》发表时评《告医药界》,指出外药当前在国内市场占有很大份额,国人也相继仿效,但这不是根本解决办法。希望我国药商"注重实验、改良旧法",发展药业。

3月5日 在《时报》发表时评《航业与商务》,指出我国商业因受战争影响,已经备受打击。今潜艇问题又对海运造成影响,提醒商人时刻注意,提前预防。

3月6日 在《时报》发表时评《呜呼,"模范"警察》,指出警察局一名警察,私下敛财、收徒、聚赌以及包庇匪徒等,骇人听闻,感慨怎会有此种"模范"警察。

3月7日　在《时报》发表时评《外交问题》,指出"一战"中国是否加入协约国问题已经引起了社会的讨论,"窃愿谋国者,应付一切,当以大多数民意为依归"。

3月8日　在《时报》发表时评《逋逃薮》,指出辛亥以后内地的绅富和穷凶极恶的匪徒都相继来到了上海,一时间上海成为"一大逋逃薮",但天网恢恢,这些匪徒"均于沪上就逮"。

3月9日　在《时报》发表时评《实业界之好消息》,指出当前国家的重点是要振兴实业,"今本埠商人集资创办厚生纱厂,留日学子亦拟组织工商研究会,其裨益实业前途则滋大"。

3月10日　在《时报》发表时评《六路联运》,指出今沪宁杭甬已通车,成为东方的交通干线,而又筹备与京汉等四路联运,"岂仅发展富源,实于社会上、军事上大有关系"。

3月11日　在《时报》发表时评《国计民生》,指出政府对于国计和民生两问题,应当权其轻重,研究此问题之人,应当"以远大为务,毋拘泥于目前斯可矣"。

3月12日　在《时报》发表时评《妇女之新生计》,就浦东一带所出的花边在美国深受欢迎,想到菲岛以此项营业在巴拿马赛会时获利甚丰。指出"我国于此机织日兴之际,人工渐归淘汰,果能从事于此,匪独嘉惠贫民,且为国外贸易之一宗"。

3月13日　在《时报》发表时评《会勘烟苗》,指出之前会勘烟苗一事,因三省的弛禁没有进行下去,今烟禁期即将到来,英人又将进行会勘,希望此次会勘不只是做做样子,"不至予外人以口实"。

3月14日　在《时报》发表时评《呜呼,污吏》,对于云南和广东两地官员以职务之便私贩烟土的行为表示谴责,指出对于此等污吏应当严加惩治。

3月15日 在《时报》发表时评《迁排问题》，指出对于迁排问题，水利局和木商已经纠缠不清了，实际商业和水利有很密切的关系，"深愿双方持平磋议，俾得早获充满之办法。"

3月16日 在《时报》发表时评《及时努力》，指出当前中德两国已经交恶，这一时局对于我国商业发展影响甚大，"深愿我商家其努力经营，勿以此项利权拱手诸外人也"。

3月17日 在《时报》发表时评《告苏省议员》，因最近江苏省议员又将进行选举，指出议员对于国家立法的前途极其重要，"深愿我省议员诸君，激发固有之良知，幸毋立于扶持民德社徵求之外也"。

3月18日 在《时报》发表时评《听汪精卫讲演感言》，指出听过汪精卫的演讲之后，感到外患日深，时不我待，希望国人能够担起拯救国家的重任，众志成城。

3月19日 在《时报》发表时评《同济学校》，指出同济学校是沪上的名校，竟然因为有两三个德国人而解散，不得其解，为之惋惜，希望"有教育之责者，其亟起而维持之欤"。

3月20日 在《时报》发表时评《同济学校（二）》，指出近日最重要的还是要继续授课，如果无恢复的希望，则应当筹集经费，重新组织学校。

3月21日 在《时报》发表时评《华工》，告诫政府当局对于派华工去往国外参加"一战"之事，应当审慎考虑，勿使国家蒙羞。

3月22日 在《时报》发表时评《玻璃》，指出玻璃产品已经因为潜艇事件的影响提高了价格，我国现在仿制外人的玻璃质量不过关，只好购买外货，但资费昂贵，感慨"我有物而不能利用，又不得不出重资以为代价"。

3月23日 在《时报》发表时评《放宽街道》，指出交通和商业之间的关系很是密切，虽然近年来华界的道路已有发展，但是和租界相比，差距还是很大，希望此次政府修路能够积极进行，认真规划路线。

3月24日 在《时报》发表时评《自相矛盾》，以我国水火二公司，不知扩张营业,朝三暮四,自欺欺人之事,指责我国商人目光短浅。

3月25日 在《时报》发表时评《同济之前途》,指出"同济学校已得任公允借公学之请",莘莘学子已经可以入校学习,但经费尚有不足,希望当局今后能够妥善处理。

3月26日 在《时报》发表时评《公共事业》,对于公共体育场即将开幕大为欣喜,"提倡体育,实为强国之基",而对于图书馆之类公共事业,"甚愿我沪人共力谋之"。

3月27日 在《时报》发表时评《例外运费》,指出正常运费之外,还有"栈房、转车、过道、月台等之例外运费",希望政府能够整理税收,早日改良。

3月28日 在《时报》发表时评《罢工》,指出我国本无工厂,所以罢工之事较少,但近来工厂兴起,罢工之风日盛,希望沪上工党组织能够发挥作用,引导早日解决罢工问题。

3月29日 在《时报》发表时评《呜呼,瓷业》,对于当前洋瓷销路日畅而华瓷受到打击指出,"上则捐税烦苛,下则墨守旧法,恶税不除,国货万无起色之希望"。

3月30日 在《时报》发表时评《职业教育之前途》,对于当前农业、工业等专门学校培养不出人才,指出"观于今之服务社会,能用其所学者盖寡,是诚职业教育前途之隐忧也"。

3月31日 在《时报》发表时评《烟禁末日》,对于烟禁问题,指出"英员会勘,尚不能保其必无枝节也"。对于能否达到禁烟的目的,感到担忧。

4月1日 在《时报》发表时评《女子体育》,指出女子的体质虽然不如男子,但反观女子体操学校的成效,只要善加训练,"未必终于柔弱"。

4月2日 在《时报》发表时评《杜止私运》,指出烟土贸易形式上已经杜绝了,但是存土问题应引起国人注意,私运烟土的问题尤其值得注意,要从根本上杜绝烟土贸易。

4月3日 在《时报》发表时评《招商局》,谈我国招商局1916年营业报告,对于其在航运受到影响的情况下能够有较大发展感到欣喜,"深愿该局百尺竿头更进一步也"。

4月4日 在《时报》发表时评《江皖水利会》,对于江皖地区的"停泊木植"问题尚未解决甚至"将举而付诸外人之手"表示担忧,希望江皖人士能够尽早研究解决。

4月5日 在《时报》发表时评《告电灯公司》,对于近来电灯公司盗窃案频发,指出应当想出解决对策,如"将检视火表者衣以特别制服,使人易于辨别"可以是办法之一。

4月6日 在《时报》发表时评《职业教育》,称日本和菲律宾的职业教育成绩斐然,指出我国应当摈弃以往偏见,采取恰当措施,发展职业教育。

4月7日 在《时报》发表时评《交行开兑》,指出交行钞票停兑风潮已久,金融界也受到了较大影响,而今开兑的风声早已有之,希望"今者积极筹备,其或不致中变乎"。

4月8日 在《时报》发表时评《鸣呼,中国之商业》,指出我国商业难以振兴是因为"外人携挟其全力以谋我,我又群趋而依赖之",感慨我国的商业没有发展的机会。

4月9日 在《时报》发表时评《亚洲古学会》,指出亚洲文化博大精深,而今西学东渐对亚洲文化带来了较大打击,"今亚洲古学会之发起,其为全洲思想界联络之一大枢纽欤"。

4月10日 在《时报》发表时评《俄侨追悼先烈》,谈到俄国革命成功后,旅沪的俄侨悼念先烈,感慨追悼会的演说"其词甚切,其意甚诚实,凡为共和国者,讵不当如斯邪"。

4月11日 在《时报》发表时评《糖》,指出糖是我国的食品大宗,但只因营业方法不得当,导致外货畅销,国货滞销,所以我国糖业要尽早改良,促进发展。

4月12日 在《时报》发表时评《面粉出洋》，指出值此欧洲粮食短缺之际，我国面粉出洋固然有利可图，但"深愿当局于开放之中，仍以若干之限制也"。

4月13日 在《时报》发表时评《戒烟》，指出烟毒对于国民的身心健康影响重大，所以应当采取妥善方法对国民加以引导，助其戒烟。

4月14日 在《时报》发表时评《戏券购贴印花》，指出戏券购贴印花已被新舞台决议拒绝使用，在租界推行也无望，感慨"当局者之用心，其又不免成一泡影乎"。

4月15日 在《时报》发表时评《华英商会开会感言》，抒发参加上海总商会常会后的感慨："彼之发展在华之事业，均从根本着想；我之联络中美之感情，乃由外人提倡而始研究之，此其殊异之点，而华洋商业兴衰之所由分欤。"

4月16日 在《时报》发表时评《取缔荐头行》，指出《时报》前已因为蒯氏谋财害命一案，倡议取缔荐头行，而今又发现贩卖人口的事实，"为人道计，则当局似不容漠视也"。

4月17日 在《时报》发表时评《中学之改良》，指出"中学为普通教育与专门教育之枢纽，办理良否，关系于国家人才之前途"，所以希望当局对于限制中学入学资格和增设第二部等建议，审慎考虑，实事求是。

4月18日 在《时报》发表时评《海关焚土》，指出我国海关不止一次焚毁烟土，此次在烟禁期满后焚毁烟土值得高度肯定。

4月19日 在《时报》发表时评《自治》，对于自治问题许久未被政府提及，"深愿我县议员，抱定前此宗旨，积极进行，务必恢复之目的而后已也"。

4月20日 在《时报》发表时评《维持金融》，指出当前银元的出口源源不断，长此以往必定会影响到我国金融的稳定，希望沪上的官商审慎考虑，改善此种情况。

4月21日 在《时报》发表时评《东部运动会》，指出第三次远东运动会即将在日本举行,我国上届运动会表现优良,希望此次运动会运动员们再创辉煌,为国争光。

4月22日 在《时报》发表时评《同济复活感言》,对于此次同济学校解散风波,指出"深赖各界热心赞助于前,中央竭力维持于后"。

4月23日 在《时报》发表时评《苛细零捐》,指出财政厅以总统令为借口,对于大宗货船减少征税,而对于贫困小民则苛捐重税,希望能够早日扫除此种恶习。

4月24日 在《时报》发表时评《体育之进步》,指出体育进步不在于一朝一夕,"急功于一旦",而在于平日的练习,否则会有损身体,妨碍发育。

4月25日 在《时报》发表时评《告南市木商》,指出木商在黄浦江边存储木材一事结果差强人意,"为木商计,与其争持无效,转不若及早移迁,以期一劳而永逸也"。

4月26日 在《时报》发表时评《烟禁之前途》,因存土未解决,会勘尚无结果,洋药继续销往内地,中英缔结条约亦尚未生效,对于烟禁的前途感到担忧。

4月27日 在《时报》发表时评《英法禁运华茶》,因欧战,英法已先后禁运华茶,战祸已在东亚慢慢发酵蔓延,为我国商业的前途感到担忧。

4月28日 在《时报》发表时评《日商来华视察感言》,感慨日本趁欧战之际,屡派留华学生和商人考察,三年来大力在中国扩大市场,欧美尚不能与之相比。

4月29日 在《时报》发表时评《烟苗与殷汝骊》,感慨"财政次长,非高级之官吏邪,而罂粟又极美丽之花卉也,徒以其坏法害人之故,同为社会所摒弃,惜哉"。

4月30日 在《时报》发表时评《告交行股东》,认为交行以借外债开兑钞票,实属剜肉补疮之举,希望交行股东能够发挥作用,不能漠视此事。

5月1日 在《时报》发表时评《洪述祖》,指出洪述祖因宋案藏匿于上海,而不料因债务问题已被公廨研讯。

5月2日 在《时报》发表时评《图书馆》,指出松坡图书馆、南洋公学图书馆等并非公共图书馆。上海作为远东重要城市,应当设立最大图书馆一所以为公共事业,希望本埠各大团体如省教育会、总商会等积极推进。

5月3日 在《时报》发表时评《华捕凶殴车夫》,对于华捕不诉诸合法手段处理人力车夫违法问题,任意殴打车夫直至出现流血事件。希望政府相关部门能够及时整治。

5月4日 在《时报》发表时评《猩红热》,指出沪上人烟稠密,对于猩红热之类的传染病要予以重视,"流行最烈之际,先事预防刻不容缓,而已患此病之人,尤宜隔离居住,毋使再有延蔓"。

5月5日 在《时报》发表时评《第三步》,指出对德问题已经发展到第三步,大战难以避免,"当此进退两难之际,深愿各界从远者大者讨论,毋拘拘于目前斯可矣"。

5月6日 在《时报》发表时评《依周塘》,对于"依周塘工程"合同取消事件,感慨"举凡一切生利事业,既不愿以主权落于外人之手,而争回之后又无力可以自办,遂令大利坐弃,惜哉"。

5月7日 在《时报》发表时评《职业教育社成立》,指出生计问题尚为较大问题,"欲根本救济,自以沟通教育与职业为急务"。今中华职业教育社①成立,希望社会各界人士能够积极提倡。

5月8日 在《时报》发表时评《军警与枪械》,指出枪械是非常物品,但今军警"视等游戏,或藉以示威",最近又出现了嘉定县的风潮,希望政府对于

---

① 1917 年黄炎培先生联合蔡元培、梁启超、张謇等 48 位社会贤达,抱着教育救国的宏愿,创立了我国历史上第一个职业教育团体——中华职业教育社(以下简称"中华职教社")。创立之初,中华职教社以倡导、研究和推行职业教育,改革脱离生产劳动和社会生活的传统教育为职志,提出职业教育的目的是"谋个性之发展,为个人谋生之准备,为个人服务社会之准备,为国家及世界增进生产力之准备","使无业者有业,使有业者乐业",并为此进行了不懈努力,成为中国近代教育史上改革的先行者。

枪械能够善加管理,杜绝军警此等违法行为。

5月9日　在《时报》发表时评《致富之匙》,对于社会上出现"行险侥幸事,如买卖空盘"等来获利致富表示不赞同,希望国人能以勤俭、诚信等为准则,走正规路途以致富。

5月10日　在《时报》发表时评《国耻与国货》,指出我国国货的提倡自民国四年始,而今外货充斥市场,国货销量低迷。提醒国人"工业不兴、空言提倡,万无效果",希望我国人能够积极提倡国货。

5月11日　在《时报》发表时评《保护华工》,对于我国工人远涉重洋寻求工作、养家糊口表示同情,感慨我国实业不兴,政府对于工人权利保护不够。

5月12日　在《时报》发表时评《呜呼,塾师》,指出当前私塾教师不思改良,旧习难涤,希望社会能够多多添办小学,以免"贻误多数学子之前途也"。

5月13日　在《时报》发表时评《铁路与海陆军》,就约翰和东吴两大学在兴办铁路和整顿海陆军问题上辩论最终约翰大胜利一事指出,"铁路为生利的,海陆军为分利的",兴办铁路才是根本图强之法。

5月14日　在《时报》发表时评《航业》,指出欧战以来我国商业发展日渐停滞,希望我国航海家能够积极振兴航业,切勿故步自封。

5月15日　在《时报》发表时评《优待侨商》,指出我国商业发展较薄弱,希望能够积极利用侨商的力量,政府应当予侨商以实惠,商界应当积极配合指导,振兴我国商业。

5月16日　在《时报》发表时评《整饬风化》,指出"沪上奢侈淫逸之习,今且骎骎传染内地矣",希望政府能够从根本上整饬风化,净化社会风气。

5月17日　在《时报》发表时评《茶业停滞》,指出我国茶叶的海外销路前两年一直很好,但因欧战的影响,颇呈一种停滞的状态,而今欧战仍在持续发酵,茶商前途堪忧。

5月18日　在《时报》发表时评《以兵代工》,谈依周塘路的修建因筹款困难试行以工代赈一事,指出此乃一举两得。

5月19日　在《时报》发表时评《呜呼,公民团》,指出公民团本应裨益社会,但"今乃无端围绕议院,迫令停战",号召本埠各团体一致电请严办。

5月20日　在《时报》发表时评《路局裁员感言》,对于路局裁员一事,感慨我国政府官员只为权力计,而不管公共享业的利益。

5月21日　在《时报》发表时评《镇静》,谈定国军将要扰乱江浙的谣言,指出当此欧战关键时刻,我国应当团结一致对外,对于此种谣言也要提早防范。

5月22日　在《时报》发表时评《烟禁前途》,对于英人会勘烟苗之际,有不法之徒为他人作伥,甚至栽赃陷害他人,希望各地政府部门严厉查处此种现象。

5月23日　在《时报》发表时评《电车碾毙乞儿》,对于22日大新街二马路一乞儿被电车碾压致死感到痛心,希望今后国人对于任何人都能够一视同仁,避免再出现此种悲剧。

5月24日　在《时报》发表时评《勖华商》,指出欧洲因为战事,近日从沪上购买肥皂、火柴等生活用品,希望我国商人能够抓住时机,推广海外贸易,振兴商业。

5月25日　在《时报》发表时评《远东运动会》,对于第三次远东运动会我国失败的定局,指出"苟欲与人竞争,应勿再蹈临时准备之习,务于平日即积极加以提倡也"。

5月26日　在《时报》发表时评《勘烟英员来沪》,指出虽然上海并非生产烟苗的地方,但由于华洋杂居存土、私土问题尚未解决,所以对于此次英员来沪勘查,当局不应轻视。

5月27日　在《时报》发表时评《维持金融》,指出我国银元大量流入海外难以抑止,而欧战仍在进行,为我国金融的前途感到担忧。

5月28日　在《时报》发表时评《日军官来沪感言》,指出日本参谋次长田中、军械局长筑紫等先后来华访问,对于军事的重要性愈加重视。

5月29日 在《时报》发表时评《取缔游民》,对于沪上吓诈案屡禁不止的现象,指出"为根本解决计,吾愿当局于严查痛惩之外,对于无业游民,殊有加以取缔之必要也"。

5月30日 在《时报》发表时评《路政废弛》,指出铁路巡警是我国所特有,每年靡费金钱颇巨,近日甚至出现铁路桥梁螺钉失窃,"路政之废弛,已可见一斑矣"。

5月31日 在《时报》发表时评《天时人事》,对于最近天气干旱,粮食歉收,粮价腾贵,各省又有不安定之事发生等现象,感慨国人之不幸。

6月1日 在《时报》发表时评《镇静》,指出虽各省已有不靖消息传出,但沪宁、沪杭交通依旧如常,地方秩序稳定,希望沪上商人镇静,护军使署亦将有妥善解决办法。

6月2日 在《时报》发表时评《军界商界之态度》,指出对于各省不靖的发生,护军使署提议脱离中央,总商会提议消弭风云。此为上海军商两界对于大局之态度。

6月3日 在《时报》发表时评《美人预备庆祝独立有感》,对于旅沪美侨预备在国庆之日积极庆祝,感慨我国五年间三次革命,今社会又陷入动荡之中,国事艰难。

6月4日 在《时报》发表时评《告李专员》,指出外人招募华工,怎样能使个人与国家颜面都能不被轻视,李专员游历法国多年"必能措置得宜","尤愿李君,于保护利益之中,再能于学识上加以提倡,则将来于我国工业之前途,殊有莫大之裨益也"。

6月5日 在《时报》发表时评《根本与幸福》,指出最近我国商务受到打击,不法之徒伺机而动,宗社党①亦召开秘密会议,地方治安已陷入危险之中,

---

① 1912年1月12日,为对抗辛亥革命,清室贵族良弼、毓朗、溥伟、载涛、载泽、铁良等秘密召开会议,以维持宗庙社稷为旨,1月19日组织"君主立宪维持会",俗谓"宗社党"。

希望政府能够为国家根本和人民幸福考虑,早日解决。

6 月 6 日 在《时报》发表时评《沪人以为如何》,指出对于各省不靖之事,护军使署在未宣布态度前,商民恐慌,但宣布决议后,人心异常平静。

6 月 7 日 在《时报》发表时评《宪法共和》,指出对于"宪法共和",我国民愿意为之肝脑涂地,但是当今对于这四个字含义,已经有另一番解释。

6 月 8 日 在《时报》发表时评《税款不准擅挪》,指出"税款所以供国家行政之需要,非一二人私争所得而用也"。

6 月 9 日 在《时报》发表时评《调查员》,指出调查员消息未必可信,如此次各省独立的消息,"幸而言中,固足征其消息之灵通,即不幸而言不中,安知非事先布置,得以消弭于无形乎?"

6 月 10 日 在《时报》发表时评《拒捕案叠见》,指出沪上近日拒捕案频发,"深望捕房一面继续搜查军火,其对于界内无业之游民,必须有一严重取缔之方法也"。

6 月 11 日 在《时报》发表时评《和平解决》,指出政局即使能够解决,但内政外交的纠纷,商业发展停滞,人民生活困难等问题,依旧难以解决,只不过是委曲求全。

6 月 12 日 在《时报》发表时评《均与大局有关》,指出最近"海军总长之南下,军署参谋长之北上,国会议员之来申,民党中人之往粤",虽然地点行程不同,但目的都是为了近日大局之解决。

6 月 13 日 在《时报》发表时评《军人教育》,指出最近皖鲁等省举动影响到了国家政局,如倪嗣冲等军阀,不学无术,为他人利用,"深叹军人教育之有不可忽也"。

6 月 14 日 在《时报》发表时评《防务日紧》,就浙省宣布脱离中央独立一事,指出虽妥善解决,但是各地已受到很大影响,国民亦将遭受苦难。

6 月 15 日 在《时报》发表时评《商业停滞》,指出虽然各省的独立已经取消,但是地方治安已经受到影响,"此吾国商业之所以常在停滞之中也"。

6月16日　在《时报》发表时评《上海之治安》，指出上海治安与皖奉等省相比较为和平，但实则暗流涌动，希望相关领导人不要忽视沪上治安管理。

6月17日　在《时报》发表时评《官僚》，指出很多官员为了升官发财而奔走，感慨"官僚之幸，民国之不幸也"。

6月18日　在《时报》发表时评《吓诈》，对于沪上吓诈案屡禁不绝，严厉批评"今身膺疆寄者，为一二人之权利，不惜称兵以坏国家之大法"。

6月19日　在《时报》发表时评《谣诼》，指出最近谣言四起称有大事发生，属空穴来风。政府对于政局正在调停，希望商人能够照常营业，军警也应当保持冷静，以免影响商业发展。

6月20日　在《时报》发表时评《告上海民党》，指出沪上出现的吓诈之事，大多以民党的名义投函，不了解情况的民众或信以为真，这对于民党的名誉会有极大的损害，提醒民党不能轻视冒名吓诈问题。

6月21日　在《时报》发表时评《戒严之状态》，指出南市已经进入戒严状态，今国会解散，内阁又未成立，独立尚未取消，西南局势暗流涌动，若问题再不解决，沪上的混乱局面将进一步加剧。

6月22日　在《时报》发表时评《海军独立之消息》，指出海军独立消息虽然被政府公开否认，但是萨上将无故请假，则让人捉摸不透。若海军真独立，"则沪上之市面，必为之一紧"。

6月23日　在《时报》发表时评《一部分独立》，以海军独立一事为例，指出中国的问题在于"凡遇一事也，不论其是非大小，皆有反对赞成之两派"，两派中又分为很多股势力，所以很难成事。

6月24日　在《时报》发表时评《商界之小结束》，由于时局纷扰，观察端阳节沪上商业，商家谨慎不敢营业，市场萧条，对于商业的前途感到担忧。

6月25日　在《时报》发表时评《军队自由》，指出海陆军行动自由，感慨平民百姓"既有家室之累，又有迁徙之禁"，而最近谣言风起，又增加了社会恐慌现象。

6 月 26 日 在《时报》发表时评《招兵》,对于在此时局纷扰之际,又有招募兵士的消息,指出"迩来游民遍野,招募易而遣散难,饷需一有缺乏,则哗溃之事立见",希望政府能够理性对待招兵一事,只为保卫疆域。

6 月 27 日 在《时报》发表时评《改弦更张》,对于华商染织布厂贪图微利、恶性竞争,导致纷纷停业倒闭之事,指出华商应当改弦更张,根据社会实际需要生产,也希望政府管理者加以研究,引导商民。

6 月 28 日 在《时报》发表时评《告萨上将①》,对于海军司令的辞职一事,感慨"当此武力万能之时,法律已处于无权之地",但在此国家风雨飘摇之际,希望萨总司令能够重新担负起责任。

6 月 29 日 在《时报》发表时评《粤人办学》,高度评价旅沪粤商积极兴办公益事业,举办公学,希望各旅沪商人能够效仿粤商,热心公益。

6 月 30 日 在《时报》发表时评《番摊》,对于粤东因筹饷困难番摊给地方人民一事表示不赞同,甚至将其危害与烟土之危害等同。

7 月 1 日 在《时报》发表时评《警察与电车》,指出电车行驶超速固然应当取缔,但是警察不能随意处置电车司机,"故为社会公益计,警察、电车应消除成见,协定一种妥善办法,互相遵守,互相维持,庶不致时有冲突之事发生也"。

7 月 2 日 在《时报》发表时评《复辟与商业》,指出近年商业因为内政外交不稳定,已遭受很大打击,今又发生复辟一事,"社会之纷扰,将益扩大,而商业之前途,盖不堪想矣"。

7 月 3 日 在《时报》发表时评《反对复辟②》,指出沪上军警两界都反对

---

① 萨镇冰(1859—1952),字鼎铭。祖籍山西代县,出生于福建福州。中国近代著名的海军将领。萨镇冰先后担任过清朝的海军统制(总司令)、民国海军总长等重要军职,还曾代理过国务总理。

② 复辟,又称张勋复辟。1917 年 6 月,张勋利用黎元洪与段祺瑞的矛盾,率五千"辫子兵",借"调停"为名于 6 月 14 日进北京,拥戴已退位的清末代皇帝溥仪复辟,前后 12 天即溃散。

复辟,对于沪上治安将大有裨益。感慨政局纷扰之影响,商业最为巨大。

7月4日 在《时报》发表时评《实力》,感慨美国人举行开国纪念之日,正值我国发生复辟,希望我国民有讨逆平乱的决心。

7月5日 在《时报》发表时评《安平轮沉没①》,称"安平"轮沉没,乘坐轮船南下的京津商民遭受损失,究其原因在于复辟,痛恨"其肉不足食矣"。

7月6日 在《时报》发表时评《欢迎伍总长》,对于伍总长拒绝解散议会、反对张勋复辟、尊崇法治的做法表示赞赏,欢迎其南下,称其"对于民国之前途,必能有所建设也"。

7月7日 在《时报》发表时评《"三不"宗旨》,对于6日军署会议决定:"一不招兵,二不募饷,三不另设机关"的做法表示赞同,指出若举义讨贼者"果人人抱此宗旨以进行,则地方受赐为不浅矣"。

7月8日 在《时报》发表时评《戒严》,指出淞沪一带的戒严属于保护地方治安行为,希望沪上商民"仍宜照旧营业,持以冷静,不必因此有所恐慌"。

7月9日 在《时报》发表时评《伪》,以袁世凯称帝、张勋复辟事败为例,指出"可知'伪'之一字,非特不足以欺世,且适为偾事之綦,今后之藉名行恶者,可以鉴矣"。

7月10日 在《时报》发表时评《守法》,指出袁世凯、张勋之辈为坏法之人,导致共和之效未彰,而今得伍博士之辈为守法表率,有利于引导民众守法。

7月11日 在《时报》发表时评《复辟声中之炸弹》,指出沪上炸弹事件并不少见,但大多事以为金钱利益,此次炸弹事件出现在伪学部尚书沈曾植门庭,可见国人对于此次复辟的反对。

7月12日 在《时报》发表时评《伍总长免职》,指出虽然张勋此次复辟已经失败,但是守法不阿的伍总长亦将免职,告诫国民对于时局不要太过乐观。

---

① "安平"轮是招商局轮船,1917年7月3日从上海开往天津途中在威海卫附近触礁沉没,无人伤亡。

7 月 13 日 在《时报》发表时评《呜呼,淞沪警察》,指出淞沪警察肆意殴打平民之事屡见,此次张教员诉诸法庭无昊,又期望上诉于军署,告诫其军署之人更加野蛮。

7 月 14 日 在《时报》发表时评《法人庆祝纪念感言》,对于复辟闹剧结束、共和回归感到欣慰,同时指出善后问题并不易解决。"观于法侨之葆爱共和,其热忱历久而弥笃",希望我国国民也能够一致建设国家。

7 月 15 日 在《时报》发表时评《市面停滞》,指出虽然复辟闹剧仅十余日,但是对于商业的影响是巨大的,"市面所以益呈停滞之现象,而无发展之希望也"。

7 月 16 日 在《时报》发表时评《外债》,对于当局以"政费支绌,军费浩繁"为由拟借外债一致表示不赞同,"徒为吾民增加负担而已"。

7 月 17 日 在《时报》发表时评《注意徐州溃军》,指出之前沪上盗案频发大多归结于退伍士兵,上海本为交通便利之地,提醒当局要注意此次徐州溃军,以免再发盗案。

7 月 18 日 在《时报》发表时评《财政因难》,指出我国财政本就困难,经过复辟一事更是雪上加霜。对于中央捐税增加,指出"地方之需要,应付已觉不易,更有何力顾及中央"。

7 月 19 日 在《时报》发表时评《稽查员麇集》,指出各省自复辟以来治安一致难以平定,又恰逢赵参谋长被杀害①,今各省稽查员又来到沪上,"窃恐从兹谣言日多,而商民无安枕之日矣"。

7 月 20 日 在《时报》发表时评《大总统印》,丁槐②宣称得到大总统手书,总统印可随时交出,又加上媒体的渲染,感慨此事若非虚传,则其内幕实耐

---

① 指浙江督署参谋长赵禅被刺杀一事。赵禅,字联黄。
② 丁槐(1849—1935),中法战争时著名将领,民国时曾被封上将,1917 年,张勋复辟,黎元洪被迫退位,委托丁槐携带总统印等五印前往上海待命。冯国璋获悉后派人索印,丁槐以书信回复,称"未有元首证状,不敢私相授受",必须等候"元首亲笔"。

人寻味。

7月21日 在《时报》发表时评《空盘》，指出空盘的性质和赌博的性质并无差别，乃属一种不正当之举，对于此等事情的发生，同行应当一致反对，若是诉诸法庭，则更应当严厉惩处。

7月22日 在《时报》发表时评《私土充斥》，指出自处印土虽然已经禁绝，但是私土却充斥于市场，感慨当此时局纷乱之际，对于烟土的私运，只能任其蔓延。

7月23日 在《时报》发表时评《第一舰队赴粤①》，指出第一舰队无端开赴广东，且不论此举意图如何，对大局影响如何，"惟我商民从此又多一重忧虑，则不可免之情形也"。

7月24日 在《时报》发表时评《官与商》，对于朱交涉员绝意脱离官场经商，感慨"独惜世人于未入宦途以前，多不能早见及此"。

7月25日 在《时报》发表时评《意见分歧》，指出海军第一舰队虽已宣布独立，但其中尚有不同意见者，感慨"自民国成立以来，所以扰攘无宁者，未尝不由于此"。

7月26日 在《时报》发表时评《催征》，指出商业今之衰落已经到达了极点，批评政府不加体恤，仍以军需为名催征捐税。

7月27日 在《时报》发表时评《消弭冲突》，指出海陆军关系本就不融洽，独立风波更是加剧了紧张气氛，甚至将兵戎相见，"深愿我沪上绅商，为地方治安计，其亟筹消弭冲突之方法"。

7月28日 在《时报》发表时评《取印之一幕》，指出丁槐已被解送江宁，关于大总统印一事也已水落石出②，告诫今后企图在租界避难之人，不要有侥

---

① 指的是护法运动时期，1917年7月，海军总长程璧光和第一舰队司令林葆怿由吴淞赴粤，联名通电，宣布自主，提出"拥护约法、恢复国会、惩办祸首"三项主张。

② 曹锟继任大总统后，丁槐因被黎元洪要求带走大总统印而被诉盗窃官印罪，后被解职，闲居北京。

幸心理。

7月29日 在《时报》发表时评《沪粤道中》,指出沪粤道中因最近之时局,有议员,有政客,有密使等,形形色色之人各有心思,举国之人的视线也被吸引到粤省。

7月30日 在《时报》发表时评《中国之官吏》,就朱交涉员弃官从商一事,指责政府不根据官员政绩考核,人事任免权形同儿戏,所以中国之政治也一无进步。

7月31日 在《时报》发表时评《女检查员》,指出宵小之辈若有心谋图我国,即使增设女检查员也无济于事,"徒糜薪饷与扰害行旅而已"。

8月1日 在《时报》发表时评《海陆军》,就海军独立、陆军南下这一情况,感慨一国之军队应当以保卫国家为宗旨,"奈何今之人为一己之权利,动以兵力相夸耀"。

8月7日 在《时报》发表时评《杀机》,因三益楼与望海墩两血案,感慨"一省有私斗,一国有政变,推至全球则大半入于战争之漩涡",杀机一起,则其蔓延不可遏止。

8月8日 在《时报》发表时评《办事员》,将办事员与稽查员相比较,指出办事员来沪上多日,其对于地方并无益处,徒拥虚名,耗费国家钱财。

8月9日 在《时报》发表时评《行路难》,指出近日沪杭车站各色人等集聚,均为谋浙省,不论其事实和结果如何,都对于商业、商民有极大影响。

8月10日 在《时报》发表时评《联合》,就沪上童子军联合会、公共体育场联合会等组织的建立,得出一个团体乃至国家的进步,都与"联合"二字不可分离。

8月11日 在《时报》发表时评《同孚路惨杀案》,对于同孚路十余岁少女被残忍杀害一案,感叹"社会险恶事,每有出乎常情之外者,人道沦亡殊可慨矣"。

8月12日 在《时报》发表时评《航业与农产》，指出欧战之际是推广海外贸易的极佳机会，可是航运权在外人之手，农业一遇到干旱亦无计可施，所以"今日与其提倡毫无凭藉之国外贸易，无宁注意航运、农产二者，犹较有发展之希望也"。

8月13日 在《时报》发表时评《赵案》，指出赵联黄案在重赏之下，一时竟出现十余个嫌疑犯，感慨庸众的无知。

8月14日 在《时报》发表时评《宣战之前途》，指出中德宣战绝交以来，国内纷争日益严重，海陆军队涣散，对国家的前途感到迷茫。

8月15日 在《时报》发表时评《宣战与商务》，指出中德既已宣战，德人在华商业必受影响，我国加入大战，虽兵戎相见未实现，但是粮食和军需品问题，与我国确实关系重大。

8月16日 在《时报》发表时评《防务》，指出在大战时期戒严区内，发现私藏危险品"运动"军队之事。希望政府能够重视防务工作，妥善处置，以免在大战时期国内再多纷扰。

8月17日 在《时报》发表时评《送赴粤议员》，希望此次赴粤议员，能够考虑我国加入"一战"的实情，为我国前途计，调和意见、一致对外。

8月18日 在《时报》发表时评《生命之贱》，谈粤人梅而喜、侦探任海潮等数十个职业不同之人的横死，感慨在此乱世之中生命的低贱。

8月19日 在《时报》发表时评《骗局》，指出沪上常有设机关行骗之人，其与那些口口声声要为国家和人民谋利益，但是却挥霍捐税之人如一丘之貉。

8月20日 在《时报》发表时评《殖边开兑问题》，指出殖边银行前已宣布开兑，但拖延竟达十月余，其将对于金融发展产生极大影响，希望农商部能够加以调查、解决。

8月21日 在《时报》发表时评《呜呼，线人》，就线人举报党人携弹一案，指出线人检举他人应当实事求是，不能为了一己之利任意诬陷。

8月22日 在《时报》发表时评《天灾人祸》，谈直隶大水，四川兵祸，感慨慈善团体不积极赈灾,国家军队不以保卫国家为宗旨,任意厮杀。

8月23日 在《时报》发表时评《利用奥船之商榷》,指出张謇之公司承租海军收管的奥地利商船,应为开拓我国海外贸易为目的,以解我国土货运销国外之困境。

8月24日 在《时报》发表时评《派兵南来》,指出在此对德宣战的重要关头,我国军队应当一致对外,中央如有息事宁人之心,应当制止苏省军队南下。

8月25日 在《时报》发表时评《呜呼,赵案》,就赵案中诬陷栽赃揭开一事,号召当局"勿再为一般贪功图赏者所利用也"。

8月26日 在《时报》发表时评《设井自陷》,对于张廷芳、黄达川等人因栽赃诬陷他人被捕入狱一事,感叹实为设井自陷。

8月27日 在《时报》发表时评《铁路局长》,对于铁路局长数月之中四次易人一事,希望政府能够认真处置,勿成投机分子谋私利之途径。

8月28日 在《时报》发表时评《扩张工商事业》,指出欧战期间发展商业机会甚多,批评政府的措施仅在文字上体现出来,无实际举动。希望商业机关积极从事,政府应先维持商业现状,以待他日扩张。

8月29日 在《时报》发表时评《漠视会务》,对道属高等小学校长联合会以及道属教育行政人员联合会开会时议员漠视会务、消极参会的现象提出批评。

8月30日 在《时报》发表时评《可异之铜币》,就近日电车上出现质量不一铜币一事,希望政府能够积极调查处理,以免影响金融稳定。

8月31日 在《时报》发表时评《外交与内政》,指出我国既已宣战,政府就应当对于敌侨严厉取缔,对待内政与外交应当分别妥当处理,不应推卸责任。

9月1日 在《时报》发表时评《官营商业》,指出官营商业鲜有发达者,一方面因为委任之人往往无专门学识,另一方面政府系统贪墨之风难以杜绝,而且相关部门也是空言整顿。

9月2日 在《时报》发表时评《匪徒与汽车》,指出当今沪上炸弹案中的匪徒,不仅持有炸弹,更有汽车辅助,感慨"文明愈发达,莠民之知识亦与之俱进"。

9月3日 在《时报》发表时评《岗兵自戕》,指出斜桥某岗兵自杀一事,若如报告所言则其长官难逃其咎,"况其内容又未必即如所报告者乎"。

9月4日 在《时报》发表时评《欺诈之风》,指出沪上近日欺诈之风盛行,对于个人、社会事业的影响都不可忽视,希望政府引起注意,加以取缔。

9月5日 在《时报》发表时评《发展商业研究会》,指出日美两国在欧战期间扩展经济实力,我国流于空言,今有发起发展商业研究会之组织,希望与会诸君能够脚踏实地,落到实处。

9月6日 在《时报》发表时评《官商之接近》,指出当前发展商业研究会组织,应当以官商共同进行为宗旨,以发展工商业为第一要务,肃清我国商业发展之阻碍。

9月7日 在《时报》发表时评《监督厘局》,指出厘局"病商"久矣,今赣商拟让厘局受民监督,如能成功"则中饱之弊可革,国家亦可实得其益"。

9月8日 在《时报》发表时评《以毒攻毒》,指出苏省枭匪日益严重,齐省长称要以辫军性质编制警备队,"盖辫兵之性质既与土匪无异",希望李督军能够慎重考虑。

9月9日 在《时报》发表时评《戒严》,就上海南市以党人会议之故宣布戒严一事,指出党人素来谨慎,希望当局能够严查消息准确性,否则将影响地方治安。

9月10日 在《时报》发表时评《牧师与译员》,就牧师陈宝珊与译员马树周以谋乱罪被拘留,后又无罪释放一事,指责官厅捕人不严加省察。

9月11日 在《时报》发表时评《取缔汽车司机人》,指出沪上青年男女汽车技术并未熟练,为出风头任意上路,"时有因不及避让而丧命者",希望政府对于此类案件严加惩治。

9 月 12 日　在《时报》发表时评《不求实际》,因禁烟问题一直难以真正执行,指责"我国人办事之性质,大抵务虚名而不求实际"。

9 月 13 日　在《时报》发表时评《引渡洪述祖问题》,指出洪述祖一案①,按例应引渡到上海地方检察厅,但实则由北京到租界引渡。由此可知,其并非为简单之法律问题。

9 月 14 日　在《时报》发表时评《经费问题》,指出教育经费本就不足,值此军人当权之际,维持现状更不易,教育厅长步履维艰,但巧妇难为无米之炊,故纷纷辞职。

9 月 15 日　在《时报》发表时评《兵与匪》,指出枭匪骚扰江浙,商民本就处于水深火热之中,然又有官兵做内应,感慨"养兵原以卫民,其与纵匪何异"。

9 月 16 日　在《时报》发表时评《租船案》,指出承租军方收管的德奥商船一案迁延多日未解决,感叹我国商业发展有机会不能利用,有船只各方势力又大加争夺,"何我国人唯利是趋之一至于此也"。

9 月 17 日　作为《时事新报》记者参观日本旗舰。

在《时报》发表时评《兑现风潮》,指出对于近日出现的兑现风潮,若准备金充足则能应付自如,否则将有极大影响。

9 月 18 日　在《时报》发表时评《为个人计》,指责各省为一己之利,反对新任教育实业厅长。

9 月 19 日　在《时报》发表时评《自扰》,指出赵禅被刺案,至今日嫌疑人竟有十余人,试问真凶何在,无以应对,实为自扰。

9 月 20 日　在《时报》发表时评《意中之事》,指出复辟后张勋安然无恙,

---

①　洪述祖(1859—1919),原名洪熙,字荫之,号观川居士。他是宋教仁案主凶之一。

其支持者亦大都仍据要津,在此国家动乱之际,均属意中之事。

9月21日 在《时报》发表时评《赈灾》,指出我国年来水灾频发,但是赈灾效果甚微,与我国赈灾官员水利专门知识缺乏有关,"此慈善家所以为之奔走不遑也"。

9月22日 在《时报》发表时评《外人考察商务感言》,指出外人即使在欧战期间也坚持考察他国商业,反观我国商业经一次事变,发展停滞一次,从而毫无成就,外人那种锲而不舍的精神值得我国学习。

9月23日 在《时报》发表时评《重惩违法探警》,就稽查员、军事侦探和警厅办事员私通匪徒一事,指出政府应当对其重惩。

9月24日 在《时报》发表时评《逆伦案》,对于马仁宝弑母竟免得一死①,"不禁为人心风俗危,并为我国法权悲"。

9月25日 在《时报》发表时评《异样铜币》,指出私铸铜币一案已经水落石出,政府应当彻查来源,重惩罪犯。

9月26日 在《时报》发表时评《通缉》,对于中央通缉孙中山等三人一案,希望相关方面能考虑对德宣战之实际,一致对外。

9月27日 在《时报》发表时评《为灾民呼吁》,号召沪上慈善人士对于天津水灾多加援助。

9月28日 在《时报》发表时评《英法二公使》,指出我国现在和英法是同一阵营,其公使来访必将对我国商业等方面有所裨益。

9月29日 在《时报》发表时评《告电灯公司》,指出27、28日福州路忽然停电对商业带来负面影响,希望电灯公司能够积极处理。

9月30日 在《时报》发表时评《银价跌落》,指出由于银元外流,银价腾贵,但近日竟逐渐跌落,虽不知其原因,但对于市面有极大裨益。

---

① 指居住在仁寿里的65岁瘫痪老人马陆氏被养女马仁宝及其奸夫李金生毒死一案。

10月1日　在《时报》发表时评《招兵》,对于此次福建招兵、京沪加练劲旅一事,感慨我国财政本就困难,此番做法只会增加人民的负担。

10月2日　在《时报》发表时评《义赈》,指出此次水灾义赈,因为劝募方法得当,筹集到了很多现款,感叹只要众人能对平日靡费稍事节省,便可救人无数。

10月3日　在《时报》发表时评《杨斯盛不朽》①,高度赞扬杨斯盛。杨虽寒微起家,亦能拿出其资产一半兴办教育,"今者饮水思源,爰有范铜铸像举,崇德报功,礼固宜然"。

10月4日　在《时报》发表时评《告医学家》,告诫当今医学家,对待中西医不能重此轻彼,"夫医药以有无效验为前提,初不分新旧,其所以能历久相传,要借由至理存乎其中",希望今医学家不带偏见,融会贯通。

10月5日　在《时报》发表时评《有财不取》,指出今"茶之销额日减,丝之无船装运,煤之乏资材采掘",归因于政府和商人不知发展实业,有财不取,而唯以举债为事。

10月6日　在《时报》发表时评《事后之挽救》,谈近日政府邀请水利专家至京开会一事,指出若政府能顾及民生,早日从根本上解决,便不会再有无数家破人亡之事发生,批评中国无论何事,大多在事后挽救。

10月7日　在《时报》发表时评《蔡谷勋》②,以蔡谷勋为一己贪念陷害忠良的暗杀案水落石出一事,指出"今后执法者,对于此等要案,倘一似法廨之详加审查,不为吾辈所欺蒙,则全活多矣"。

10月8日　在《时报》发表时评《为渊驱鱼》,指出政府公卖税推行以后,使得烟酒商人成本加重,甚至出现擅挂洋旗,引起中外交涉一事,批评政府此举乃是为渊驱鱼,阻碍商业发展。

---

①　杨斯盛(1851—1908),号锦春,青墩人。幼丧父母,家贫习泥工,1880 年在上海开设第一家国人办的营造厂——杨瑞泰营造厂,富裕以后捐资助学,创办浦东中学等多所学校。
②　蔡谷勋,安徽庐州人,本在许振手下当兵,因在赵禅被刺案中诬告他人而被枪毙。

10月9日 在《时报》发表时评《天灾人祸》,对于天津水灾、湘省兵祸的发生,感慨我国人民不得安宁之生活,慈善家亦奔走不遑。

10月10日 在《时报》发表时评《国庆与戒严》,对于警厅禁止人民夜间提灯、日间举旗之举,指出共和重在精神之宝贵,沪上本是中外互市较多之地,国庆时期的此等戒严,有伤国家声誉。

10月11日 在《时报》发表时评《庆祝双十节之盛况》,为昨日国庆纪念之盛况感到欣喜,"深愿举国人士,以此历久弥坚之精神,谋所以保邦政治之道"。

10月12日 在《时报》发表时评《省议会选举感言》,指出国会当前只会敷衍了事,县议会对地方事务已置之不理,只有省议会尚存,依法筹备选举。

10月13日 在《时报》发表时评《飞艇》,指出飞艇因在欧战大显作用,所以研究之人越来越多。前有史天孙在沪飞行,今施密士又以制造家试演,但国人大多仅是看热闹,"能注意此项学理者,窃恐无几人耳"。

10月14日 在《时报》发表时评《官产委员》,指出清理官产委员,实际作用不大,主要是影响地方经济发展。

10月15日 在《时报》发表时评《民警冲突》,指出民警冲突在沪上已司空见惯,特别是北警来沪后更是变本加厉。

10月16日 在《时报》发表时评《盗赃》,就浦东发现盗窃金银六十余斤,今棺木下又发现金银珠宝以箱、包计一事,指责人民出钱以养军警,但军警乃不能保证人民财产安全,其失职之责难逃。

10月17日 在《时报》发表时评《检查棉花》,指出乡民在棉花中掺杂湿棉花,棉花局对其进行检查之举裨益商业,但竟出现执行员被害一事,令人震惊。

10月18日 在《时报》发表时评《赶制军械》,说我国人在对德宣战之际,又发生内战,指责赶制出的军械是为戕害同胞。

10月19日 在《时报》发表时评《土贩与党案》,就近日大额私运烟土与党人有关一案,指出"今昔情形不同,恐当局未必如前此之不加深究耳"。

10 月 20 日 在《时报》发表时评《人格之卑下》,谈鄂人对于水灾漠然,捐款时因发起人不同捐款额不同等事,感慨今社会"人格之卑下"。

10 月 21 日 在《时报》发表时评《先施公司》,赞同先施公司对货物标明实价之举,指出"沪上各商店倘能仿而行之,诚增进商业之一道也"。

10 月 23 日 在《时报》发表时评《殖边行》,指出殖边银行各地已经照常营业,唯独上海未实行,导致群情激愤。今政府已有公文下达,亦有相关官员来沪清理,希望政府能够积极进行,不要无果而终。

10 月 24 日 在《时报》发表时评《仰人鼻息》,指出政府与有轮船交往各国交涉无可厚非,但是目的应当是开辟航运,发展商业,而今交涉仰人鼻息,结果未必有效果。

10 月 25 日 在《时报》发表时评《新纳克案①》,指出此案应当妥善解决,应以同为协约国为考虑,勿使结果影响中英关系。

10 月 26 日 在《时报》发表时评《公卖税》,指出烟酒商人已苦于公卖税久矣,今竟有抵与外商一说,指责政府日以外债为事,饮鸩止渴。

10 月 27 日 在《时报》发表时评《派兵援湘》,指出苏省派兵援湘,"惟当此外交日亟之际,双方应以大局为前提,蠲除私见,消弭内讧"。

10 月 28 日 在《时报》发表时评《棉花检查局》,赞同秦锡圭②所提乡民掺杂湿棉花根本源于花行收购。指责政府不问何事,"大都枝节以为之",棉花检查局亦是。

10 月 29 日 在《时报》发表时评《战事与商业》,指出因为四川、湖南等省发生战事,上海"市面已形萧索","若夫接近战区之地,岂尚有商务之可

---

① 指第一次世界大战期间,德国人新纳克在上海租界居住未在工部局注册而被控诉案。
② 秦锡圭(1864—1924),字镇谷,号介侯别署见斋,上海陈行人。1893 年中举。1895 年中进士,授翰林院庶吉士。1913 年被江苏省参议会选为中华民国第一届国会参议会议员,1916 年,出席黎元洪召开的国会。不久,张勋逼黎元洪解散国会,秦锡圭先后去广州出席"非常国会"和"制宪议会"。1924 年病逝。

言与?"

10 月 30 日　在《时报》发表时评《星象台》,指出徐家汇天文台对于是年风灾有较大效用,该台拟将佘山星象台迁移至沪上,"诚大可欣幸之事也"。

10 月 31 日　在《时报》发表时评《护送私土》,谈沪上流氓私运烟土案一事,指出不仅沪上私土充斥,"实则仍以内地为其尾闾之泄"。

11 月 1 日　在《时报》发表时评《注册、租船两问题》,指出前次的多番外交磋商对于注册案、租船案最终之解决并无太多影响,感慨我国外交能力弱。

11 月 2 日　在《时报》发表时评《军械借款》,指出政府又以履行前之约定为由实行军械借款,批评政府欺骗人民,举借外债,损失主权。

11 月 3 日　在《时报》发表时评《时局与邮电》,谈沪上某商发一电文而被误会拘禁一事,指出虽然时局不稳定,但检查邮电之举,确会影响人民书信自由。

11 月 4 日　在《时报》发表时评《敷衍》,指出时局不稳,军事最被看重,而今立法机关自身甚至也不重视其作用,敷衍了事,又怎能怪民众不关心国事。

11 月 5 日　在《时报》发表时评《仓圣救世会》,以仓圣救世会为例,号召沪上慈善之士"踊跃捐助,同襄义举,造福于同胞"。

11 月 6 日　在《时报》发表时评《盗匪狓猖》,指出因天灾人祸,沪上难民增多,致使盗匪盛行,"深望官厅调查户口,取缔客栈、搜检行人诸端,切实施行,当能裨益于地方治安不少也"。

11 月 7 日　在《时报》发表时评《工巡局之腐败》,指出工巡局所收闸北四年的捐款,为宣布其用途,"大上海为华洋互市之区,工巡攸关商业主权,乃大吏徒之位置私人,委员复耽于宴乐,坐使一切设施,悉委三数雇员之手",由此可见,地方腐败"不堪闻问"。

11 月 8 日　在《时报》发表时评《机关》,对于新民里私藏军火案刚结束,福田庵又发现机关一事，指出虽仅有两枚炸弹，但是对于地方治安也会有很大影响。

11 月 9 日　在《时报》发表时评《告家长》，指出沪上最近有匪徒在女香客礼佛时，观其有贵重首饰，便探明住址实行盗窃，告诫家长提醒家中女子外出时要注意保护自己。

11 月 10 日　在《时报》发表时评《商界通电感言》，指出沪上商人言"都中握财权者谋自肥，外省谋兵权者谋独立"，希望当局能听取商界通电，"憬然悔悟，共撑危局"。

11 月 11 日　在《时报》发表时评《保护公共树木》，指出由于最近柴木价格日涨，遂有莠民偷伐树木，且沪西已发生多起案件，希望"当地警政机关加以注意，或订一取缔之法，是亦保护公益之一端"。

11 月 12 日　在《时报》发表时评《航政管理局》，指出航政管理局虽然提出要收回外人经营我国航运的权力，但是"国库空虚，军需浩繁，安有余力可以购买船只。是则此项计划，恐不免为一空谈"。

11 月 13 日　在《时报》发表时评《十六旅赴闽》，指出十六旅赴粤企图解决乱局，若真能一战而使人民免于战祸，无可厚非。但是，其纷扰的原因，在于私人权利的竞争，则另当别论。

11 月 14 日　在《时报》发表时评《迁就》，指出地方有不能解决之事，请命于中央，但中央竟以迁就了事，指责此做沄将使中央威信大为损失。

11 月 15 日　在《时报》发表时评《日人在华之新事业》，对于近日日人在中国设立的"三井、三菱银行，东洋信托保证取引所"一事，感慨"全国商业命脉，尽为外人所操纵，而不知亟起以挽救之"。

11 月 16 日　在《时报》发表时评《钞票之信用》，指出钞票之害甚大，"上者藉此搜括现金，下者从中折扣侵蚀。而受其损失者，则惟国家与人民而已"，所以钞票的信用，已经有一落千丈之势。

11 月 17 日　在《时报》发表时评《陈氏虐媳案》，指出沪上虐媳案常有，但对于陈氏一案,湖州同乡同为其打抱不平,遂有极大影响。

11 月 18 日　在《时报》发表时评《闸北自来水》,指出闸北水电厂的腐败,百姓常有闻之,今西人加以检验,结果不宜食用,指责政府对于水电厂既不愿改为商办,又不愿加以改良。

11 月 19 日　在《时报》发表时评《商界忠告西南》,指出商界对于西南战局,倡议双方能以商民利益着想,调和关系,以解危局。

11 月 20 日　在《时报》发表时评《假灾行骗》,指出有人竟然在京直等省水灾之际,私印彩券,四处劝募,以此来获得利润。希望政府对于此等莠民能够严查并痛惩。

11 月 21 日　在《时报》发表时评《舞弊》,指出当前官场身居高位者"侵帑受贿","上行下效,相习成风,此舞弊之事,所以层出而不穷欤"。

11 月 22 日　在《时报》发表时评《镇静》,指出无论党人携带危险品来沪消息真假,"在此希望和平之时,党人似无积极进行之理"。希望保卫地方之责者,能够整饬防务,防患于未然。

11 月 23 日　在《时报》发表时评《免厘》,指出我国商业不兴,厘金为重要原因之一,希望政府能够积极进行裁撤厘金行动,清理商业发展之障碍。

11 月 24 日　在《时报》发表时评《中日博览会》,就日人拟组织中日博览会一事,指出我国商人对于此类有助于我国商业发展者,"既愧不能发起,迨经他人提议,复不能与以助力而促其成"。

11 月 25 日　在《时报》发表时评《茶市》,指出我国茶市今萧索之现状与海外贸易发展艰难有极大关系,政府一直称要利用欧战机会发展海运,但维持现状尚不能够。

11 月 26 日　在《时报》发表时评《清理沙田》,指出对于清理沙田中以欺诈手段骗利之人,政府应当彻底查清情况,杜绝此类情形发生,还百姓安定局面。

11 月 27 日　在《时报》发表时评《南京会议》,指出国人对于此次南京会议高度重视,期望甚大,希望此次会议双方能够以诚相待,共襄国是。

11 月 28 日　在《时报》发表时评《宁波独立①》,指出当此南北调和之际,宁波发生独立,时局将受到极大影响。"深愿卢护军使一持之以镇静,而以维持境内商业为心也"。

11 月 29 日　在《时报》发表时评《言与兵》,指出在此时局不稳之际,"今之发言者,必有兵为之后盾,其兵愈多者,其言之效力亦愈大",商民只知缴纳捐税,空言再多也无济于事。

11 月 30 日　在《时报》发表时评《挽回主权》,指出萨交涉员为注册案辞职②,可敬可佩,但今又以挽回主权之重任,"希望于苟且偷安之当局,以吾度之,亦徒见其辞费而不识时务而"。

12 月 1 日　在《时报》发表时评《丝茶与航业》,对于英国解除我国丝茶入口禁令以及中华邮船公司将添船扩张营业的消息,指出我国人应当抓住此次机会,振兴海运和海外贸易。

12 月 2 日　在《时报》发表时评《宁波独立事》,就宁波独立事件发出质问:地方上的损失,人民的损失,谁来负责呢?

12 月 3 日　在《时报》发表时评《溃兵之为祸》,以湘省战乱刘坤一、魏光涛等均难免于劫掠为例,指出溃兵危害极大,不论损失轻重,商民均受其祸害。

12 月 4 日　在《时报》发表时评《党人赴岳》,因宁波独立一事,对于党人浙事失败赴岳的传闻,表示怀疑,"深叹我国时局之混沌,而去和平之期尚远也"。

12 月 5 日　在《时报》发表时评《送礼之别开生面》,指出前有以炸弹为礼物恐吓金钱者,今竟然有以人头作为礼物而报旧怨者,"是诚送礼之别开生面也"。

---

①　指 1917 年 11 月 26 日,浙江宁波驻军通电宣告自主,组成宁波独立军。
②　指驻沪外交交涉员萨福懋为"一战"交战国侨民在华必须注册事,不惜以辞职坚持。

12月6日　在《时报》发表时评《商帮陈情停战》,指出虽然旅沪商帮陈请停战,但是拥兵者无意调停,战局将扩大。感叹"商人日夕希望和平之至,而事实乃与和平背道而驰"。

12月7日　在《时报》发表时评《中日国民之箴言》,指出我国记者团赴日考察"受盛大之欢迎",日本实业团来华也受到国人款待,希望中日两国国民能够多为亲善,相互交好。

12月8日　在《时报》发表时评《迅复国会》,建议旅沪商人不要再以停战陈情,而应当"迅复国会",国会恢复才是治本之策。

12月9日　在《时报》发表时评《一发难收》,指出俄德两国以及我国南北双方,都早已要求和平共处,"徒以意见纷起,迄均未见实行"。虽然范围大小不一样,但是战祸"一发难收"的结果是一样的。

12月10日　在《时报》发表时评《盗匪临刑示众》,指出卢军使①将盗匪于公众前公开处决,以此达到威慑作用,"终是治标之策,恐未必有若何之效力也。"

12月11日　在《时报》发表时评《学界之蟊贼》,指出当前有不法分子以学校之名,招摇撞骗获得捐款,"学界之蟊贼,吾人所当鸣鼓而攻之"。

12月12日　在《时报》发表时评《无可陈述》,对于旅沪川人致电重庆各界"劫后余生,无可陈述"一事,深感川省受到战祸伤害极深。

12月13日　在《时报》发表时评《卷逃》,对于中外商人行骗后卷逃的行为,感慨"何期中外商业之道德,堕落一致于此"。

12月14日　在《时报》发表时评《物腐虫生》,指出共和政体下尚有复辟谣言,是大不幸的。"倘使今日之政局,一切入于轨道,则谣言无自而起,有何待于查禁,此当局所宜深省者也。"

12月15日　在《时报》发表时评《告教育厅长》,指出当前社会,教育经

---

①　卢永祥(1867—1933),字子嘉,山东济阳人。皖系军阀代表人物之一。1917年任淞沪护军使。

费短缺,学生毕业后难以自立等现象丛生,"整顿而推广之,是所望于今后有教育之专责者"。

12 月 16 日　在《时报》发表时评《商务会议》,指出政府对商业屡有计划,但大多流于空文,所以农商部召集商务会议,各省商人赴会需要敦促。

12 月 17 日　在《时报》发表时评《中华书局①》,指出中华书局创立以后发展迅速,忠告其应当稳固实力后,再行扩张。

12 月 18 日　在《时报》发表时评《利用欧战》,将我国与日本利用欧战机会发展商业的结果加以对比,指出日本进步无量,而我国三年来振兴实业大多是纸上空谈。

12 月 19 日　在《时报》发表时评《射飞机炮》,为我国发明射飞机炮感到高兴,"然深愿用于国外以杀敌,而勿用于国内以戕同胞也"。

12 月 20 日　在《时报》发表时评《沪杭派兵援闽》,指出由于前曾有浙省援闽以及十六旅援闽的虚张声势,所以沪杭派兵援闽也只是言援而已。

12 月 21 日　在《时报》发表时评《乡民为盗击毙》,指出"乡民以十余元之微,而至丧其身",希望当局负起保卫治安之责,整饬防务,以免民心动摇。

12 月 22 日　在《时报》发表时评《粤省停攻闽军》,对于粤省停攻闽省的消息,深感和平终有望也。

12 月 23 日　在《时报》发表时评《烟禁》,指出中英禁烟条约即将到期,而调查存土有两千余箱,希望政府能够妥加解决,"愿勿将九仞之功,亏于一朝也"。

12 月 24 日　在《时报》发表时评《民意调和会》,指出在中央和战不决中,有民意调和会发起,希望双方能够听从民意,和平解决战事。

---

①　中华书局于 1912 年 1 月 1 日由陆费逵筹资创办于上海。创立之初,以出版中小学教科书为主,并印行古籍、各类科学、文艺著作和工具书等。同时,中华书局还自办印刷厂,至 1937 年拥有印刷机械 300 余架,职工 1000 余人。1954 年 5 月,中华书局总部迁址北京,1958 年改为以古籍整理为主的专业出版社。

12 月 25 日 在《时报》发表时评《钞票价值之跌落》,称因时局不稳,我国中交钞票又拟限制兑现而停之,指责其之前所言"票价之不再跌","不过空言维持一时而已"。

12 月 26 日 在《时报》发表时评《不反对停战》,指出虽然卢使称不反对停战,"而调停之是否不生枝节,尚未可必也"。

12 月 27 日 在《时报》发表时评《工巡捐局》,对于此次工巡捐局的划分表示赞同。指出若真能实行,"此后关于地方振兴诸端,将如何督促进行,其责任殊重大也"。

12 月 28 日 在《时报》发表时评《华工》,指出华工应募出洋谋生,终究代表中国人,"其一举一动,至于国体有关,何当局漠视之至于如斯耶"。

12 月 29 日 在《时报》发表时评《海部舞弊案》,指出虽然海部官员舞弊已进入调查,但终究会被洗白。感慨"不幸而爰书既定,亦未尝无赎之之法。然则舞弊之举,又何惮而不为也"。

12 月 30 日 在《时报》发表时评《茶商之厄运》,指出今年的茶市已经无可挽救,感叹由于无商船发展海运,导致我国商业受到极大损失。

12 月 31 日 在《时报》发表时评《禁烟纪念日》,指出我国承各友邦的帮助基本达到了禁烟的目的,"此固吾人所引以为幸而深加感激者"。今后租界再有烟土,当是租界当局的责任。

1918 年

（民国七年,28 岁）

1 月 1 日　在《时报》发表时评《进步无量》,指出国内已经实现停战,修改关税和裁撤厘金也已经分别进行,"深愿我工商界急起直追,毋再坐失良好之机会"。

1 月 3 日　在《时报》发表时评《禁烟展限说》,认为禁烟展限一说是谣传。因中英条约已经失去效力,当局再昏庸也不应做此等违反民意的举动。

1 月 4 日　在《时报》发表时评《整顿风俗》,指出内部虽有整顿风俗的传闻,但是其实际情况并非如此。而且"今之有整顿风俗之责者,未必即能为人民之表率乎"。

1 月 5 日　在《时报》发表时评《告烟膏店》,对于烟膏店主在沪上开办不下去,又迁往内地,表示不赞同,希望该业商人能够及早醒悟。

1 月 6 日　在《时报》发表时评《哀普济》①,指出"新裕"案②刚过不久,"普济"号轮船又撞沉,感慨"独是当此轮船舶鲜少之际,忽损失此多数吨位",

---

①　1918 年 1 月 5 日凌晨 3 点招商局"普济"号轮船与"新丰"号轮船在吴淞口外相撞,"普济"号沉没,死亡 200 余人。

②　商船"新裕"号于 1916 年 4 月 23 日上午在温州宁波海面被"海容"军舰撞沉,舰上 1000多名官兵绝大部分遇难。

对于招商局乃至我国都是一个重大打击。

1月7日　在《时报》发表时评《疏通货运》，指出交通部虽然已经允许疏通货运，但各地市面已有一落千丈之势，"当局倘有维持之诚心，宜即多拨车辆装运"。

1月8日　在《时报》发表时评《交涉员》，指出交涉员为重要职位，有才之人尚且不能运筹帷幄，更何况庸碌之辈，希望政府能够认真招募，严格选拔。

1月9日　在《时报》发表时评《普济》，指出此次"普济""新丰"两船撞击案中，若"普济"号质量合格，也不至于如此迅速沉没，指责招商局管理之不善。

1月10日　在《时报》发表时评《粤土运沪》，指出禁烟是长久之计，而听闻粤省竟能随意运销烟土，"使此事而果属实，于我国烟禁前途，关系殊非浅显也"。

1月11日　在《时报》发表时评《浪费时间》，指出美国经济学家曾说"能不浪费时间，即生计之进步"，而我国近年来南北对峙，浪费了极多时间，国家和人民的生计都受其影响，难以进步。

1月12日　在《时报》发表时评《查禁造谣》，对于近日谣言蜂起，逐渐影响时局，"深愿各方面以息事宁人为归，使大局从早解决，则谣言无自而生，而商民受赐多矣"。

1月13日　在《时报》发表时评《防疫》，对于晋省发生肺疫，指出沪上交通便利，人烟稠密，如有肺病传入则结果不堪设想。希望沪上居民，多加注意，"倘遇有疑似之症，务须送医诊视"。

1月15日　在《时报》发表时评《京钞》，对于中交钞票近日采取的收兑方法，指出"此治标之策，所以终归无效欤"。

1月16日　在《时报》发表时评《援闽》，指出沪杭援闽早有传闻，但是"当此谣诼蜂起之时，兵力厚薄，所关甚大，于抽调有不得不加慎重乎"。

1月17日　在《时报》发表时评《财政总长过沪》，指出此次财政总长过沪,并非只为葬亲,过沪时与卢使欢宴,有调和沪宁之意。

1月18日 在《时报》发表时评《告防疫当局》,指出警厅着手肺病防疫,是当务之急。公立医院"诚宜宽筹经费,假以事权,俾得实力进行,以期效果之可言"。

1月19日 在《时报》发表时评《殖边》,指出殖边银行停兑已有两年,值此岁末年关之际,"所云年内开兑之说,其又将食言而肥乎?"

1月20日 在《时报》发表时评《借重》,指出当今和战未定,而中央举棋不定,民众对其也失去信心,"调停未见端倪,疑谤业已丛集"。

1月21日 在《时报》发表时评《浚浦局》,对于交涉员以及省会对于浚浦局应当停止的提议表示不赞同,认为此是保护华商利益和我国主权的重要机构。

1月22日 在《时报》发表时评《竞争》,对于津沪绸缎降价销售,指出无论何种商业的发展,都应有高质量的产品和较低的成本,而不是一味减价。

1月23日 在《时报》发表时评《慎重人命》,指出交通部对于"普济"号民众丧命一案,应当认真查明情况,不能敷衍了事。

1月24日 在《时报》发表时评《货物囤积》,指出由于水陆都有阻碍,致使货物囤积,"大局一日不解决,商务万无起色之希望"。

1月26日 在《时报》发表时评《搁浅》,指出虽然今和战未定,但商人亦应当遵纪守法,若抱有侥幸心理,买空卖空,"乃自取失败之道"。

1月27日 在《时报》发表时评《亲征与援闽》,指出大元帅亲征后,沪上都将受到影响,援闽之举将成为空谈。

1月28日 在《时报》发表时评《汉冶萍公司①》,指出汉冶萍公司"苟能

---

① 中国最早的钢铁联合企业,1908年由盛宣怀奏请清政府批准合并汉阳铁厂、大冶铁矿、萍乡煤矿而成立,同时由官督商办转为完全商办。到辛亥革命前夕,其钢产量占清政府全年钢产量90%以上。由于汉冶萍公司是清政府唯一的新式钢铁联合企业,控制该公司实际上等于控制了清政府的重工业。

及时推广，其进步未可涯量"，但是今发生股权和新矿之争，前途又入渺茫。

1月29日 在《时报》发表时评《吓诈与抢劫》，谈招商局局长被吓诈甚至抛掷炸弹一事，指出盗匪如此猖獗，负地方治安之责者难辞其咎。

1月30日 在《时报》发表时评《和议》，指出王士珍总理主动请求和议，中央应当积极考虑，"若为一二人地位计，患得患失，其结果徒见迁延岁月已耳"。

1月31日 在《时报》发表时评《拐孩机关》，说松江妇女拐骗男孩，虹口有团体持械抢劫、掳人勒赎，二者是否为同一团体所为尚不知，"然匪党扰害闾里，肆无顾忌如此，固不仅租界一隅治安之忧也"。

2月1日 在《时报》发表时评《赶造弹药》，指出观我国今日情形，内讧愈急，赶造弹药，"徒资虚糜国帑，戕贼同胞已耳"。

2月2日 在《时报》发表时评《勖陈交涉员①》，指出我国自对德宣战以来，交涉多与国际有关，希望陈交涉员能够控制好适当范围，积极应付。

2月3日 在《时报》发表时评《钜商兴学》，对于胡鸣凤等邀请同志创办四明职业学校一事，指出"广设此项学校，招贫寒子弟而教育之，在钜商所费甚微，而裨益于社会甚大"。

2月4日 在《时报》发表时评《避兵》，指出武汉人民纷纷来沪避难，据称有辛亥革命的景象，可见其情形之危急，同情武汉人民值此岁末年关之际，仓皇离家。

2月5日 在《时报》发表时评《战事与借款》，指出"战事一日不停止，借款即一日在继续进行中，而吾国民之负担与夫国权之损失，亦将因之而愈重也"。

---

① 陈贻范（1871—1919），又名陈宜范，字安生，江苏吴县人。少年入上海广方言馆学习英语，1890 年转入京师同文馆，1896 年赴英国牛津大学学习法律，其后任清政府驻英二等参赞，1913 年北洋政府任命其为"特派西藏议约全权专员"。

2月6日 在《时报》发表时评《和平》，对于一年以来沪上商业的萧条，"深望国内外和平早日实现，庶此后商业可以回复原状"。

2月14日 在《时报》发表时评《收账之困难》，指出收账困难，"虽其间未尝无获利者，然非所语于全体也"。希望天灾和战事能够早日停止，商业也会受到很大益处。

2月15日 在《时报》发表时评《存土问题》，指出租界的烟禁"迄未厉行"，主要原因还是在于存土，虽然有人提出要收购存土，"独惜建议者以三数人利益为前提，而非为全国扫除毒害计耳"。

2月16日 在《时报》发表时评《内讧》，对于王汝贤①、范国璋②等被罢官之人，传闻私下里接触民党中人一事，感慨"天下之大患莫过于内讧，而今之主战者不悟也"。

2月17日 在《时报》发表时评《防务与商务》，指出军警有保卫治安的职责，但战事导致商人运货有所戒心，影响到商业发展。"大局不解决，则商务断无起色之望也"。

2月18日 在《时报》发表时评《招商局之盈余感言》，指出虽然招商局1917年盈余达一百六十余万，但"何一年以来，未闻有推广航线，增置新船之举，甚以器具不完之旧船，行驶烈风巨浪中，一若人命商货无所重轻者然"。

2月19日 在《时报》发表时评《汽车肇事》，指出汽车肇事虽然有路人的原因，但近日发生的碾压小孩、老妪的命案，"何尝思及行人的生命"，希望今后捕房能够重视人命，严加处理此类汽车肇事案。

---

① 王汝贤（1874—1919），字少甫，北京密云人，北洋军将领。官至陆军第八师师长、代理湖南省督军等职。曾任保定军校校长。

② 范国璋（1875—1937），字子瑜，天津人。毕业于北洋武备学堂，1909年由营管带升任第六镇十二协二十四标标统，后编入奉天第一混成协。1910年任第二十镇标统。1911年升任第二十四镇四十协协统。1912年任第二十师四十旅旅长。1914年8月继吴光新任第二十师师长。1917年率部至湖南任援湘军副总司令。同年11月率部撤走，被段祺瑞革职。1922年4月任将军府将军。

2月20日 在《时报》发表时评《运兵》,对于北军南下后截车辆、扣轮船的行为表示不满,指出由此而造成的货物阻滞影响了商业的发展。

2月21日 在《时报》发表时评《调和商议会》,对于英人李德立①发起商议调和会指出,我国调和的动议早已有之,"其结果徒以迁延岁月益增纠纷而已",担心辜负了友邦人士的一片好心。

2月22日 在《时报》发表时评《私设无线电机》,对于奚兰亭这一纸商设立无线电台表示怀疑,而且还靠近军署,认为应当是有人指使,政府应当查清此事。

2月23日 在《时报》发表时评《劝告冯玉祥》,指出卢护军使和杨督军劝告冯旅长,应当为保全北洋起见,息事宁人,不应再增加纠纷。

2月24日 在《时报》发表时评《哀江淮村》,对于江淮村遭遇火灾,致使300余家贫民无家可归一事表示同情,希望慈善家能发善心救济,军警也能及时取缔此类贫民窟,以免再有类似之事发生。

2月25日 在《时报》发表时评《招兵之罪孽》,对于军队以招工为名,强迫民众当兵并且未训练几日即赴战场的行为表示不满,"直以欺诈手段,置贫民入于炮火之中"。

2月26日 在《时报》发表时评《改易姓名》,指出租界富商绅士违法犯纪之后,往往改名易姓,以此来躲避法律的制裁,希望以后相关当局能够严格执法,使真相大白于公众。

2月27日 在《时报》发表时评《接济粮食》,指出我国作为协约国一分子,理应承担起接济粮食的任务。但我国去年粮食歉收,天灾人祸接连发生,粮食存储有限,希望当局能够考虑到我国实际民情,量力而行。

2月28日 在《时报》发表时评《丝茶与船只》,指出丝茶是我国商业出口的大宗,现今西欧解除禁令,洋商大量进口我国丝茶,所以政府和商人应当

---

① 李德立(1864—1939),1864年出生于苏格兰,毕业于英国剑桥大学,为基督教美以美会传教士,1939年在新西兰病逝。

努力筹划,解决我国无商船运输的问题。

3月1日 在《时报》发表时评《和议大有希望》,对于和议的好消息指出,我国内战双方应当一致对外,"否则敌军压境,防务空虚,危险其可胜道哉"。

3月2日 在《时报》发表时评《赌》,指出赌博在我国旧历新年是正常的消遣方式,但是无业游民借此机会大开赌场,"抽头渔利",更有甚者还有警捕以身试法,从而更难解决赌风盛行之问题。

3月3日 在《时报》发表时评《检疫》,指出近来晋疫流行,车站的检查亦是刻不容缓,商旅来沪也应当配合医生的检查,"须知此举固不仅关系个人之生命已也"。

3月4日 在《时报》发表时评《王铁珊[①]来沪》,指出王铁珊上将为南北调和之事,奔赴上海与各方面接洽,时局的和平大有希望。

3月5日 在《时报》发表时评《开矿》,指出我国矿产素称丰富,但一直以来却很少有国内商人关注,"今闻有华商赴皖探矿,并将集资开采之说,是诚实业界最近之好消息也"。

3月6日 在《时报》发表时评《银糖器》,指出国外对于银糖器等日用品需求较大,但是国内战事纷繁,对于商务肆意摧残,对外贸易难以发展。

3月7日 在《时报》发表时评《息战》,指出英人李德立呼吁我国军阀息战之文"深切著明",可是"独惜悍将骄兵,心目中只有权利,充耳不闻"。

3月8日 在《时报》发表时评《治水》,对于此次天津大水,指出我国并非无水利机关,只是"主其事者,大率无学识经验,其工程苟以弥一时而已"。

3月9日 在《时报》发表时评《商会调和会》,指出商民苦于战事久矣,

---

① 王芝祥(1858—1930),字铁珊,是清末广西按察使,也是老同盟会会员。辛亥革命时在广西首先起义,任广西副都督,旋即出师援助武汉,任国民革命军第三军上将军长,1916年袁世凯图谋复辟,烧了铁珊先生北京的家,于是举家避住天津法租界,1930年去世。

但当局无息战之意,故今组织商会调和会以自救,希望沪汉两总商会能够积极进行,促进商业发展。

3月10日 在《时报》发表时评《烟禁》,指出世界时局动荡,所以各行业借此机会重整旗鼓,烟土业也不例外,但是当局也为了一己私利之争而置之不理,"其罪孽可胜言哉"。

3月11日 在《时报》发表时评《粮食问题》,指出虽然我国连年战事,但地方秩序尚能维持,可是加入粮食同盟后,粮价猛涨,粮食恐慌的现象让人堪忧。饥荒是国家动荡的大患,这是自古以来的道理,希望当局能够认真考虑此问题。

3月12日 在《时报》发表时评《土布免税》,对于财政厅推翻国院议决土布免税一事,指出"此端一开,中央之政令不行于各省,不知经各商会之抗议后,大部将何以处此也"。

3月13日 在《时报》发表时评《修税会感言》,指出修改税则会成立已久,但是因为会员意见不一致,尚无成绩。感慨即使意见一致,因为我国内讧不断,也难实行。

3月14日 在《时报》发表时评《聋哑学校》,对于李平书①等人发起成立聋哑学校一事表示赞同,指出沪上不乏热心慈善之人,希望大家能够积极从事慈善事业。

3月15日 在《时报》发表时评《预算》,指出财政预算应当是一个部门乃至国家的用费限制,可是我国则不然,"一旦有临时之事发生,但使有款可挪可借,则决算益相去悬殊而无从钩稽"。

3月16日 在《时报》发表时评《沈强夫引渡》,就沈强夫引渡一事指出,

① 李平书(1854—1927),上海宝山人,出生于医学世家。光绪年间,先后署广东陵丰、新宁、遂溪知县;湖北武备学堂总稽查、提调;光绪二十九年(1903)转任江南制造局提调,兼任中国通商银行总董、轮船招商局董事、江苏铁路公司董事。创立医学会,创设中西女子医学堂、南市上海医院,开办华成保险公司等。

暗杀郑镇守使一案已有很多种说法,其是非曲直需要认真研究,不能敷衍了事。

3 月 17 日 在《时报》发表时评《增加水脚》,指出江轮增加水脚,就煤价一项而论,即是情非得已之事。因受战事影响,百物腾贵,若和平一日不实现,百姓生计则一日难以进行。

3 月 18 日 在《时报》发表时评《梁燕孙》,对于梁燕孙特赦后来沪又回津称要从事实业一事,表示怀疑。

3 月 19 日 在《时报》发表时评《掳人勒赎》,指出投函吓诈的风气虽然平息,但是掳人勒赎的案件日渐增多,而且后者对于社会的影响更加严重,感慨"此后之稍有资财者,不几有举足荆棘之惧"。

3 月 20 日 在《时报》发表时评《告米商》,指出米价腾贵原因在于加入了粮食同盟,政府也在严加调查,同时告诫不法商贩不要囤积居奇,"于公于私,两无裨益"。

3 月 21 日 在《时报》发表时评《防患未然》,指出南京已经发生鼠疫,而沪上人烟稠密应当提早预防,政府应当严加检查,个人要注意卫生,尽量少涉足公共场所。

3 月 22 日 在《时报》发表时评《奉兵与晋疫》,指出奉兵和晋疫同时南下,遂有小人造谣,疫是由奉兵带来,从而导致人心惶惶,"哀我小民饱受此种虚惊,已有不堪设想之势"。

3 月 23 日 在《时报》发表时评《责有攸归》,指出政府应当信守诺言,罢战求和,一致对外,否则"中央之威信,将不仅见挫于军人已也"。

3 月 24 日 在《时报》发表时评《商务活动》,指出武汉因为免于战祸,所以商业有所发展,但近来有南军大局东下之说,所以武汉能否安定不可知,"商务活动犹未可恃也"。

3 月 25 日 在《时报》发表时评《水电厂押款》,称听闻闸北水电厂有押款之议,如若当真则"徒供当事者之虚糜",结果也会使利权落入外人之手,希望当地人士能够加以注意。

3 月 26 日　在《时报》发表时评《防疫》,指出我国人因为积习日深,以为工部局所发的肺疫传单无足轻重,殊不知"疫气之流布,杀人甚于刀兵"。希望读到此传单的国人,能够悔悟。

3 月 27 日　在《时报》发表时评《美使之金言》,指出美国使者在青年会的演说,对我国时弊的针砭恰如其分。我国人"当此外患之日迫,且懵然不求所以自固"。

3 月 28 日　在《时报》发表时评《沪浙联防》,指出因沪浙联防,卢镇守使常与外省联络,疏远本省,导致谣言纷起,暗潮涌动。

3 月 29 日　在《时报》发表时评《本埠发现肺疫》,对于沪上 28 日发现患肺疫之人,"惟望官厅根究踪迹,勿任蔓延,而凡居此地者,亦宜于饮食交际,慎加注意也"。

3 月 30 日　在《时报》发表时评《脑脊髓膜炎》,指出脑脊髓膜炎是近日盛行于香港的一种传染病,而最近沪上鄂人徐某患此疫,希望当局能够严加查明,遏制疫情。

4 月 1 日　在《时报》发表时评《湘省招抚商民》,指出傅氏入湘后造成的战事导致湘省元气大伤,而且大局还未解决,同情商民安居乐业之日遥遥无期。

4 月 2 日　在《时报》发表时评《检定小学教员》,指出小学教育关于教育前途,希望政府多加检定小学教员。还指出我国内地各处失学儿童甚众,希望政府亦能关注此现象。

4 月 3 日　在《时报》发表时评《防疫经费》,指出南京的疫情已经控制住,"当不致蔓延沪上",但本埠人烟稠密,交通便利,希望经费用途"原为人民求幸福,固万不容丝毫虚糜于其间也"。

4 月 4 日　在《时报》发表时评《土货输出》,指出我国土货欧美需要甚多,但中间贸易还须经过外商,从而所得利润大大减少,希望我国航运业能够积极发展,尽快振兴。

4月5日　在《时报》发表时评《一切规行矩步》,指出卢镇守使复英人李德立信中之言,虽然看上去一切都遵守规矩,但"所谓一切规行矩步者,讵能令人深信无疑哉"。

4月6日　在《时报》发表时评《交通完全恢复》,指出沪宁间交通已经通行,肺疫也已经消灭,战事亦有所缓和,希望商业也能由此而有所发展。

4月7日　在《时报》发表时评《银行并合感言》,为广东、亚洲两银行将合并为一行的消息感到高兴。指出资本充足,有利于商业的发展。

4月8日　在《时报》发表时评《招兵》,指出军队的责任是保卫国家,而当前招兵行为,"大都为个人扩张势力,以为他日挟制中央之具"。

4月9日　在《时报》发表时评《殖边》,指出殖边银行年底开兑的承诺又未见实行,债主可谓"声嘶力竭","为债主计,与其终不兑现而受损失,无宁如西报所载来函之主张,令其即行收束清理,或尚有一结果也"。

4月10日　在《时报》发表时评《攻粤》,指出当前陆军先后调兵杭州、海军预备奔赴福建,大有攻打广东的势头,战事又将开始,调和之希望又将越行越远。

4月11日　在《时报》发表时评《运川货物被劫》,指出由于川乱、荆襄相继独立以及土匪蜂起,商业发展受到极大阻滞,感慨"今之属商货物之被劫,犹其小焉者也"。

4月12日　在《时报》发表时评《呜呼,利用机会》,指出日本人在欧战期间就大力发展在华商业,且营业手段较西人敏捷,如开设银行、建筑工厂和增辟航路等,而反观我国商人则维持艰难,难以利用机会。

4月13日　在《时报》发表时评《外债》,指出我国上至中央,下至一机关、一团体都举借外债,但能还者甚少,"于是东移西补,负担日重,循斯以往,不至亡国败家不止也"。

4月14日 在《时报》发表时评《存土》，质疑当局给予售卖烟土之人"竟允给照"，为烟禁的前途感到迷茫，认为此处置之法欠妥当。

4月15日 在《时报》发表时评《崴侨电述感言》，指出海军只为攻打广东，对于救济侨民无动于衷，指责"中央即不为侨民计，独不为国体计乎"。

4月16日 在《时报》发表时评《葡领遇险》，指出葡萄牙领事两次遇险都能无恙，是幸事。但是卡尼罗拐卖案尚未终结，又发生拐卖案，"父子昆弟同系图圄，其所谓自作孽者非欤"。

4月17日 在《时报》发表时评《毋贪近利》，对于美国商会会长说的"毋贪近利"表示赞同，希望在近日中美商务发展之际，"华商鉴彼前车，置诸胸臆，而勿忘也"。

4月18日 在《时报》发表时评《黄包车夫》，指出黄包车夫"以未受教育，粗暴性成，因谰语之横来，致起昨日之风潮"。虽然事属意外，"诚可憾而又可怜之事也"。

4月19日 在《时报》发表时评《黄包车夫（二）》，指出黄包车夫向来性情懦弱，今日铤而走险定有不得已苦衷，"深愿租界当局，顾念贫民生计，而有以善其后也"。

4月21日 在《时报》发表时评《周知事》，对于莱阳县知事周某携款潜逃沪上一事，指出"比来高官显宦，犯大逆不道之罪，一旦寄身法权不及之地，则通缉即等虚文"，周某潜逃一事，只不过是沧海一粟而已。

4月22日 在《时报》发表时评《汽车互撞》，对于马霍路发生两车相撞，指出近来汽车肇事事故较多，告诫驾驶汽车之人"即使为节省时间，初无取如斯迅速之必要，况乎大半为兜圈子出风头者乎"。

4月23日 在《时报》发表时评《洪述祖引渡》，对于洪述祖案经过众多曲折，又以引渡为结果表示惊讶，希望法庭能够秉公办理，勿再出现黑幕。

4月24日 在《时报》发表时评《否认缔约》，指出政府否认缔约一事，是国人所乐闻的。希望今后当局"宜一切开诚布公，俾袪人民之疑虑"。

4 月 25 日　在《时报》发表时评《变更税率》，对于当局不裁捐改税，反而对于米麦等日用品增加数倍税收，表示不满，指责当局不体恤商民，"不加维持，转从而摧折之"。

4 月 26 日　在《时报》发表时评《团结》，指出黄包车业虽然势力微弱，但也应当组织一个团结机关。

4 月 27 日　在《时报》发表时评《"江宽"与卢使》①，指出值此船舶鲜少之际，"江宽"轮被撞沉，实属中国行业不幸；卢镇守使本是主战之人，今忽言和，且已赴宁，不久将有结果。

4 月 28 日　在《时报》发表时评《女校体育进步》，对于我国女校渐注重体育，省立各校联合运动会得分较高表示欣慰，感慨"今吾苏得各女校树之先声，庶几萎靡之习，从此其有扫除之希望欤"。

4 月 29 日　在《时报》发表时评《段总理之疚心》，对于段总理向"江宽"轮失事事件表示疚心，感到欣慰，但也发出疑问："今无辜牺牲于炮火之下者，宁独不蒙总理之垂念乎？"

4 月 30 日　在《时报》发表时评《停运》，对于油豆饼等业，停运一切加税商物，指出当局应当支持商业发展，即"税既出诸商人，必先有培其源而流自裕"。

5 月 1 日　在《时报》发表时评《小贩风潮》，对于工部局以卫生为由取缔小贩的做法表示不赞同。指出"租界不乏大商业，又奚取乎小本营生之贫民"。希望当局为地方治安考虑，取消前议。

5 月 2 日　在《时报》发表时评《告小贩》，对于当局取消向小贩的加捐表示赞同，也希望小贩不要有非分之要求，否则"自取咎戾，必非法律所容许也"。

5 月 3 日　在《时报》发表时评《知足不辱》，对于近日小贩不好好营业反倒提出减捐的非分要求表示反对。

---

①　1918 年 4 月 25 日，由上海开往汉口的"江宽"轮在刘家庙撞上段祺瑞的护卫兵船"楚材"号，不到五分钟即沉没，死亡超千人，被称为"长江商轮行驶以来未有之惨剧"。

5月4日 在《时报》发表时评《服从中央命令》，对于西南不服从中央命令一事，指出"中央而一遵法以进行，吾知西南必无异词也"。所以若要使地方势力服从中央命令，则中央应当率先守法。

5月5日 在《时报》发表时评《浦东实业公司》，指出我国商业大多操纵于外人，主要因为各自为谋不知联合，今浦东实业公司乘势崛起，若能如愿进行，则大有可为。

5月6日 在《时报》发表时评《水上运动》，认为同文书院水上运动有利于学生身心健康。我国向来仅发展陆上运动，对于水上运动，各学校应当着重考虑开办。

5月7日 在《时报》发表时评《上行下效》，指出借外债如同饮鸩止渴，而且从中央到地方"上行下效"，有损国家主权，中央应当严厉取缔。

5月8日 在《时报》发表时评《咄咄怪事》，谈近日段总理同时出现在两艘舰船以及孙强夫同时出现在两地的消息①，感慨"咄咄怪事矣"。

5月9日 在《时报》发表时评《农时停战》，指出湘人致函英人李德立，称米为湘省出口大宗，今战事纷繁，秋收无望，"饥馑之祸将一发而不可遏抑也"。

5月10日 在《时报》发表时评《招商局船之厄运》，对于近年来招商局"华泰、江宽、普济"等轮船频频失事，感慨"诚不解轮船之肇事，何迭闻于招商局也"。

5月11日 在《时报》发表时评《罢工与借债》，对于罢工和借外债等愈演愈烈之势，指出"皆大战之影响"，感慨"破坏易而建设难，今而后不知何日始克回复原状也"。

5月12日 在《时报》发表时评《呜呼，尹神武》，对于尹神武被枪决后，社会上出现的几种传闻，指出"今而后幸勿有孙强夫其人出现，俾此案得成为信签耳"。

---

① 尹神武，化名孙强夫，辽宁营口人，日本明治大学就读，受陈其美指使参与刺杀郑汝成，后被判死刑。

5 月 14 日　在《时报》发表时评《日公使至沪》，指出日本公使在我国战事纷乱之际来访，"即深知各方面之情形，对于我国政局必能有所裨益"。

5 月 15 日　在《时报》发表时评《自制燃料》，谈因燃料日贵且缺乏，广东鸿兴公司自制燃料一事，感慨"广东诚我国实业发源地哉，倘国人而能如粤人之用心，则利权不外溢，讵难事哉"。

5 月 16 日　在《时报》发表时评《罢工风潮》，对于近日出现黄包车、小贩等各行业的罢工，指出虽是因为生活艰难，不得已而为之，但是地方当局应当为治安考虑，尽早解决。

5 月 17 日　在《时报》发表时评《军士购鱼》，对于士兵购鱼时以四斤之值，强行购买小贩十斤之鱼，几至酿成罢市的风波，指出应"从严惩治，以为欺凌商人儆也"。

5 月 18 日　在《时报》发表时评《不可解》，对于法国领事馆拒绝引渡丁仁杰①、日本中止出兵之事，感到不可解，感慨"有此种种不可解，此中国之所以为中国欤"。

5 月 19 日　在《时报》发表时评《皖省将建兵工厂》，对于皖省军阀倪嗣冲最近为扩张势力，试图建兵工厂一事，指出"今各省正纷纷以招兵为务，若再能自行制械，则将来苟有所求，何患不得"。

5 月 20 日　在《时报》发表时评《美红会收捐》，对于美国红十字会即日起为支持"一战"协约国在华募捐一事，指出我国本是参战一分子，希望我国人"必能慷慨输将，以襄此盛举也"。

5 月 21 日　在《时报》发表时评《呜呼，选举》，指出其他各国对于选举竞争甚为激烈，"而我国则否，视之若甚淡漠，且有抛弃此项权利者"。

---

①　丁仁杰（1891—1920），湖北房县人。1905 年参加湖北陆军四十一标，次年考入武昌陆军特别小学堂，后加入振武学社文学社，复入共进会。1911 年武昌起义，他在九江胁迫新军反正，鄂军政府成立，被拥为内务部总稽查长。辛亥革命前夕，曾被孙中山授予大都尉衔。1914 年中国国民党改组为中华革命党，他积极拥护孙中山主张。肇和舰起义失败后，他被逐出上海法租界。1920 年在征剿陈炯明的战斗连获胜利时被敌人暗杀。

5 月 22 日　在《时报》发表时评《有义务而无权利》,指出商人反对加税,原因在于政府不为商人谋幸福,"有义务而无权利,此加税之举,所以见拒于商人也"。

5 月 23 日　在《时报》发表时评《新约请勿盖印》,指出中日新约未向国人公布即要签字,受到社会各界反对,指责"若当局而终不憬悟,非特政府之不幸,实国家之不幸"。

5 月 24 日　在《时报》发表时评《公债滞销》,指出外国公债常供不应求,而我国"多方折扣以招徕之,尚未见其踊跃",究其原因在于政府借债太多,失去公信力。

5 月 25 日　在《时报》发表时评《闽兵剪发》,对于闽省新兵三千多人剪去发辫表示欣喜,希望国民均能积极响应。

5 月 26 日　在《时报》发表时评《水泥船》,对于沪上近日仿造美国水泥船一事,指出"该船用料少,费时少,非特足徵工业之进步,实航业界之好消息也"。

5 月 27 日　在《时报》发表时评《派员赴汉与议》,对于徐树铮①在汉口开会沪杭派员参加一事,感慨"此等会议,常见于国中,召集不必有何名义,得三数代表列席,就能把持政局,中央却熟视无睹"。

5 月 28 日　在《时报》发表时评《添设稽查机关》,对于卢镇守使为防范党人特设稽查机关一事,指出"卢使真为地方计,但期镇静以处之,有何必遇事张皇哉"。

5 月 31 日　在《时报》发表时评《"禁止学校干预政治"》,对于中日密约一事,指出"关系国家存亡之事,而漠焉置之,则求学何为"。

6 月 1 日　在《时报》发表时评《提倡国货》,指出提倡国货之提议早已有

---

①　徐树铮(1880—1925),北洋军阀皖系名将。字又铮,号铁珊,又号则林,江苏萧县(今属安徽)人,为区别于同时期的另一政治人物徐世昌,人称"小徐"。

之,但收效甚微。"今学生诸君,受非常之刺激,毅然以此自励。"希望国人力图振作,交相自勉。

6月2日 在《时报》发表时评《吞蚀饷糈》,指出我国军费支出占比较大,大多是地方军阀虚报兵额,吞蚀饷糈。

6月12日 在《时报》发表时评《新旧议员之人格》,指出议员既为民众选出,即应具良心,"以民意为从违",但是旧议员因有所畏不愿南下,新议员有所羡欲北上,以此或可窥见议员之人格。

6月13日 在《时报》发表时评《茶商造船》,指出新茶上市,运输仰人鼻息,茶业难以振兴,主要原因在于缺乏轮船运输。闻有茶商拟造船自运,拭目以待。

6月14日 在《时报》发表时评《抚养小孩之提倡》,指出我国对于抚养小孩问题一直不够重视,"今青年会之开婴孩赛会,其提倡抚育,用意甚深,各地是可踵行"。

6月16日 在《时报》发表时评《郴永矿借款说》,对于传闻郴永矿抵押一说,指出其"无异兄弟争产而缠讼,至双方而无可抵押之时,吾人尚有立足之地耶"。

6月17日 在《时报》发表时评《主权日蹙》,指出国内收入大宗无外乎筑路、开矿、烟酒买卖,"次第处于外人监督之下",感慨"中国之主权究有几何耶"。

6月18日 在《时报》发表时评《严缉私土》,指出当局签订存土收买合同后又命令各省严缉私土的做法,乃"只许州官放火,不许百姓点灯"。

6月19日 在《时报》发表时评《闽督请拔沪军》,对于闽督再次请求沪军派兵支援一事,指出沪军多次以防务关系委婉拒绝,"由此而推想清湘攻粤定蜀,其计划得勿令人失笑乎"。

6月20日 在《时报》发表时评《炸弹案频闻》,对于炸弹案接连发生表示不安:炸弹本应用于战场,但今日竟然成为恐吓勒索的工具。

6月21日 在《时报》发表时评《旧议员赴粤》,指出旧议员赴粤后,非常国会将符合法定人数。但是新国会亦在召集,到时候南北议会对峙,鹿死谁手,"当不在远"。

6月22日 在《时报》发表时评《海盗与军警》,指出海盗猖獗,我国航运已受到极大影响,"吾民有纳税之义务,而保护则属另一问题",希望我国军警能积极发挥作用。

6月28日 在《时报》发表时评《留难鲜茧》,对于改良蚕桑会违章留难鲜茧而至孵化一事,指出此类情形不足惊奇,"今之在上者,一切惟知便利于己,心目中何尝有商人血本在"。

6月29日 在《时报》发表时评《"江宽"案》,对于"楚材"舰长否认撞沉"江宽"轮一事,指出双方均有后盾,感慨"所含冤终古者,惟此供人牺牲之搭客耳"。

7月1日 在《时报》发表时评《小本成业会》,指出沪上当日成立之小本成业会借民以资本,"俾得有业以养其身家","推此宗旨而广之,间接有益于社会匪细"。

7月2日 在《时报》发表时评《勿食瓜果》,指出据医院研究,夏季患病之人多为食剖售瓜果为最多,在此酷暑之际,疫病发生之时,"深愿各界注意及之慎勿念一时之口腹,以性命为孤注也"。

7月3日 在《时报》发表时评《调处灯价》,指出电灯公司为商人组织,但南市灯价问题反对者多系商人,希望县商会能够公正评判,勿使双方有异词。

7月4日 在《时报》发表时评《新税慎重举办》,对于财政部举办新税之事,指出商人反对在于其根本不能负担,希望财政部"在战事未终之际,一切新税均宜从缓进行"。

7月5日 在《时报》发表时评《工巡局》,指出工巡局收归官办后,收效甚微挥霍无度,原因在于主其事者大多缺乏学识和经验,希望齐燮元省长"恢复原状,责绅士以整理之效,庶几为根本解决之道也"。

7月6日 在《时报》发表时评《赌窟》,指出赌博危害甚大,就上海一地而言"赌窟"就不知凡几,但查处、破获此类案件较少,究其原因在于包庇者大有人在。

7月7日 在《时报》发表时评《军械》,指出军械虽然是行军的要脉,但将士不用命,则无用。

7月8日 在《时报》发表时评《杨允中》,指出裴子明为虎作伥,不惜牺牲友人;为杨允中有老师可以维护自身权益而感到庆幸。①

7月9日 在《时报》发表时评《求新厂之进步》,对于求新厂即将造成两艘轮船感到欣喜,但"今乃以债务之关系,至于不能维持,滋可惜也"。

7月10日 在《时报》发表时评《金纸币》,对于财政当局不吸取银纸币的教训,又有发行金纸币一说,指出这实质上是"以整顿之名,行搜刮之实"。

7月11日 在《时报》发表时评《恢复共和》,谈在庆祝恢复共和纪念日之时,同有英法两共和国纪念日辉映,感慨"吾国自复辟一幕告终,政治去共和日远,今则煮豆燃萁,相煎益急"。

7月12日 在《时报》发表时评《省会初选怪状》,指出上海是开埠较早之地,但是省会初选怪状、不堪入目,"试问以此等游民协同选出之议员,其国能代表人民为地方求幸福乎?"

7月18日 在《时报》发表时评《缫双功茧》,以双功茧自缫为例,指出有专门学识之人才难得,希望政府加以提倡,商家加以注意吸收人才,则"挽回利权,可以兴矣"。

7月19日 在《时报》发表时评《多宝券》,指出沪上常有福引券、鸿福券等,外人不了解,常上其当。最近徐州又出现一种多宝券,假慈善之名,实行欺诈手段,希望政府不让此等莠民逍遥法外,作恶多端。

---

① 陆军部差遣员杨允中被友人裴子明邀请到华法交界,然后被当成国民党人抓捕,但杨允中是陆军大员的门生,所以无恙。

7月20日　在《时报》发表时评《姚局长被控案》，对于沪南工巡捐局长姚志祖被省议会议员控诉贪污被控案查明原委，感慨"官官相护，自昔已然"。

7月21日　在《时报》发表时评《虹口之大惨剧》，由虹口因修表一件小事引发大惨剧，感慨"自欧战以来，租界秩序渐非昔比"。

7月22日　在《时报》发表时评《函劝曹总长》，对于沪上曹总长同乡作书规劝其举借外债一事，指出这些政客"非至国破家亡之时，安望其有悔悟之一日哉"。

7月23日　在《时报》发表时评《新旧国会议员》，指出南北国会新旧议员纷纷自行其是，而"议员为人民代表，一切应以民意为从违"。

7月24日　在《时报》发表时评《告先施公司》，指出上海先施公司本是华商中之佼佼者，但因合并问题内部引起争议，告诫其应当"和衷共济，努力前进"。

8月1日　在《时报》发表时评《告赴美女学生》，告诫赴美女学生，就我国国情论，选择学科"势不得不先其所急"，如保姆、育婴、体育、音乐、美术、小学管理等。

8月6日　在《时报》发表时评《告赴美男生》，指出我国社会缺乏英语和教育方面的人才，希望赴美男生能够引以为注意。

8月7日　在《时报》发表时评《众怒难犯》，指出"今之政府，倒行逆施"，屡犯众怒，民众"郁之既久，终必有发动之一日"。

8月8日　在《时报》发表时评《送赴美学生》，告诫赴美学生，"此去对于国家应负一种极重之责任，勿徒以得一文凭及博士、学士之头衔以归"。

8月10日　在《时报》发表时评《流毒终无已时》，指出吾国之所以不亡，主要在于能够严厉禁烟，然今弛禁之后，"上下交利，国焉得而不危"。

8月15日　在《时报》发表时评《拒款之责任》，指出拒款人人有责且可为之，"极大之团体，即集合个人而成也"，希望我有良心之国民能够积极响应。

8 月 16 日 在《时报》发表时评《欢迎华侨学生》,指出华侨爱祖国之心甚殷之,但政府每漠视之,"势不得不望诸社会"。"学生会将于今日开会以欢迎之,倘各学校能优待此项学生,则其效尤大也。"

8 月 17 日 在《时报》发表时评《米》,指出浦东一带荒歉大可忧也,而尚有人私运米粮出口,"当局从严查禁已为不容再缓之事"。

8 月 19 日 在《时报》发表时评《师资问题》,指出当前师资缺乏原因较多,其中一原因应是很多师范生未执业于学校,"宜调查现有之师范生,勿任其闲散,并以一种名誉方法奖劝之"。

8 月 20 日 在《时报》发表时评《南北两借款》,指出中国就像一个家庭,南北就像兄弟,今因权利战争而举债就好像兄弟间因为财产诉讼而举债,"窃恐胜败判决之日,亦即宣告破产之时"。

8 月 21 日 在《时报》发表时评《义不容辞》,对于湘省近来天灾人祸频发,希望国内其他地方国人,能够"节衣缩食以拯救之"。

8 月 23 日 在《时报》发表时评《教育界之罪人》,由黄任之①考察东省报告中得知,长春各校教员"均运动新国会议员以去,校内无人主持",实乃"轻弃职守,奔走无耻竞争"之辈,实为教育界之罪人。

8 月 24 日 在《时报》发表时评《保护分销存土》,指出分销存土,官厅虽有明文令下,但是对于今后存土是否缉拿,"此人可注意之事"。

8 月 25 日 在《时报》发表时评《依周塘路开工》,指出依周塘路为战略要地,与军事、商务关系巨大,"卢使斯举,为惠多实,地方人士颂之不亦宜乎"。

8 月 26 日 在《时报》发表时评《为同乡谋幸福》,对于旅沪甬人募捐建筑同乡会所,旅沪粤人拟设立全省同乡会之事,指出其皆为同乡谋幸福,"各省旅沪人士,有闻风兴起者乎,跂予望之"。

---

① 黄任之即黄炎培。

8月27日 在《时报》发表时评《取缔押店》,对于社会上的典押店,利息明低暗高,盘剥民众甚众,又有盗案层出不穷之现象,指出"保护民生及地方治安之责者,所宜加之意"。

8月28日 在《时报》发表时评《中国邮船公司》,指出邮船是国际贸易的利器,而我国航行海外的邮船濒临破产,希望社会各界人士"能群起辅助"。

8月29日 在《时报》发表时评《调查华工情形》,对于青年会不忘远在欧洲战场的华工同胞,特派专员赴法调查表示欣慰。

8月30日 在《时报》发表时评《浦东之巡警》,指出浦东巡警近日殴毙乡民、盗窃农产,无恶不作,谴责巡警享受人民缴纳赋税,竟以此行回报人民。

8月31日 在《时报》发表时评《调和》,为传闻中英人李德立调和中国战事的做法而感动。同时指出,南北双方"倘长此纠结而无所解决,非惟负国人,亦且愧兹良友矣"。

9月1日 在《时报》发表时评《香亚公司》,指出化妆品本是奢侈品,但近来国内市场销行日佳,华商已有设厂制造者,实为"国货前途之曙光也"。

9月2日 在《时报》发表时评《万绳栻》①,指出在复辟谣言起伏无定之时,万绳栻又将来沪,"意者此事尚须于南中人士有所运动欤"。告诫国人,"共和政体已为世界潮流所趋向,虽有大力,莫之能挽"。

9月3日 在《时报》发表时评《盐》,指出盐业本是沿海居民生计重要来源,今"盐署以官销之不旺,欲一朝而封闭之",希望当局念及民众生计之苦,加以维持。

9月4日 在《时报》发表时评《创办浦东电车》,指出浦东商业日渐发

---

① 万绳栻(1879—1933),字公雨,号蹒园,1879年生于江西南昌,辛亥革命后任江北镇守署军事处处长。1914年后历任江苏督署军法课课长、淮阳观察使、长江巡阅使署参谋长等职。参与张勋复辟,与胡嗣瑗同授内阁阁丞。失败后于清室办事处任职。1924年与溥仪一同移居天津。1931年后赴东北,参与伪满洲国建立,任"执政府"秘书处秘书。1933年卒于长春。

达,有华商提议创办浦东电车,若此计划能施行,"而从此华人实业可与租界并驾齐驱"。

9月6日 在《时报》发表时评《中外联合拒土》,指出有血气的国民都知道参与拒土斗争,但并不能空言,应当有恰当办法,"将来或于扫除毒根得达目的"。

9月7日 在《时报》发表时评《米土与和战》,以"米足以养人,故防其出;土反是,故拒其入"为例,指出这就类似于国事为一二武人所掌控,由此可见国人团结力之薄弱。

9月8日 在《时报》发表时评《小民之厄也》,指出福州危则杭州受到影响,杭州危则上海亦受到影响,今国家动荡不安,感慨"诸公互为胜负之际,正小民流离失所之时"。

9月9日 在《时报》发表时评《我国红会如何》,指出联军出兵海参崴以来,日、美红十字会设医院、运衣物积极筹划救济,而我国红十字会寂然无闻,"深望该会之急起直追,勿令外人专美于前也"。

9月10日 在《时报》发表时评《告闽省商人》,对于闽商为自卫而挂起外人国旗一事,指出闽省久为人所觊觎,此一做法会落他人口实。

9月11日 在《时报》发表时评《国内之俘虏》,对于国内战争产生俘虏一事,指出"两军相搏之余,独未有悯其无辜而宽恕之者,斯较俘虏之弗若"。

9月12日 在《时报》发表时评《华商为愧多矣》,指出我国在欧战之时不知积极发展商业,而日本人在欧战期间,于上海即添设大公司不知凡几,"我国商人为愧多矣"。

9月13日 在《时报》发表时评《大有公司》,指出民食关乎地方治安,而对于粮食私运应当严厉稽查。

9月14日 在《时报》发表时评《律师违反规则》,指出当前社会上有人假借律师的名义,行违法之事,"为害于社会滋大",相关部门应当积极查明。

9月15日 在《时报》发表时评《萨上将赴闽》,指出闽省大局已到不可收拾之地步,萨上将治军有年,希望其能解决闽省危局。

9月16日 在《时报》发表时评《广肇公所》,指出粤人向来以团结著称,而今因为公产问题自相攻击,希望粤人憬悟,"而毋贻创业之先人羞也"。

9月17日 在《时报》发表时评《调查商业损害》,指出农商部调查商业损害,为欧战结束后索赔,早该有此做法。但是,欧战期间我国内战频发,农商部的调查,"又向何方面索偿乎"。

9月18日 在《时报》发表时评《航业不振之原因》,指出我国航业不能发展,"特政府未尝提倡,甚或从中阻挠之",而根本原因在于"工业未兴,人才难得"。

9月19日 在《时报》发表时评《健身》,指出人若不健康则名利无所附,"身体之不健,则建设之人少,间接且影响于社会"。所以青年会开设健身房,希望有志青年能够积极参加。

9月20日 在《时报》发表时评《取缔军事侦探》,指出军事侦探比普通侦探对国家影响更大,近年来侦探造谣生事影响社会治安之事屡见,希望今后相关部门能够认真用人,取缔不合格者。

时任教育次长袁观澜下午7时在寰球学生会演说①,戈公振做记录,该演说词发表于《环球》1918年第8次征求号。

9月21日 在《时报》发表时评《纪学生会演说感言》,指出我国家实力要增强,国人必须要有新思想,而"造成此新思想,非教育不为功"。

9月22日 在《时报》发表时评《匪患》,指出今年各地匪患严重,竟有中部省份兵、匪不分的情况,"匪与兵尝约不相犯,猖獗至此,可为浩叹"。

9月23日 在《时报》发表时评《组织商业银行》,对于上海商界不赞同全国商会联合会组织商业银行一事,指出"当此外资横入之际,商人所受影响

---

① 袁观澜(1865—1930),上海宝山人,肄业上海龙门书院,博习国故及天文地理,经常往返淞沪间,曾创设宝山县学堂,筹设复旦公学太仓州中学,民国元年被蔡元培召任教育部普通司司长,1930年卒于上海,享年65岁。

最大,诚有组织银行之必要"。希望相关方面能够积极筹办,不要重蹈官办银行覆辙。

9 月 24 日 在《时报》发表时评《匪军》,对于振武军过境一事,指出"今号称为兵者,其能为地方谋幸福者几何",只是成为少数人搜刮民脂民膏的工具而已,"其性质与匪军何异乎"。

9 月 25 日 在《时报》发表时评《张勋经营实业》,对于张勋特赦后宣布经营实业一事,指出"此种达官贵人经营之实业,多殊于国家财产有莫大之危险"。

9 月 26 日 在《时报》发表时评《无线电之进步》,对于沪上法国无线电台接收到万里之外里昂的消息,感慨"自欧战以来,间接促进世界之文明,今无线电其一也"。

9 月 27 日 在《时报》发表时评《"江宽"案》,指出"江宽"轮被撞沉一案数月得不到妥善解决,"今因呼吁之结果,尚得有开审之日"。指责官场之人官官相护,只为私利。

9 月 28 日 在《时报》发表时评《美债》,指出我国与美国同为协约国,对于此次美国发行公债,应当"稍分同盟国人民之义务乎"。

9 月 29 日 在《时报》发表时评《南北疏通》,对于林绍斐、章行严二人"又将会议于沪上"一事,指出若南北能够尊崇法律、开诚布公,早已疏通、解决问题。

9 月 30 日 在《时报》发表时评《兵匪不分》,对于"南方之树林军之帜以抢掠,龙军之肆扰于北方",感慨当时之中国"匪聚积则成兵,兵溃散则成匪",人民则受尽苦难。

10 月 1 日 在《时报》发表时评《拒却运兵》,指出闽人已处于水深火热之中,若再增兵,则"自戕同胞"。对于宁绍公司拒绝运兵的行为表示赞同。

10 月 2 日 在《时报》发表时评《两同济》,指出学校和医院造福于人民,应当为社会所接受。但社会上出现假借学校和医院名义谋利者,则不可忍受。"殆以医学关系生命,有不得不慎重之耳。"

10月4日 在《时报》发表时评《小学毕业生出路》,指出小学毕业生,较多因为家境贫寒不能升学,所以就业也是一大问题。对于允元染织厂招募职工,能照顾到小学毕业生感到十分难得,称此做法对于社会也有莫大利益。

10月5日 在《时报》发表时评《浦东实业》,为浦东缺乏资本难以振兴实业感到可惜,指出若地方人士能有长远目光,则浦东振兴计划早已实现。

10月7日 在《时报》发表时评《缓缉殖边行员》,对于殖边银行总行和分行之间因为印钞票互相攻讦一事,指出"夫自一二执政之人,竞争权利以来,阳为退让,阴图破坏,遂使社会上演出许多黑幕"。

10月8日 在《时报》发表时评《美兵过沪感言》,以美兵过沪时在沪美国人夹道欢迎,对比我国则人民"拒绝唯恐不及者",感慨"同一兵也,而人民对之好恶之不同有如此"。

10月10日 在《时报》发表时评《可珍之双十节》,指出欧战即将结束,战火必由西方转至东方,当双十国庆节之际,希望吾人永远纪念之。

10月11日 在《时报》发表时评《全国教育联合会》,指出全国教育联合会被迫从长沙转移至上海开会,"实教育之未普及致之",所以应当以振兴教育为目标。

10月12日 在《时报》发表时评《吴淞之火攻》,对于吴淞三年之后又遇到大火感到惊讶和惋惜,"元气大伤,不知市面何日始得恢复也"。

10月13日 在《时报》发表时评《航业》,由近来船舶往来频繁,进出口贸易兴盛,指出我国欧战期间商业受航运影响极大,"独惜政府骛于私利,不加提倡,遂使商业之命脉,完全执持于外人之手"。

10月14日 在《时报》发表时评《借款》,指出如果"年来所借之款,一一名符其实",则国家建设必定已大有成效,但事实并非如此,所以借款越多,国事越纷繁,人民负担也越来越重。

10 月 15 日 在《时报》发表时评《招兵与充兵》,指出其时国内招兵与充兵纯以个人利益为指向,军队大多都是游民的集合体,"故他国之以兵多而强者,我国将以兵多而弱者"。

10 月 16 日 在《时报》发表时评《虹口案与"江宽"案》,指出虹口案和"江宽"案虽然发生在某一地方,但影响波及全国,而且"二案为我国之创见,足资他日言法律者之参考"。

10 月 17 日 在《时报》发表时评《体育家其速起》,指出我国体育界对第四次远东运动会尚无准备,"深愿我国健儿,振刷精神,急起直追,以保全国体为前提"。

10 月 18 日 在《时报》发表时评《华工将出发感言》,指出美国曾调查我国在法华工,"成绩甚优异",希望"他日和议会中,其将援此以争一席发言之地"。

10 月 19 日 在《时报》发表时评《整顿新税》,指出加征新税要考虑商人实际情况,"商务发达,则税源自俞也"。而财政部此次整顿,并未从根本考虑,"其不能进步可断言也"。

10 月 20 日 参加寰球中国学生会①在会所内的公宴,欢迎全国教育会联合会各省代表。

在《时报》发表时评《银行公会》,指出欧战结束之际可能会出现商战。所以"银行公会适成立于此时,从此群策群力,预筹应付,整齐而利导之,固不仅挽回利权已也"。

---

① 寰球中国学生会是清末中国留学生的全国性组织,1905 年 7 月成立,会址在上海。发起人为教育家李登辉,总干事朱少屏。它是一个青年团体,负责介绍归国留学生应聘事宜,为各地经沪出国学生作各种安排。因有常设会所,成为上海乃至全国各地学生借作活动的会址和联络中心。1926 年底停止活动。

10 月 22 日　在《时报》发表时评《孙伯兰①家之暴客》,指出孙伯兰家遇到暴客,有人说目的在抢劫,也有人称是暗杀,"此案终有破获之日,固极有研究之价值也"。

10 月 23 日　在《时报》发表时评《卢使倾向和平》,指出大多主和的军阀主要因为"饷糈无出,虽欲再战,而实际有所不能",所以卢使此次倾向和平,是识时务之做法。

10 月 24 日　在《时报》发表时评《军米影响于民食》,指出米价腾贵经查是有人"阳借军用之名,阴行婪利之实,终年转输,初无限制",所以"军米护照一日不减,其影响于民食必非浅鲜也"。

10 月 25 日　在《时报》发表时评《生计问题》,指出民国建立以后,国人"明知其事无裨于大局,而为个人计,有不得不逆为之者。今日之扰扰,生计问题而已"。

10 月 26 日　在《时报》发表时评《息争》,指出我国教育普及度与德日等国相去甚远,今全国教育会联合会电文,"纯以息争为言","吾知国人心理大率相同,然则此电岂止可以代表学界已耶"。

10 月 27 日　在《时报》发表时评《送教育会代表》,指出全国教育会联合会已经闭幕,此后关于教育事业,"教育家不但研究国内之确情,且须注意世界之大势",官厅和教育会者必须互相监督。"能如斯,则诸代表此行为不虚矣"。

10 月 28 日　在《时报》发表时评《钞票之害》,指出总商会复县公署函"谓殖边如不速筹开兑,将来所影响不止该行"言之有理,希望政府能够积极

---

①　孙洪伊(1872—1936),字伯兰。天津北仓人。早年在津捐资办学,启发民智。1909 年任直隶咨议局议员,参加立宪运动。1910—1911 年,曾三次领衔上书清廷,时为同盟会会员。辛亥革命后在上海与汤化龙等组织民主党,旋参加进步党,为其领袖之一。1913 年任众议院议员,宪法起草委员。次年反对袁世凯解散国会图谋帝制,秘密离京赴沪,公开发表反袁言论。1916 年 6 月任黎元洪政府的教育总长,7 月改任内务总长。11 月任孙中山领导的中华民国军政府内政总长。11 月被孙中山任命为驻沪全权代表,直至 1923 年。九一八事变后,主张对日宣战。1936 年去世。

关注,尽早引导解决。

10 月 29 日　在《时报》发表时评《浦东电车与资本》,对于市面上传闻浦东电车资本由外人支出一事,指出"倘其权为外人所操,将来于市政进行上必多障碍"。

10 月 30 日　在《时报》发表时评《租界学务》,指出租界自光复以后,居民增多,风纪败坏现象严重,亟须发展教育,有组织教育团及兴学会之建议,希望各方能够积极研究进行之法。

10 月 31 日　在《时报》发表时评《平和期成会》,对于沪上成立平和期成会组织表示赞同,指出为了永久和平,"双方有舍弃武力之诚意,否则粉饰一时,强合冰炭于一炉,适为异日溃决之资,又何必多次一举"。

本月　《寰球》月刊第 8 次征求号登载戈公振照片,并刊戈公振与郑留隐所记《教育次长袁观澜之演说》演说稿。

11 月 1 日　在《时报》发表时评《中英商人之联络》,指出中英两国通商最早,华商要想发展商业应当以英商为楷模,"深愿华人于此大战将终之时,急起筹备,庶乎继起之商战中,亦有华人之参与"。

11 月 2 日　在《时报》发表时评《总商会请愿和平》,指出战事不停对商业影响最大,总商会与北京总商会联合请愿和平,可见国民希望和平的愿望。

11 月 3 日　在《时报》发表时评《严禁海淫小说》,指出沪上海淫小说日多,危害青年人身心健康,全国教育会联合会与中华民国建设会已提议严禁,书业也应当行动起来。

11 月 4 日　在《时报》发表时评《慰问军队》,指出国会解散后,"军人之威权日张,国事进止胥由取决",与其称为民国,不如谓为军国。

11 月 5 日　在《时报》发表时评《体面》,对于欧战结束的和平会议,考虑到我国现状,感慨"幸而得列席和平会议,果有发言之余地乎",华商之类体面名词也只是因为租界而已。

11月6日 在《时报》发表时评《援闽军》，指出援闽军抱定决心南下，但军费后继无力，"徒以威吓平民而已"。

11月8日 在《时报》发表时评《欧战协济会》，指出欧战协济会建立，宗旨在于"裨益身临前敌者"，"故赞助战事之进行，即所以促和平之早现"。

11月9日 在《时报》发表时评《目无法纪之侦探》，指出侦探李道开参与多次重要案件且"目无法纪极矣"，当前应当注意的是"护军使署是否承认有此侦探并受其运动也"。

11月10日 在《时报》发表时评《大战之航业》，对于日人添设航路一事，指出我国于欧战已经错失良机，当前应当未雨绸缪，勿再仰人鼻息。

11月11日 在《时报》发表时评《拒土》，说本以为私贩烟土者已销声匿迹，不知原来已将烟土变相为药，业已出售。

11月12日 在《时报》发表时评《募捐领袖》，对于美国意在中国有一募捐领袖总欧战协济会其成一事，指出当前我国南北内战，相持不下。告诫当局"再不猛省，必待外人干涉，而始言归于好，吾知其危矣"。

11月13日 在《时报》发表时评《大纪念》，认为欧战胜利乃历史上之大纪念也。指出我国人自民国以来养成一种侥幸心，以为无论何事可不劳而获，但须知欧战之胜利协约国付出了惨痛代价。

11月14日 在《时报》发表时评《金融活动》，指出欧战结束后，我国商务发展更加困难，"我商人其亦磨厉以须，而为捷足先登之计乎"。

11月16日 在《时报》发表时评《国外商业参观团》，对于此次组织国外实业参观团一事，指出我国实业经验缺乏，应当借鉴国外经验改进。"是固公家所应提倡，即各业亦当视为分内之事也"。

11月17日 在《时报》发表时评《人道与友谊》，指出我国虽然自顾不暇，但是作为世界一国身份，对于欧战协济会之事，亦应当尽力支持。

11月18日 在《时报》发表时评《调查敌侨商店》，指出欧战结束后，我国政府对于战败国在华商店处理不当，会留下口实给协约国。感慨"有政府如此,又何怪商人漠视其损失而不报告也"。

11 月 19 日　在《时报》发表时评《兵工厂欠款》,指出陆军欠发兵工厂款项已达 60 余万元,若将此款用于欧战中,则和议会中也能提出意见。但是此类款项都用于内战、戕害国内同胞,令人痛心。

11 月 20 日　在《时报》发表时评《岑唐、关林》,对于北方关林、南方岑唐来沪和谈一事,希望双方"捐弃成见,言归于好,庶国脉不致中断。"

11 月 21 日　在《时报》发表时评《战胜》,指出欧战胜利后,庆祝声中耀人眼帘的是"战胜"二字,这也是公理战胜强权的标志,希望"我国民幸毋以贫弱自馁,而亟有以自勉也"。

11 月 22 日　在《时报》发表时评《和平之天性》,对于欧战胜利,感慨"厌弃战事、爱好和平,为一般人所同具之天性也"。

11 月 23 日　在《时报》发表时评《长享和平幸福》,对于我国能否长享和平幸福,指出"第一内讧不起,第二民治日进。不可不自勉为长享和平幸福之人,而亟预备此长享和平幸福之资格"。

11 月 24 日　在《时报》发表时评《大庆祝之后》,指出此次大庆祝,是全世界人共同之幸事。但"我国民既欢欣鼓舞于大庆祝之中,尤当愤发有为于大庆祝之后"。

11 月 25 日　在《时报》发表时评《依周塘路告成》,为依周塘路修好,从此淞沪间有一坦荡之道感到欣喜。同时指出"吾国筑路,无论基础如何,但见其建设,而不见破坏,虽进行缓慢,而终有成功之日"。

11 月 26 日　在《时报》发表时评《和议研究会》,指出参加欧战和议会对我国来说极其重要,告诫国人不能置之不问,而应积极关注。

11 月 27 日　在卡尔登西饭店参与学界九团体欢迎美国总统威尔逊的朋友克兰①的公宴。

---

①　克兰(Charles R. Crane,1858—1939),被称为美国第一位世界主义者,他是成功的商人,美国总统威尔逊的好友,曾任驻俄国和中国大使。

在《时报》发表时评《欢迎克兰博士》,指出克兰博士作为欧战结束后出访调查我国的重要国际友人,其言论对于中美两国友谊的增进有极大益处。

11 月 28 日 在《时报》发表时评《息争》,指出我国人为一己私心,置国事不顾,"阋墙之祸至今未已",希望在此和平会议即将召开之际,尽早息争。

11 月 29 日 在《时报》发表时评《华人总会》,指出各国旅沪人士都有总会为团结机关,而我国缺如。值此西人愿将德人总会卖于我国之际,希望国人能够抓住机会。

11 月 30 日 在《时报》发表时评《禁烟之决心》,指出鸦片之害尽人皆知,而我国焚土之令早已发布,却迟迟未实行。反观租界查禁烟土唯恐不速,感慨此乃"有决心与无决心之别耳"。

12 月 1 日 在《时报》发表时评《设立制靛工厂》,指出当前洋靛来源缺乏,土靛的销量日渐增加,此时商人应当抓住机会,挽回利权,但还需改进技术,制造出质量优良的产品。

12 月 2 日 在《时报》发表时评《人道》,对于南洋公学游艺会和爱国女学运动会均受捐助而办成,指出国人若能养成一种牺牲精神,"则他日对于社会,自知建设破坏二道之何从"。

12 月 3 日 在《时报》发表时评《取缔戒严药品》,对于当前市面上流行的戒严药品掺入吗啡等毒品,指出"鸦片之名虽去,而鸦片之毒长存,为害之烈,何可言喻",所以"目前在焚土以决其源,将来在取缔药品以善其后"。

12 月 4 日 在《时报》发表时评《视学生如子弟》,对于当时教育界学校归学校,学生归学生的做法表示不赞同,指出应当如吴怀久氏言"视学生如子弟",告诫"今之执教鞭者,应注意"。

12 月 5 日 在《时报》发表时评《整顿市政》,指出欧战结束,商战即将开始,而沪上华界所有市政,"不能与人竞争","甚愿当地绅士,督促官厅,整顿市政积极进行,谋有以应付此种潮流而收其利也"。

12 月 6 日　在《时报》发表时评《修改税则问题》,指出税收是国家收入的重要来源,而我国进出口税相差甚远。希望我国政府在和平会议上能够据理力争,挽回税收利权。

12 月 7 日　在《时报》发表时评《除毒务尽》,指出下令焚毁存土的做法大快人心,"就发现者推之,其多较之存土几不知若干倍",希望吾人能有"除毒务尽"之真心。

12 月 8 日　在《时报》发表时评《考察国外教育》,指出教育制度不能一成不变,我国教育应当借鉴他国经验,渐图改良。"他山之石,可以攻错,其关系本省教育前途固甚大也。"

12 月 9 日　在《时报》发表时评《纪协济捐有感》,对于欧战协济会一呼而得国人百五十万的捐款,感慨年来国内灾患频仍,而捐款恒少,"深愿慈善家之留意也"。

12 月 10 日　在《时报》发表时评《张裕酿酒公司》,指出张裕公司靡费几百万元从事酿酒,营业之发达绝非偶然,其对于挽回利权亦功不可没。

12 月 11 日　在《时报》发表时评《呜呼,鸦片贸易》,指出禁烟要有决心,对于贪利之徒私种私运,应当对其非达到肃清目的不止,"则毒物终有绝迹之一日"。

12 月 12 日　在《时报》发表时评《议员人格》,指责议员不仅不为人民谋福祉,反而成为人民的负担,"恬不知耻,惟利是务,议员之人格,每况而愈下也"。

12 月 13 日　在《时报》发表时评《取缔医院》,指出我国视医生为自由职业,很多"略解方剂,即悬壶于市",遇到疫病流行,甚至有草菅人命之嫌,"今内部已有取缔设立医院之令,倘进而以此法取缔医生,则有益于社会为尤大也"。

12 月 14 日　在《时报》发表时评《军队回防》,指出我国军队开拔有费,回防亦有费,欧战结束后,"内讧不容延长,乃始议及收束,然而国家之损失已不可胜计矣"。

12月16日 在《时报》发表时评《永久和平》,指出即使当前和平实现,恐怕也只是敷衍一时之举,欲达此目的,应当靠国人自己,"今永久和平会之设立,有以哉"。

12月17日 在《时报》发表时评《匪》,对于奉军入闽剿匪一事,指出"今日之事,谓之剿匪可,谓之为匪亦无不可,特成迹具在,终无以逃后世之论定"。

12月18日 在泥城外夏令配克戏院观看美国实业影片。

12月19日 在《时报》发表时评《内地现银缺乏》,指出银根日紧,对于商业发展影响极大,"我国再不提倡实业,以谋挽救,势不至破产不止"。

12月20日 在《时报》发表时评《人力车夫公会》,认为我国人力车夫力量薄弱,应当成立互相救助之机关,但由于没有知识和能力,难以成立,希望我国慈善家能够积极协助。

12月21日 在《时报》发表时评《人力车夫工会(二)》,指出人力车夫互助机关应当由其自身筹款建立,只不过刚开始,"耗费较多,则不得不待助于慈善家"。

12月22日 在《时报》发表时评《木业恐慌感言》,对于战后外国经济势力重返我国,而我国商业又发展薄弱,"观于木业恐慌,即见其端。深望我国商人,及早觉悟,联合进行,桑榆非晚,或尚可挽救于万一也"。

12月23日 在《时报》发表时评《诚恕》,对于国人经常因为意见相左,而导致事情发展到难以解决之地步,指出"吾人倘以诚恕人,则凡事必有商榷之余地"。

12月24日 在《时报》发表时评《焚土专员来沪》,对于焚土专员来沪,十日内必要解决沪上所有留存烟土的消息,"深幸扫除毒根为期不远"。

12月25日 在《时报》发表时评《华商好自为之》,指出因为桐油不掺假,所以畅销于美国。希望我国商人能够制造品质精良货物,"当此大战之后,正原料缺乏之时",开拓我国商品市场。

12 月 27 日　参加由寰球学生会征求会员团团长蔡廷干做东,在永安公司大东菜馆组织的寰球中国学生会第 8 次征求大会。

在《时报》发表时评《路款要求发现》,指出苏浙路收归国有已久,但欠债亦久,"今又以财政困难为口实,以不兑现之京钞相搪塞",认为苏浙路债券团要求发放股息的做法可以理解。

12 月 28 日　在《时报》发表时评《诚》,感慨"诚也者,虽世界万变,而欲得一好结果,终不可缺也"。

12 月 29 日　在《时报》发表时评《送任公①》,指出梁任公在赴欧前之演说已提出了一系列挽回国权的做法,"任公行矣,前途珍重。而国民亦应以全副精神,为此诸端之预备也"。

12 月 30 日　在《时报》发表时评《赠土》,指出社会对于留存烟土已有赠土之态度,"政府虽有令,然从大多数之民意,改为赠土,必无人议其后也"。

12 月 31 日　在《时报》发表时评《生计问题》,指出沪上出现"小贩风潮、虹口风潮、人力车夫风潮"等,主要原因都在于生计问题。欧战结束,南北重归于好,则商务之进步,未有不蒸蒸日上者,"此贫民幸矣"。

---

① 即梁启超。

1919 年

（民国八年,29 岁）

1 月 1 日　在《时报》发表时评《新历》,指出社会已渐重新历,且新历便于记忆也远胜于旧历,社会各界应当大力提倡。"一面再由政府严禁私历,俾民间知所依据。"

1 月 3 日　在《时报》发表时评《青年》,指出青年会能有今日之成绩,"在能以牺牲之真精神,积极以为之"。沪上诱惑和腐坏风气日盛,也希望社会能更多设立类似青年会的组织,帮助青年。

1 月 4 日　在《时报》发表时评《欢迎焚土专员》,对于焚土专员来沪,十多日一直未行动,希望其"从速进行,不为谣诼所中",各团体也要"研究以后禁种、禁吸、禁运等方法,以达除恶务尽之目的也"。

1 月 5 日　在《时报》发表时评《监视焚土》,指出焚土的手续繁多,很容易被有心机之人利用图利,"故监视之人亦不可太少,但必择社会所信仰及热心于禁烟者"。

1 月 6 日　在《时报》发表时评《和议地点》,对于南北和议地点尚未议定,指出"夫使双方确有和议之诚意,则在宁在沪有何分别"。

1 月 7 日　在《时报》发表时评《撤检电员》,由撤检电员一事,指出类似检电员之职业者,因战事设置,何可胜计。"今者和平有期,凡无存在之必要者,倘毅然一律裁去,则于国家之财用必见大抒。"

1月8日　下午2点到4点,作为参观者在四川路怡和新栈查验烟土。

在《时报》发表时评《监视》,指出监视焚土的责任重大,"尽人而监视之,亦事势所难能"。希望有焚土之责者,能够"谨慎将事,勿予人以可以之隙"。

1月9日　戈公振等50余人上午查验大土50箱,下午30箱,共80箱。

在《时报》发表时评《万国禁烟会》,指出焚毁存土并不能标志禁烟成功,对于"禁种,禁运,禁吸三者,不可不监督政府继续进行",今各团体发起的万国禁烟会,群策群力,必能收效甚大。

1月10日　在《时报》发表时评《呜呼,监视》,对于监视查验存土之人,一日比一日少,感慨"此次监视焚毁存土,可以观国民监督政府之能力。今若此,予以无言"。

1月11日　在《时报》发表时评《查土之二问题》,指出查土三日后发现"四十七箱半之短少,与大土七枚之被挖窍",此一责任应当由海关监督全部承担。

1月12日　在《时报》发表时评《一篑之功》,指出从人心上观察,中国必不见鸦片之祸。但是私土无穷无尽,"除恶务尽,有待助于友邦。各国之人道,必能为我竟此一篑之功也"。

1月13日　在《时报》发表时评《监视人之窃土》,对于监视存土之人萧同荣监守自盗①,指出"惟此事关系一团体之名誉犹小,影响监视全体之进行实大"。

1月14日　在《时报》发表时评《劝双方让步》,对于南北议和至今尚未举定,"深愿在野名流,折冲其间,劝双方为最后之让步"。

1月15日　在《时报》发表时评《裁厘》,对政府一直以裁厘为借口,增加新税之做法,指出"政府欲得商人之信用乎,则请自裁厘始"。

1月16日　在《时报》发表时评《崇明外沙分治问题》,指出崇明外沙分

---

①　指禁烟会代表萧同荣在开检烟土时,以手挖土,潜藏囊中被发现。

治问题意见分歧严重,呼吁双方"抛弃成见,以地方利益为前提"。

1月17日 在《时报》发表时评《戒烟局》,对于社会上出现的以烟土改成戒烟药现象,"已有设立戒烟局之议",认为"此固禁烟善后之办法"。

1月18日 在《时报》发表时评《禁烟纪念物》,对于黄任之提倡设立焚土纪念物表示赞同,并认为"此纪念物,宜以铁铸和平之神,树之浦滩德人断桅杆之旧基,手持之炬并燃以电,以示大战告终"。

1月19日 在《时报》发表时评《教员从严检定》,对于检定小学教员之结果表示满意,并指出"若能使师范生皆愿从事于教育,尤为彼善于此也"。

1月20日 在《时报》发表时评《学生与慈善》,对近来各学校学生热心于慈善表示欣慰,如:湘赈、欧战协济会捐、美红会捐及赈济西比利亚难民等。

1月21日 在《时报》发表时评《烧土之前因后果》,指出"鸦片之初生也,烧之于粤",从而开启了中国近代的战争,人民深受鸦片之苦,而"烧之于沪,外人咸称美焉"。感慨"鸦片以烧始,以烧终"。

1月22日 在《时报》发表时评《解放米禁问题》,对于解放米禁社会各界少有赞成之人,指出应当详加调查再做决定。

1月23日 在《时报》发表时评《会议场所》,对于南北和会已定于上海,因为会议地点原因迟迟未开,指出"华租界之争甚属无谓,盖早一日开议,即早一日结束",不要让此等小事影响国家前途。

1月24日 在《时报》发表时评《土与米》,指出焚土之事即将告终,私运烟土之风或将开始,希望当局能够"严查痛惩"。

1月25日 在《时报》发表时评《一本糊涂账》,对于冯关督被张专员参劾私藏烟土,查明确有此事,指出"即无张专员之纠参,政府亦应查究"。

1月26日 在《时报》发表时评《防务》,指出沪上每逢岁暮,谣诼日多,希望南北和议能够早日达成,"秩序恢复,小民生计自裕,则盗匪之风亦不待防而自熄矣"。

1月27日 在《时报》发表时评《结束》,指出欧战结束,我国流毒已久的鸦片之害,也将告终。"愿年来国内纷扰不安之一切破烂旧账,亦于此时同告结束。"

2月4日 在《时报》发表时评《盈亏》,指出一年商人之营业,有盈有亏都不要或喜或悲,"盖大战已终,商战将起,倘能放大眼光,善为因应,则今之亏者,安之他日不转而为盈,今之盈者,安知他日不进而更盈"。

2月5日 在《时报》发表时评《和议之前途》,指出南北和议代表对于地点等小节,虚糜时间多日,今后若真正开会,相关和议条件之大成亦将更难。"故南北无抛弃权利心,则和议断无好结果。"

2月6日 在《时报》发表时评《侥幸心》,对于沪上新年赌风盛行现象,指出获利的正当方法很多,"试观买卖空盘之类,罕有良好结果者",只要实事求是,锲而不舍,终有成功之时。

2月7日 在《时报》发表时评《注意浮领存土》,说观察省议员报告后,发现"关秤、土秤有异点"。所以,应当让冯孔怀把浮领的存土完全交出焚毁。

2月8日 在《时报》发表时评《扩张中国教育》,指出改造中国应从教育开始,特别是专门教育和普及教育,"今全国教育界有扩张中国教育之研究,言论为事实之母,他日克偿宏愿,固意中事也"。

2月9日 在《时报》发表时评《丁衡甫遇刺》,对于丁衡甫①在公共场合被人暗杀一事感到震惊,指出"从此前清遗老,以上海为福地者,顿添一心事矣"。

2月10日 在《时报》发表时评《调查存米》,指出存米并非一时所能调查清楚,否则不一定为真相。关于弛禁,"当局苟欲慎重民食,则此问题应请省议会解决"。

2月11日 在《时报》发表时评《丁案志异》,指出丁衡甫遇刺案,"任光

① 丁宝铨(1866—1919),字衡甫,号佩芬,一号默存。进士出身,1902年1月任广东惠湖嘉道道尹,1905年后任山西翼宁道道尹,翌年任山西省按察使,7月任山西大学堂督办。1908年升任山西省布政使,1909年11月任山西省巡抚,1913年任全国水利局副总裁,1915年后绝意仕进,1919年被暗杀。

天化日之下,演此无人理之剧"。对于捕房的调查,表示赞同。

2月12日 在《时报》发表时评《南北统一纪念》,对于南北会议之后,双方言归于好之结果,"深愿南北当局,勿轻视此纪念也。"

2月13日 在《时报》发表时评《陕西烟禁》,指出"陕省年来烽烟生息,军用浩繁,而毒物遂得乘此机会,遍于四野"。所以陕西烟禁问题,也是南北议和之后善后的重要问题。

2月14日 在《时报》发表时评《调查居户姓名》,指出租界盗匪盛行,房主对于房客只知收租金,而对其情况一概不了解,故"取缔居户,为治安上必不可少之举"。

2月15日 在《时报》发表时评《日人商业之突进》,指出近日旅沪日人增加,日本在华商业发展迅速,希望我国商人不要再坐失良机。

2月16日 在《时报》发表时评《和平集会》,对于国内和平之说盛行之时出现许多民众集会响应事件,指出"当此南北议和之时,关系中国前途绝巨,督促进行,意见不患其多"。

2月17日 在《时报》发表时评《告代表》,对于南北和议代表来沪召开会议,希望双方代表"泯去一切无谓之争,使大好河山早日恢复旧观。若致国家蒙莫大之危险,则诸君不得辞其责也"。

2月18日 在《时报》发表时评《华洋人力车公会》,指出人力车夫公会有组织之必要,希望"华洋两方面和衷共济,勿使成一垄断之机关"。

2月19日 在《时报》发表时评《人口加增与卫生》,说据工部局调查,租界人口逐年增加,人口稠密,卫生当为重要问题。希望华洋当局能够对市民健康积极关注,营造良好生活环境。

2月20日 在《时报》发表时评《焚土黑幕》,指出焚土黑幕能否披露于众,尚不知晓,但"即使密查有得,安知彼舞弊者不仍逍遥法外乎"。

2月21日 在《时报》发表时评《告体育界》,希望我国运动员能够振奋精神,为国争光。

2 月 22 日 在《时报》发表时评《竞争之误解》，指出竞争若"用之不以其道，则自杀之政策耳"，沪上绸缎业等幡然悔悟，还为时未晚，"深愿其共勉之"。

2 月 23 日 在《时报》发表时评《整理新币》，指出银圆、纸币之制，在他国应当是便民之举，在我国却成为不法分子谋利手段，"今钱业已有整理新币之请，政府果欲维持国信，勿任金融操纵于外人之手"。

2 月 24 日 在《时报》发表时评《米禁》，指出社会反对米禁之声频频传来，希望政府"当此乞籴频闻，自顾不遑之时，宜预留地步耳"。

2 月 25 日 在《时报》发表时评《浦东电车》，指出浦东电车因为资本问题已经停止进行，但南市电气公司此前曾得浦东电灯承办权，今"若乘此机会改而推广电车，必为浦东人士欢迎"。

2 月 26 日 在《时报》发表时评《中英美俱乐部》，指出之前有人提议的华人俱乐部未能办成，今世界趋于和平之势，国界之分愈小，"今闻已与英美人联合组织，扩内容而大之，亦一极好之办法也"。

2 月 27 日 在《时报》发表时评《和议代表之责任》，对于南北议和会议有破裂之闻，指出"今代表应就力所能至，以解决历年之纠纷。否则当以正义为后盾，而作一公平之裁判也"。

2 月 28 日 在《时报》发表时评《粤路积弊感言》，指出粤路积弊较多，而其他路亦同。股东出资为保国家权利，而巨款则成为少数人挥霍之资。

3 月 1 日 在《时报》发表时评《呜呼，陕事》，指出陈树藩①已不能抵抗南军，而一直苦苦支撑，对南受人以口实，对北有抗命之嫌，感慨"大惑不解，大愚不灵，其陈树藩辈之谓"。

---

① 陈树藩（1885—1949），字柏森，陕西安康人。民国皖系军阀，曾任陕西督军。1905 年入陕西陆军小学，1906 年被保送至保定陆军速成学堂，读炮科。1910 年毕业返陕，被分配到陕西陆军第三十九混成协炮兵营当排长，不久调任军械官。1911 年参加西安起义。民国成立后，任独立混成第四旅旅长。1949 年在杭州病逝。

3月2日 在《时报》发表时评《北代表辞职》，对于南北和议会议中北代表全体辞职一事，指出"际此和议绝续之交，端赖有人折冲其间，则以第三者自命之各和平会，正宜有所表见也"。

3月3日 在《时报》发表时评《追悼黄佐庭①感言》，对于宋钝初②、黄远生、汤济武③等有裨益于我国建设之辈先后被人杀害，感到扼腕。

3月4日 在《时报》发表时评《赴欧代表将出发》，指出当前国内和平会议即将破裂，而主张税法平等及调查战后教育诸代表即将远赴欧洲考察，"国民不能一致为之后盾，非大可太息之事耶"。

3月5日 在《时报》发表时评《调停》，对于北方宣告停战，李督军④、熊凤凰⑤来沪调停一事感到欣慰，"惟愿双方代表为国家前途计，勉为其难，庶可结束不落欧会之后也"。

3月6日 在《时报》发表时评《各商业所宜效法》，称赞厚生纱厂⑥房屋坚固、机器新颖、出货迅速而精良之优点，指出"此各商业所宜效法，固不独纱厂为然也"。

3月7日 在《时报》发表时评《米土私运问题》，指出虽然存土已焚毁、

---

① 黄鼎(1873—1919)，字佐廷，福建同安人。1895—1897 年在美国弗吉尼亚大学学习，1902 年在山西大学堂上海译书院从事翻译工作，曾任寰球中国学生会副会长，1911 年任驻美游学监督，1919 年在美国被刺而死。

② 宋钝初即宋教仁。

③ 汤化龙(1874—1918)，字济武，湖北蕲水(今浠水)人。日本法政大学毕业。历任湖北省咨议局议长、湖北省军政府民政总长、南京临时政府陆军部秘书处处长、北京临时参议院副议长、众议院议长、教育总长兼学术委员会会长。与立宪派首领梁启超往来密切，民国初立宪派头面人物，1918 年在加拿大被暗杀。

④ 李纯(1874—1920)，字秀山，直隶人。民国时期北洋军阀，陆军上将。1891 年入天津武备学堂，毕业后在袁世凯小站训练的新军中任教练。1913 年任江西都督，残酷镇压革命。1917 年调任江苏督军，在任期间横征暴敛。1920 年 10 月 12 日夜晚，突然离奇死于督署内，终年 46 岁。

⑤ 熊希龄(1870—1937)，字秉三，别号明志阁主人、双清居士。出生于湖南湘西凤凰县。民国时期著名的教育家、社会活动家、实业家和慈善家，北洋政府第四任国务总理。他是一位杰出的爱国主义者。

⑥ 厚生纱厂，由民族资本家穆藕初创办的著名民族企业，1917 年成立。

米已禁止出口,但是私运问题不得不重视。"查禁稍疏,社会即受影响。此吾人所宜促督官厅,有以善其后也。"

3 月 8 日　在《时报》发表时评《黄包车夫风潮》,指出黄包车公会由于不能全数出租黄包车,故采取加价措施,遂酿成黄包车夫风潮,"系铃解铃,该公会不能辞其责"。

3 月 9 日　在《时报》发表时评《黄包车夫风潮(二)》,指出虽然黄包车夫风潮已告平息,但是"整顿行规,体恤车夫"是黄包车公会的宗旨,"万不容以一己之私,而图利用于其间也"。

3 月 10 日　在《时报》发表时评《遣送敌侨》,指出欧战结束后,遣送敌国侨民中很多是从事商业者。今应政治关系,而一无所有,"吾人应悟德皇黩武之为祸之酷也"。

3 月 11 日　在《时报》发表时评《提早办事》,指出"夏秋两季,昼长夜短,而过午繁热郁蒸,不及清晨之凉爽"。西方人提倡提早办事的做法,是有其道理的,希望国人能够借鉴。

3 月 12 日　在《时报》发表时评《法律解决》,指出南洋华侨曾谓:祖国须求根本和平,即事事依据法律解决。但今很多时候与上述做法相违背,"权利之争而已,和议云乎哉"。

3 月 13 日　在《时报》发表时评《尊重时间》,对于外人尊重珍惜时间的行为表示赞同,指出"华商倘能知一己光阴之可贵,并尊重他人之光阴,则于其事业之效率,必大有可观也"。

3 月 14 日　在《时报》发表时评《敌侨首途志感》,对于敌侨遣返回国,感慨我国商业受德奥等同盟国影响极深,"此次敌侨回国,固宣战之小结束,亦沪上之一大纪念矣"。

3 月 15 日　戈公振作为临时干事,参加中华武侠会①在上海西门外公共

---

①　中华武侠会 1919 年 2 月由吴志清创建于上海,同年 8 月改组为上海中华武术会。

体育场召开的谈话会,商酌进行办法。

在《时报》发表时评《质问新华储蓄票》,对于储蓄票发行,指责政府"既有款开彩,何不以之抽签还本,而必一再展期,自失信用"。

3月16日 在《时报》发表时评《事前之筹备》,指出远东运动会游泳、篮球、赛跑等项目都有所变更,希望我国运动员能够事前筹备周至,谋最后之胜利。

3月17日 在《时报》发表时评《商帮会议自保》,指出战事不停则商业发展无望,今商帮会议产生自保之策,"岂文字所能收效哉"。

3月18日 在《时报》发表时评《税法平等理由书后》,指出赴欧参加税法会议,以期与世界各国商业同进步,但是"惟国内会议前途日趋危险,商业发展之机受害最大,窃恐影响所及,殊无以为代表之后盾耳"。

3月19日 在《时报》发表时评《工人公会》,指出"商人有公会,工人无之,此其所以形势涣散,不能自求幸福也"。今上海工人日益增多,应继续组织工人公会,"但有须注意者,必集合各业工人领袖自为之,其效力始有客观耳"。

3月20日 在《时报》发表时评《仍望时局解决》,表示国内水陆交通益臻便利,极大促进商业发展,但当局竟有停止运货之意,令人不解。"希望当局亟自解决,勿再阻遏进步"。

3月21日 在《时报》发表时评《海关华员要求》,对于海关歧视中国员工之事,指出"虽西人远道来此,允宜加以优礼",但华人也应当享受权利,其要求并不过分。

3月22日 在《时报》发表时评《众怒难犯》,指出和议停滞将会对商业产生重大影响,"深望当局及早觉悟,毅然去和议之梗,以表示言和之诚意"。

3月23日 在《时报》发表时评《包送烟土》,指出烟禁、焚土已久,但市面上仍有在上海交款,再由卖家送货的现象。究其原因,"皆探警包庇之功",当局应该引起注意。

3 月 25 日　在《时报》发表时评《物价》,指出战后各国都在制定商业计划,发展经济,为国民开拓富源,而我国物价飞涨,"深愿国内早见和平,俾实业有发展之机会,则贫民受赐无量矣"。

3 月 26 日　在《时报》发表时评《求速和平》,对于当前南北和议一直难以达成一事,指出"今相持日久,尚不解决,然则商人正宜有实力继其后,以期达到目的"。

3 月 27 日　在《时报》发表时评《何可不自谋之》,对于西人总商会计划加深黄浦江以及开辟杭州湾一事,指出"我国农商部与总商会均有发展商业之责任,何可不自谋之"。

3 月 28 日　在《时报》发表时评《工业发达》,指出工厂对于电器的应用是工业发达的重要指标,希望"我国人努力工业之扩张,取我所无者而尽造之,挽回利权舍此无他也"。

3 月 29 日　在《时报》发表时评《严禁干预民刑事》,指出中国军人基本统领一地民事、军事、刑法等一切,政府拟将出台法律严格规范之,"武力不去,民治终无发扬之日"。

3 月 30 日　在《时报》发表时评《处置私运之米》,对于查获私运之米一事,指出应当考虑到湘粤两省"兵灾迭告,待赈孔殷,请诸省吏,悉以移救二省难民也"。

3 月 31 日　在《时报》发表时评《妨碍商务发展》,对于商人运货之津浦路因车少而停滞,影响贸易,指出"其结果贻误铁路之营业犹小,妨碍商务之发展甚大也"。

携妻子翟蕴玉出席寰球中国学生会年宴。

4 月 1 日　在《时报》发表时评《告杂粮业》,告经营杂粮业之人,因津浦、陇海路建成,上海营业增至一千多万元,交通发展极大影响商业。所以"今为该业进行顺利计,宜一面要求政府改良路运,一面联合同业谋整齐划一之效也"。

4月2日 在《时报》发表时评《裁撤海军侦探机关》,指出应当裁撤的机关很多,海军侦探即是其中之一,希望南北和议达成之后,应当"为国家节一份财力,为人民减一份负担"计,裁撤类似机关。

4月3日 在《时报》发表时评《禁止娼妓》,指出"烟酒不过害及个人一身,而娼妓则尝流毒至于子孙",而且此议题也不只是上海一地应考虑,而是世界之问题。

4月27日 在《时报》发表时评《西药同业公益会》,对于西药同业会停售有毒药品的做法,指出"乃出自良心之主张,其收效之速,必有胜于官府之化验也"。

4月28日 在《时报》发表时评《储蓄票之害》,对于北新泾王郑氏深受新华储蓄票其害,指出"新华储蓄票之发起,本以搜刮贫民汗血为事"。

4月29日 在《时报》发表时评《警察接触武装》,指出警察和士兵不同,平日与平民接触较多,所以没有武装的必要,"徒以为威吓平民之资,今当局始议接触,得勿憾其已晚乎"。

4月30日 在《时报》发表时评《提倡体育》,指出运动会的设立,是为了提倡体育,造就健康国民,而现今有不少学校把学生当作争取名誉的工具,违背了最初的目的,"以此而提倡体育,其与造就卖艺之人何异"。

5月1日 在《时报》发表时评《模范工艺场》,对于各地创办的工艺场多半有名无实,不能产生应有的效用,指出其经费大半出自全县人民之手,各县绅士应当积极研究提高。

5月2日 在《时报》发表时评《保持运动员体健》,指出第三次远东运动会我国运动员失利原因为"长途跋涉而未得休息"。

5月3日 在《时报》发表时评《远东运动员衣服》,对于2日南北代表欢送会上运动员之衣服过于简单,指出"诸君今为各校精神之所寄,将争光于域外,似未可过于简陋"。

5月4日 在《时报》发表时评《杜威先生①》,指出欧战结束,我国教育亦应当有所改变。杜威先生著作等身,此次来华,"我国教育界正宜乘此机会,与先生一商榷也"。

5月5日 在《时报》发表时评《收束军队》,指出战后应该积极进行收编军队的工作,而在收编之前应当对各省所报军队实际人数加以筛选,然后再行收编。

5月6日 在《时报》发表时评《国耻纪念》,对于即将到来的国耻纪念日,指出外交协会将开会以促同胞的觉悟,"当此紧要关头,诚宜有所表示也"。

5月7日 在《时报》发表时评《国民大会》,指出欧洲会议给我国陈诉国情之机会,"失此勿图,斯真万劫不复。然则我国民其已彻底觉悟乎? 请于今日之国民大会鉴之"。

5月8日 在《时报》发表时评《国民大会感言》,对于7日上海集会之人越来越多,感慨国人知道关心国事,是国民的进步,但不能仅以开会解决问题,要有实际活动。

5月9日 在《时报》发表时评《商人休业》,指出商业若休业将极大影响经济发展,所以"若至商人而亦以为不能忍受,则其事之有悖公理可知"。

5月10日 在《时报》发表时评《军工路》,对于军工路落成一事,认为其有裨于商务、军事等,各省应当"闻风兴起"。以此也可看出,卢使在沪的政绩,"其决心与毅力,吾人不容没也"。

5月11日 在《时报》发表时评《提倡国货》,对于国人提倡国货的决心不能持久,指出"若夫有名无实,见利忘义,不且为某外商所窃笑矣"。

---

① 约翰·杜威(John Dewey,1859—1952),美国著名哲学家、教育家、心理学家,实用主义的集大成者,也是机能主义心理学和现代教育学的创始人之一,1919年来华。

5月12日 在《时报》发表时评《学生联合会》,对于学生联合会①成立后,"以切实方法挽救危亡"等主张,指出"国岂学生多独有,愿各界共起而讨论之"。

5月13日 在《时报》发表时评《国货加价》,对于国内提倡国货之时,无良商家乘机提高商品价格,指责其"徒务一时之利,驱鱼驱雀,亦适见眼光之小而已"。

5月14日 在《时报》发表时评《取消佳电》,对于总商会关于青岛问题发表的佳电取消一事,指出"发言不可不慎",总商会作为本埠商界的领袖,应当做好表率作用。

5月15日 在《时报》发表时评《京津学生代表团》,对于京津学生来沪与上海学生联合会组织联合行动,指出"惟愿勿仅注意于前之开会游行,而致力于后之切实办法也"。

5月16日 在《时报》发表时评《演讲团》,对于下层社会人士对青岛问题并不了解之现象,希望京沪学生成立的演讲组织,"乘此机会,可以造成舆论之基础,而收举国一致之效"。

5月17日 在《时报》发表时评《调查实业人才》,提出"造就实业人才,为提倡国货之根本办法",今应当设立专门机关调查实业人才,实业家需要人才则由此机关介绍。

5月18日 在《时报》发表时评《县商会》,对于县商会发表提倡国货声明,指出"县商会为一县商界之领袖,一县商人之观瞻系之,深愿其于进行方法有所表示也"。

5月19日 在《时报》发表时评《蔡校长在沪》,指出蔡元培校长今在上海,其不愿回学校,原因在于保护学生,所以政府不应对舆情漠视。

---

① 上海市学生联合会成立于1919年5月11日,是中国共产党领导下的上海高等学校和中等学校学生会、高等学校和科研教育机构研究生会等的联合组织,是中华全国学生联合会在上海市的会员团体的地方联合组织。

5 月 20 日　在《时报》发表时评《提倡国货》,指出国人提倡国货之心应当持以坚久,而商人应当提前准备储藏国货,"譬如秋冬之货,于今日即当预计"。

5 月 21 日　在《时报》发表时评《呜呼·和议》,对于南北和议会议再次停会,指出"盖今之紧要问题,纯为权利之支配,开议与否,本以掩人耳目"。

5 月 22 日　作为日报公会的代表,参与江苏省教育会、全国报界联合会、日报公会、寰球中国学生会四团体考察南洋烟草公司之行。

在《时报》发表时评《罢课》,对于学生罢课行为表示不赞同,但指出如果政府不积极寻求解决办法,执意触犯众怒,则势必会造成不能遏制之势。

5 月 23 日　在《时报》发表时评《南洋烟草》,指出卷烟业虽本无提倡之必要,但南洋烟草公司为我国重要企业,所以今国人凡有振兴实业思想者,应当合法竞争,不应采取违法措施。

5 月 24 日　在《时报》发表时评《根本的觉悟》,指出"提倡国货,乃人人应有之天职,固不因激刺而始然,尤不与一事为初终",所以国人在青岛问题上据理力争,如能如愿以偿,也不能认为责任已尽,而应当始终如一。

5 月 25 日　在《时报》发表时评《迎运动员》,对于我国运动员在第三次远东运动会失利,指出"惟当此国家多难,体育亟待提倡,请运动员回校后,因此次之阅历,正宜益自勉励,并以普济于人人"。

5 月 26 日　在《时报》发表时评《罢课》,对于中等学校以上学生罢课,指出学生联合会组织,出于爱国之真诚而集会,"苟政府对于所要求,竟无切实之办法,则是藐视舆论"。

5 月 27 日　在《时报》发表时评《心所谓危》,谈 26 日各校学生参加的宣誓礼,认为国人应当具有危机的意识,指出"大乱之生,迫于眉睫"。

5 月 28 日　在《时报》发表时评《罢课与校长》,指出学生罢课、干预政治问题之行为初心在于爱国,而校长应当"因势利导,勉其谨守秩序,勿荒学业而已"。

5月29日 在《时报》发表时评《为虎作伥》,以绸缎业为例,对于国内部分商人不贩国货而贩外货,导致国货逐渐为外货所排挤,指责其"为虎作伥,其罪不容逭也"。

5月30日 在《时报》发表时评《哀莫大于心死》,对于学生罢课集会,谋求救国,而"起视各界,非特不为之后援,直无所动于中",感慨"今日之情形言之,中国者,乃学生之中国,爱护之责惟学生有之"。

5月31日 在《时报》发表时评《挽留》,对于挽留国内和会代表、教育总长、大学校长等做法,指出"同一做法,有政府所愿而人民所反对,有人民所愿而政府所反对",不同主体的态度各不相同。

6月1日 在《时报》发表时评《追悼郭钦光①》,对于郭钦光为救国而献身表示敬佩,指出"倘群以郭君之志为志,则水滴石穿,何求不得,一死岂足数哉"。

6月2日 在《时报》发表时评《继任总商会长》,对于欧战结束后朱葆三辞去总会商会长一职之事,告诫"全埠利害切身之商人,欲实业之振兴,非改良总商会不可,而慎选会长其先务也"。

6月3日 在《时报》发表时评《劝阻排外文字感言》,告诫国人应当彻底觉悟,养成使用国货的习惯,"若仅注意笔舌意气用事,岂特不足以救国,或不免祸国"。

6月4日 在《时报》发表时评《工厂与银行》,提议工厂多制造产品,上海中等学校以上学生每人出资一元,发展商业。指出若能从以上两方面入手,则为有效之办法。

6月6日 在《时报》发表时评《罢市以后》,对于上海商人罢市和北京学

---

① 郭钦光(1896—1919),原名郭书鹏,字步程,海南文昌人。1913年入广州初级师范学校读书。1917年夏入北京大学读文科预科。1919年5月4日冲向赵家楼搜寻卖国贼,受到曹汝霖卫兵的殴打,当场呕血不止,被送进法国医院抢救,7日后逝世。

生罢课的形势已成,指出"今后所应注意者,惟在贯彻主张,严守秩序,及与各界一直行动而已"。

6月7日 戈公振等70余人参加淞沪护军使卢子嘉所邀集之会议。南北两商会、省县两教育会、上海劝学所及各业领袖学界代表等,商讨罢课罢市风潮磋商解决之法。

在《时报》发表时评《告工界领袖》,对于工人运动一事,指出"为之领袖者,宜资助其日用,劝其谨守秩序,勿取强迫手段";上海为国际大都市,一举一动受到外人关注,以免落人口实。

6月8日 在《时报》发表时评《坚持到底》,指出政府若能早日罢免曹陆章等人①,则开市、开课不难进行。"今各界表示坚持到底,实大势所使然。"

6月9日 在《时报》发表时评《岂别无方法》,质疑政府对学生罢课、商人罢市、工人罢工皆不予处理的做法,感叹"风潮之扩大,已迫眉睫,必至众叛亲离而后始谓之有体面乎"。

6月10日 在《时报》发表时评《敬告工人》,指出工人、商界对于日用生活必需品不能不加分别,"盖全埠停滞,秩序必乱,引起外人干涉,反与事实无裨"。

6月11日 在《时报》发表时评《自动》,对于政府将罢市归咎于学生之责任,指出"各地与上海表示同情者接踵而起,其情形之重大,已非一隅之问题"。

6月12日 在《时报》发表时评《开市以后》,对于曹陆章三人被罢免一事,指出只不过是民意之初步实现,各方面"仍宜联合进行,承此民气发扬之时,善为利用,则中国之前途未可量也"。

6月13日 在《时报》发表时评《安置知耻贫民》,指出当此提倡国货之际,"同业之华商客栈,为鼓励人心计,应设法安置,使不失所,与地方治安亦

---

① 指曹汝霖、陆宗舆、章宗祥三人。

有关系"。

6月14日 在《时报》发表时评《置毒》,对于置毒于食物的谣言,希望国人能够辨别真假,不要有越轨之行为。

6月15日 在《时报》发表时评《镇静》,指出凡事若能够镇静处之,则很少会有失败,"须知今日之中国,本在惊涛骇浪之中,惟在持舵之人,视险如夷,必有诞登彼岸之日"。

6月16日 在《时报》发表时评《免西人误会》,对于社会上有人离间我国与其他国家之间关系,指出相关方面不应漠视,应将真相宣示外人。

作为报界代表参加在大东旅馆六层举行的全国学生联合会成立大会,夫人翟蕴玉亦与会。

6月17日 在《时报》发表时评《学生联合会》,对于全国学生联合会成立表示高兴和赞同,同时也感慨"国家为殆,仅学生知救之,此各界之羞,而亦国家之大不幸也"。

6月18日 在《时报》发表时评《祛疑》,指出置毒于食物的谣言愈演愈烈,相关部门应当将有毒植物加以化验,再做处理。否则"杯弓蛇影,酝酿日深,必有发生大患之一日"。

6月20日 在《时报》发表时评《养气》,指出对于学生运动,"为学生着想,应一面推举代表为贯彻主张之进行,一面恢复学校原状,毋使多数人失业"。

6月21日 在《时报》发表时评《读美报感言》,指出此次学生运动对于租界当局,一直持有尊重之心,但后出现山东惨剧。"他日有类似情形者,愿租界当局注意之。"

6月22日 在《时报》发表时评《供不应求》,对于当前抵制日货,国货供不应求之结果,指出"故从根本解决,加增出产额第一,改良制法次之"。

6月23日 在《时报》发表时评《自求多福》,指出从此次五四风潮可以看出,"当今之中国,阻碍和平统一的只不过是个别军阀而已","此我国民所应根本觉悟而自求多福者也"。

6月24日 在《时报》发表时评《不签字》,对于有高深学识的欧美学者,亦反对欧洲和会代表签字,指出"可见欧洲和约不宜签字,已成一致之议论"。

6月25日 在《时报》发表时评《上海学界之责任》,指出今欧洲和约即将签字,"是故救国之责任,其所以促国民之注意,上海学界义无委卸也"。

6月26日 在《时报》发表时评《取消新国会》,对于新国会置国家存亡于不顾,沪上各团体已通电宣告取消,"寄语新国会议员,早为自处,尚不失国内立足之地也"。

6月27日 在《时报》发表时评《误会》,对于民众将疑似下毒之人殴打致死之事件,反对民众不弄清事实即将嫌疑人打死的做法,指出应当在证据确凿时再处置。

6月28日 在《时报》发表时评《签字以后》,指出欧洲和约定于当日签字,而国人一致反对,可以联想"国民对于违反民意之政府,当具若何之态度也"。

6月29日 在《时报》发表时评《一日之进口日货》,对于19日一天大量进口日货一事,指出"商人懵于义利之辨,诚为一大隐忧;空言提倡国货,亦非根本解决之办法"。

6月30日 在《时报》发表时评《中国之商会》,对于我国商会完全为政府马首是瞻,不问民生疾苦,指出"商会且如此,试问和议兴实业,何以利国家"。

7月1日 在《时报》发表时评《米价飞涨》,指出由于天气原因,米价飞涨,更有不法商贩囤积居奇,而且沪上已经出现了"米少之忧",地方治安也受到了威胁。

7月2日 在《时报》发表时评《义务教育》,指出普及教育工作一直没有很好地进行。今各界逐渐重视教育,是根本救国之法,"倘各地踵行而行之,其效未可量也"。

7月3日　在《时报》发表时评《宜有分别》,对于因为青岛问题,社会上出现不分对象报复外国人之行为,指出"我国之拒绝签字,为中日间之关系,和约乃各国所共,实宜有所分别"。

7月4日　在《时报》发表时评《美国国庆》,指出美国政府、人民上下一心,通力合作,"使我国知所矜式,人民、政府间除去一切暌隔,通力合作,则何往而不利哉"。

7月5日　在《时报》发表时评《何不留以自用》,对于国内大量向日本输出面粉、生活、棉纱等用品提出质疑:"当此提倡国货之际,不以自利,而以利人。"

7月6日　在《时报》发表时评《女界联合会》,指出五四风潮之后,女界联合会①创立,"以启发国人之自觉与提倡社会服务为宗旨",其效果并不一定差于男子团体。

7月7日　在法租界尚贤堂旧址南洋路矿学校,代表新闻界出席上海学生会欢送赴法学生会议。

在《时报》发表时评《勤工俭学》,指出勤工俭学办法一出,寒士遂有求学之机会,从而今有百余学子赴法留学。

7月8日　在《时报》发表时评《徒伤感情》,对于工部局欲取缔报馆和印刷所一事,指出社会上多反对之声,"使果违众意以为之,徒见感情大伤"。

7月9日　在《时报》发表时评《继续和议》,指出正值对德和约签订之际,且国际同盟又将建立,当局为大局考虑,应当促成统一国家之成立,参与国际事务。

7月10日　在《时报》发表时评《为民食留余地》,指出又有大宗转运粮食之议,若不幸遇到天灾,则粮食不复还也,希望当局能够为民考虑,"为民食稍留余地"。

---

①　上海中华女界联合会是1919年由徐宗汉等在上海组织成立的协会,1921年底改组,是一个妇女争取平等解放的进步团体。

7 月 11 日　在《时报》发表时评《条例通过》,对于工部局取缔报馆和印刷所的决议被通过,感慨"上海之优点或不免因此减色"。

7 月 12 日　在《时报》发表时评《增加房捐》,指出租界内由于战事,商业久未恢复,今工部局又拟加增房捐,希望"工部局若无不急之需,则体谅商人困难,加捐无宁从缓也"。

7 月 13 日　在《时报》发表时评《送留法学生》,告诫留法学生,在法应当认真学习,"毋忘风雨飘摇之祖国"。

7 月 14 日　在《时报》发表时评《疫疬非尽天灾》,指出浦东疫疬流行,与该地公共卫生关系甚大,"尚望该董,注意公共卫生,勿诿为天灾而漠视之"。

7 月 15 日　在《时报》发表时评《告招商局》,对于招商局花高价买外国船一事,指出:"招商局为我国仅有之航业,正赖有我国造船业与之携手进行,然则自舍所长,而任利权之外溢乎?"

7 月 16 日　四川旅苏学生会午后 3 点在复旦大学开会欢迎该省留法勤工俭学生,戈公振参会并发表演讲,"均极沉痛听者动容"。

在《时报》发表时评《大宗之丝运法》,对于我国大宗丝织品出口法国一事,指出"我国商人若早知利用机会,则受损于欧战之中者,必大获于欧战之后"。

7 月 17 日　在《时报》发表时评《扩充高等教育》,指出我国自立之大学仅五六所,其他多为外人创立,希望我国人能够提倡教育并付诸实践,以成绩斐然之复旦大学为榜样。

7 月 18 日　在《时报》发表时评《总商会》,指出总商会已完全停顿,欧战结束后总商会也应当重新改造,"建议案之通过与否,总商会根本改造之先决问题也"。

7 月 19 日　在《时报》发表时评《自爱爱人》,对于疫疬蔓延更加严重的情形,告诫国人虽然有负责公共卫生之人在,但"吾人为自爱爱人计,于衣食住与游览,亦宜慎之又慎"。

7月20日　在《时报》发表时评《未可遽抱乐观》,指出山东问题虽然签字,但政府相关措施并不优于之前,"学潮之能否即此结束,未可遽抱乐观"。

7月21日　在《时报》发表时评《承租敌船》,对于青岛问题后国内商船短缺,欲承租敌船之事,希望政府能够守信用,及早决定,"否则唯利是图,终难平群商之愤"。

7月22日　在《时报》发表时评《中行商股议案》,指出中行是我国金融枢纽,切不可成为少数人获利工具,所以此次中行股东会会议,是尽责之表现。

7月23日　在《时报》发表时评《大宗米粮将出省》,对于苏省将运送百万包米粮至北方,指出北方人习惯食麦,骤变习惯,事出蹊跷,应当认真考虑。

7月24日　在《时报》发表时评《商人之责任》,指出总商会组织在此大会决议之时,"惟全埠商人之意以进行,凡有建议与表决之权者,不容放其责任"。

7月25日　在《时报》发表时评《学生永久机关》,对于全国学生联合会欲建立一永久机关,更好贯彻救国方针的行为表示赞同。

7月26日　在《时报》发表时评《总商会开会改期》,对于总商会临时会因为会员意见不一突然改期,指出"当此四面楚歌之时,忽又有此波折,徒滋口实,殊不取也"。

7月27日　在《时报》发表时评《防疫会》,指出疫疠日渐蔓延,福州已组织防疫会,而上海作为全国重要经济中心,亦应当积极筹备建立。

7月28日　在《时报》发表时评《合办》,对于中日合办铁路一事,认为其会造成利权为日人攫取,"铁路关系交通,主权所在,更不容忽"。

7月29日　在《时报》发表时评《学生停止负贩》,指出上海学生联合会组织贩卖团非以营利为目的,今有居心叵测之人利用此组织图利,"使不即行停止,必易滋外人之误会也"。

7月30日　在《时报》发表时评《无恻隐之心》,指出谷价腾贵,水灾频发,而商贩竟将米食出口于国外,"乃若辈违反众意,惟利是图,悍然以食与人,不为同胞留余地"。

7月31日 在《时报》发表时评《实业界之曙光》,对于华丰盐垦公司和大中华纺织公司兴办实业、发展富源,挽回利权的行为,指出"如华丰、大中华公司之类者遍设于各行省,则百废俱举未尝无望"。

8月1日 在《时报》发表时评《自治》,指出疫病蔓延,垃圾无人治理,公共卫生一片狼藉,而负有治理责任之政府对此漠视,感慨"吾人于此,惟悟自治之不可缓耳"。

8月2日 在《时报》发表时评《国籍》,对于因陈炳谦身兼中葡两国国籍一事,指出"国籍法之实行,益不可缓矣"。

8月3日 在《时报》发表时评《暹罗华侨》,对于暹罗华侨在其境内遭受不公正待遇一事,指出"政府果不欲因此而失其他华侨内向之心,则必有以解其目前之困厄并谋善后之方法"。

8月6日 在《时报》发表时评《人力车公会》,指出人力车公会本是一种极好组织,但发展不容乐观,"惟有重行改组,推举能负责任之董事,延有学识者为之顾问,先从积极方面着手,勿受会外人之指使"。

8月7日 在《时报》发表时评《川局促定会》,指出川省地位对于全国亦有极大影响,虽然战事停息,但祸乱的基础还未消除,"川局促定会之设立,为最合现实之需要者也"。

8月8日 在《时报》发表时评《假国货》,对于市面上出现以日货伪作国货的现象,指出"不自振兴工业,而以空言相提倡,其挽回利权能有几乎"。

8月9日 在《时报》发表时评《丁案》,以胡二暗杀丁衡甫一案为例,对于社会上以暗杀为买卖交易现象,表示反对和谴责。

8月10日 在《时报》发表时评《留学生与赔款》,对赴美赴法留学生寄予重望,希望他日成专门人才,报效祖国。同时指出有消息称将有赔款退回,若是事实,"在国内多设大学,其所造就不尤重乎"。

8月11日 在《时报》发表时评《要防秋天的疫》,指出秋天到了,霍乱等传染病流行,希望国人能够注意个人卫生,及时注射疫苗,防患于未然。

8月12日 在《时报》发表时评《女子解放的问题》,指出提倡女子解放,不如让女子多接受教育,若能提升女子整体教育水平,女子解放问题将迎刃而解。

8月13日 在《时报》发表时评《勤俭》,指出勤俭是我国人传统美德,赴法学生勤工俭学的精神值得称赞,同时也希望其与外人接触要时刻谨记国家体面。

8月14日 在《时报》发表时评《金价》,指出战后金价下降,偿还外债则能省过半,但当局"倒行逆施,夫失此机会,金融权将永无恢复之望"。

8月15日 在《时报》发表时评《位置》,谈杨善德①之死,指出各方势力错综复杂,此位置一空出,"继任之人属于何等,关系地盘问题,乃若辈所不能轻视者也"。

8月16日 在《时报》发表时评《棉路之争》,指出陕西和河南的棉、路同属我国实业要地,希望"国内资本家群起谋之,政府亦视国人如外人",给予优惠政策。

8月17日 在《时报》发表时评《德奥商务》,指出我国已与德奥取消宣战状态,将来商务之竞争,必有难以应付之时,"我国商业家其亦少分时日以先事研究乎"。

8月18日 在《时报》发表时评《公共园林》,指出偌大一个上海,园林少之又少,"群惟游戏场是赴。而其空气之浑浊,人类之复杂,实为传染疾病之媒介"。

---

① 杨善德(1857—1919),字树棠,安徽怀宁人,北洋军阀中皖系成员。北洋武备学堂毕业。1902年任北洋常备军右翼第十营管带,1904年晋第二镇部队第五标统带,1906年任北洋第四镇第七协统领,后又赴浙江任协统。1912年被袁世凯任命为陆军第四师长。次年任江苏省松江镇守使。1915年署上海镇守使,旋改淞沪护军使兼江苏军务帮办。1917年升浙江督军,反对黎元洪,与省长齐耀珊联名发表通电,宣布浙江"独立"。1919年病死。

8 月 19 日　在《时报》发表时评《捕房回复原况》,指出大战已经结束,捕房应当承担起治安责任,"致力捕务,使匪人无所匿迹"。

8 月 20 日　在《时报》发表时评《教育问题》,对于苏省之前制定的教育方案未进行之事,指出"救国根本仍在普及教育,今后教育家将如何使学生安心求学,而代负其责任,此皆近日所应研究者"。

8 月 21 日　在《时报》发表时评《推广出口贸易》,对于法、美等国征集我国商品参加万国陈列会,希望我国商人借此机会,"搜罗合于外人应用之物品,前往与赛,所费无几而获益实大"。

8 月 22 日　在《时报》发表时评《呜呼,严禁》,对于租界和内地处处皆可见烟,"慨自南北失和,地盘权利为重,民生疾苦久矣,为官吏所漠视,烟禁其一端矣"。

8 月 23 日　在《时报》发表时评《市民权》,希望住在租界的华人能够联合起来,"使外人不致轻视我,则市民权之取得,讵为难事欤"。

8 月 24 日　在《时报》发表时评《"江宽"案》,对于"江宽"案不能公平处理表示愤慨。希望"凡同情于招商局者,亦当为其后援也"。

8 月 25 日　在《时报》发表时评《国货应用国文》,指出国内部分商人为使国货与外货相似,"以致品名店名商标,有纯用西文者",批评其舍本逐末,亟宜改良。

8 月 26 日　在《时报》发表时评《工会》,指出工人的幸福只能由工人自己争取,所以近日成立的中华工会组织应图发展,并"以提倡教育为先务"。

8 月 27 日　在《时报》发表时评《交涉员北上》,对于收回领事裁判权、推放租界等问题,希望杨交涉员为沪人请命,切勿为一己私利而行事。

8 月 28 日　在《时报》发表时评《预防飓风》,指出据天文台消息即将有飓风袭来,鉴于之前损失情况,不可不防。

8 月 29 日　在《时报》发表时评《欧美同学总会》,对于新成立的欧美同学总会以服务社会为目的表示赞同,同时指出由于科举遗毒,"故为进行顺利计,第一须参以国情,第二须出以和缓,乃克有济"。

8月30日 在《时报》发表时评《在热心之持久》,指出李登辉博士有言,欧美同学总会的成功不在于其扩张,而在于会员热心持久与否。

8月31日 在《时报》发表时评《政治》,指出孙中山认为,欧美同学总会主张不谈政治欠妥。如果国民有自治之能力,国民富有学识则可以,否则应当承担议论政治之责。

9月1日 在《时报》发表时评《公售处》,对于公售处受到各方面攻击,已体无完肤,指出"此事不难于进行,难于防弊"。

9月2日 在《时报》发表时评《不能坐视》,指出罢市刚结束不久,政府又抓捕代表,各界不能坐视不管。感慨"军阀执政终无国利民福之可言,即使中央允如所请,亦枝节之道耳"。

9月3日 在《时报》发表时评《商店联合会》,对于不久前成立的商界联合会为商业发展的贡献表示肯定,希望能够形成一定宗旨,群策群力,多行有利于社会之事。

9月4日 在《时报》发表时评《推广纺织事业》,对于英日争夺在我国商业利益一事,指出"我国商业家若能推广纺织事业,必可挽回莫大之利权也"。

9月5日 在《时报》发表时评《自助》,对于我国和会之失败,指出我国应当寻求自助,"努力建设事业,根本既固,枝叶自荣,则今之欺我者,安知他日不转而畏我"。

9月6日 在《时报》发表时评《商标》,对于日商谓华商仿冒其商标一事,告诫我华商"当此提倡国货之际,应求品质之精良,而不在形式之类似"。

9月7日 在《时报》发表时评《肃清烟毒》,指出当局为肃清烟毒计,应当"凡收藏烟土者,不论官与私。一经发觉,即与种运同科",由此则吸烟之人必日少,种烟和贩烟之人也会随之减少。

9月8日 在《时报》发表时评《须有效果》,谈各界联合大会与各界代表联席会议召开,指出"得此数千人之会,亦足为民气之鼓舞也"。但开会应当有所收效,否则即是徒劳而已。

9月9日 在《时报》发表时评《公布》,指出欧美同学会痛感我国和会上的失败,"每欲辩护而苦其无词",所以联合江苏省教育会,"均设公布部以代欧美学生之耳目,俾外人得知我国之真相"。

9月10日 在《时报》发表时评《留法预备科》,指出赴法补习学生勤工俭学,浪费大量时间和金钱,"今中华职业教育社与留法勤工俭学会,合组之留法预备科,盖其最简易之方法也"。

9月11日 在《时报》发表时评《取缔汽车感言》,指出汽车肇祸虽不能全怪于汽车,但是应当严厉取缔飞驰汽车之人,使得行人能有安全之保障。

9月12日 在《时报》发表时评《租船之处置法》,指出因欧战关系我国租借外船已到期,本应租借华商轮船,官商合作,促进商业发展,但竟出现官商中饱行为,实不可取也。

9月13日 在《时报》发表时评《商务与报纸》,对于外商以报纸为其先导,欲推广商业于我国,指出我国商人应及旦注意此情况,否则失败必无疑。

9月14日 在《时报》发表时评《西藏交涉》,对于英国人在大战结束后,旧事重提,又欲图我国西藏,感慨"和会失败,公理不彰"。

9月15日 在《时报》发表时评《来与扫》,对于南北代表无诚意议和,指出"惟南北代表间已先自不和,则望和局之成立,岂非南辕而北辙乎"。

9月16日 在《时报》发表时评《言与行违》,指出政府以争夺海空权利为由,欲购置飞机、潜艇等,实质上是为少数人服务,感慨"言与行违,孰甚于此"。

9月17日 在《时报》发表时评《待合所》,对于沪上出现以"待合所"为名,实际"趋良家子女于之途",号召"为维持风化计,愿沪人共起而逐之"。

9月18日 在《时报》发表时评《罢工》,对于社会上盛行罢工而争取加薪一事,指出"罢工之咎,不当徒责工人之无知盲从,抑亦资本家昧于世界大势,无法因应之故"。

9月19日 在《时报》发表时评《战事酝酿》,对于南北议和虽重开,但省与省、军人与军人之间,"祸机潜伏,有触乃发",指出"我国民不极有坚固之组织戡乱其源,必无安居乐业之希望"。

9月20日 在《时报》发表时评《进退失据》,指出王揖唐①来沪暴露其自求失败之心,推卸开战责任被国人识破,导致自己处于"进退失据"之地步。

9月21日 在《时报》发表时评《提倡国货会》,指出提倡国货为国民分内之事,我国工业未兴,日用品尚依赖外人供给,"利权外溢其害小,不能自立其害大",希望提倡国货会能够积极思考,提出解决办法。

9月22日 在《时报》发表时评《提倡国货》,指出提倡国货必须要有恒心,并且对于我国国货发展提出了几点建议,"似此分头办理,虽无速效,尚非徒托空言"。

9月23日 在《时报》发表时评《易总代表》,说王揖唐作为南北和议北方总代表,朝三暮四,不受国民信任,所以"欲和议续开,非北方易总代表,或南方易一与王臭味相同之总代表无望也"。

9月24日 在《时报》发表时评《学潮余波》,对于五四风潮对学校的影响未除,建议相关方面"对于此种风潮,须调查平日情形,从公处理,则秩序自易恢复"。

9月25日 在《时报》发表时评《社会之蟊贼》,对于留法俭学会爆出谋利内幕一事,指出"为社会服务美举也,视为植势谋利猎名之具,则社会之蟊贼耳"。

9月26日 在《时报》发表时评《禁止彩票》,指出"彩票之害,无殊赌

---

① 王揖唐(1877—1948),安徽合肥人,民国时期政客,安福系主要成员,北洋政府众议院议长,陆军上将。曾先后担任内务总长、吉林巡按使、众议院议长等职。抗日战争时期公开投敌,官至伪最高国防委员会委员,伪全国经济委员会副委员长,伪华北政务委员会咨询会议议长。1948年9月10日,以汉奸罪在北平姚家井第一监狱被处以死刑。

博"。今内部有停止利济奖券和彩票的传闻,若真能实行,"诚能祛除社会侥幸之心"。

9 月 27 日　在《时报》发表时评《美国扩张航业》,对于美国商船事务所即将向远东行驶 78 艘商船一事,指出美国人已开商战之先声,号召我国商人"速起而奋斗"。

9 月 28 日　在《时报》发表时评《尚何所俟耶》,对于王揖唐来沪已有多日,人民反对之,政府也再无行动,提出"枯守上海,尚何所俟耶?"之疑问。

9 月 29 日　在《时报》发表时评《梁士诒》,说梁士诒继王揖唐之后来沪,嘲讽其之前以理财手段搜刮民财,"财神之雅号,今而后只以自娱而已嘻"。

9 月 30 日　在《时报》发表时评《提倡土产》,对于美国人谓我国永安公司①可抗衡欧美大商店一说,指出"试一参观永安、先施两公司之内容,则舶来品已成喧宾夺主之势……则当首先提倡土产"。

10 月 1 日　在《时报》发表时评《呜呼,教育长官》,以蒋梦麟称大学进行顺利无内讧一事为例,指出五四运动发生,"独惜教育长官不以正义维持学校,致令莠言滋出"。

10 月 2 日　中午,戈公振等数十人在黄埔滩南京路西麦加利银行二楼参加美英华三国商界联合大会。

在《时报》发表时评《劝工银行》,指出我国工业不兴与其辅助机关太少有很大关系,对于劝工银行的兴办,认为"挽回利权,当以此为枢纽"。

10 月 3 日　在《时报》发表时评《联华总会》,对联华总会的成立表示赞同,亦希望我国商人能够积极与英美商人联络,抓住此发展机会。

---

①　中国近代最大的百货公司,商业老字号之一。由大洋洲华侨郭乐等人创办。初设于澳大利亚悉尼,称永安果栏。1907 年在香港设永安公司。1918 年上海永安公司开业,确立以经营环球百货为主的经营方针,并附设旅馆、酒楼、茶室、游乐场及银业部。后陆续在英、美、日等国设办庄采办百货,组织土特产出口。至 20 世纪 30 年代,永安公司跃居上海四大公司(先施、永安、新新、大新)之首。

10月4日　在《时报》发表时评《禁吸》，对于从万国禁烟会募款征集会员从事肃清烟毒一事，指出禁烟之法应当将禁吸纳入犯罪行为，"拔本塞源，莫善于此"。

10月5日　在《时报》发表时评《不再请愿》，对于政府以武力镇压请愿群众一事，指出"政府不能离人民而独立，而国民已拟不再请愿，一朝民心涣散，即难收拾矣"。

10月6日　在《时报》发表时评《"江宽"案重审》，对于"江宽"案重审一事，指出"江宽案事实昭然，曲直本非难辨"，只因为背后势力作怪，案结无期。

10月7日　在《时报》发表时评《恢复自治》，指出恢复自治一直较难推行，"今着手恢复，各地人士应先注意经济、人才二问题"。

10月8日　在《时报》发表时评《提倡俭朴》，指出在婚丧事宜上，中国人"务虚名而薄实际"，铺张浪费现象严重，提倡简朴，强调"责在士夫"。

10月9日　在《时报》发表时评《边防》，指出西北边防出现危机，希望"南北速弃其权利之争，为子孙同胞计"，应对西北危机。

10月10日　在《时报》发表时评《为国努力》，说五四风潮后，国人尤其重视国庆日，但事实上此共和徒有虚名，所以国人欲享共和，"应自今日始，为国努力"。

10月11日　在《时报》发表时评《商界之新精神》，指出国庆日商界之休业游行，"实足显其一致团结之新精神"，若能对此善加利用，则"提倡国货，易如反掌"。

10月12日　在《时报》发表时评《军用钞票》，谈西方媒体报载我国北方即将发行军用钞票之报道，指责其是搜刮民财之策，"究其害之所极，岂独扰乱金融而已哉"。

10月13日　在《时报》发表时评《王夫人之阔》，指责王之辈对于民脂民膏，挥金如土，指出正是因为此类人影响了南北和平稳定。

10月14日　在《时报》发表时评《男女一同做事》，称上海学生联合会一直以来男女合作做事,取得很好效果,指出假使男女之间的界限逐渐化除,各尽其责,则我国之进步可见矣。

10 月 15 日 在《时报》发表时评《焚土感言》,称烟土贩子在海关码头公然往来,目无法纪,指出烟土"是肃清之责,须上海与内地同负之,双方并进,始有效力之可言也"。

10 月 16 日 在《时报》发表时评《生活问题》,说国内米价腾贵,罢工风潮迭起,原因在于军人私运粮米,建议政府乃至社会各界设法对付私运米粮之军人。

10 月 17 日 在《时报》发表时评《噫,参战有功》,对于大战结束后政府论功行赏"远及路员"一事,感慨无人念及参战期间赴欧华工当前生计如何。

10 月 18 日 在《时报》发表时评《不知山东问题》,说通过与骆维廉①交谈了解到,外人对我国情况不甚了解,指出在国际问题上"欲得多数之援助,非先造成一种舆论不可"。

10 月 21 日 下午 5 点,戈公振作为男陪新参加王一之、李昭实在一品香举办的婚礼。

在《时报》发表时评《王氏可以醒矣》,说王揖唐来沪多日,南北会议无甚成果,且已进入进退维谷之地,适又有炸弹事件,王氏应觉悟此炸弹是为欢送其离沪之举。

10 月 22 日 在《时报》发表时评《金融界其猛省》,说金银之间的不正常流通导致银根奇紧,出现了以纸币维持金融市场的局面,"其危险何堪设想,勿务近利而遏大乱"。

10 月 23 日 在《时报》发表时评《禁止娼妓》,指出娼妓业的存在,"害于个人者犹小,害于社会者绝大"。进德会的成立"佥以禁止不道德之营业,为

---

① 骆维廉(William Wirt Lockwood,1877—1936),美国人,上海基督教青年会干事、副总干事。

挽救颓风之急务"。

10 月 24 日　在《时报》发表时评《拒见代表》,对于王如见代使复各界联合会函不愿见民众代表,前又有人民不愿见官僚代表一事,感慨"政府与人民之感情,即此亦大可知矣"。

10 月 26 日　在《时报》发表时评《以身作则》,指出国人对于自身应当严格要求,强身健体,否则"一朝国家有事,必不能任重致远"。

10 月 27 日　在《时报》发表时评《商界总联合会》,称赞商人自发组织的商界总联合会积极为国家建设服务,"深愿该会发挥本能,勉任艰巨,为全国商人之矜式"。

10 月 28 日　在《时报》发表时评《新教育社扩充》,指出我国教育的发展开始于前清,今五四风潮之发生使得教育界人士觉悟。同时,新教育共进社的扩充,"一方面输入新思潮,一方面即以发扬我国之新精神"。

10 月 29 日　在《时报》发表时评《代表星散》,对于南北代表星散,唐少川返粤①,南北和议又将难以进行,感慨"南北长此分裂,战事再起,终开干涉之门"。

10 月 30 日　在《时报》发表时评《英使过沪》,指出中英之间因山东问题出现了一些隔阂,今英使过沪是一个很好的机会,希望中英能够互通情愫,国民及各团体亦应支持。

10 月 31 日　在《时报》发表时评《不许战事重起》,指出商人致电不许战事再起乃无用之功,商人若停输纳税,则"武人虽横暴,而饷糈一绝,将无所用其伎俩"。

---

①　唐绍仪(1862—1938),字少川。1874 年官费留学美国,1881 年回国后被派往朝鲜办理税务。后历任天津海关道、外务部右侍郎、署邮传部尚书、铁路总公司督办、奉天巡抚等职。武昌起义后,代表北洋政府参加南北议和。1912 年 3 月任北洋政府第一任国务总理,6 月辞职。1917年参加护法军政府,任财政部部长,次年为军政府七总裁之一。1919 年充南方总代表,与北洋政府代表在上海议和。此后任南京国民政府委员、西南政务委员会委员兼中山县县长。抗日战争时期与日、伪有接触,在上海被国民党军统特务刺死。

11 月 1 日　在《时报》发表时评《米船被劫》,对于米船被盗案频发之事,希望当局"为地方治安计,肃清道航路,维持米禁"。

11 月 2 日　在《时报》发表时评《介绍勤工俭学》,指出勤工俭学对于寒门学子求学是一种积极的办法,但对于"资格、身家奚可不加区别"。

11 月 3 日　晚 7 时,代表报界与张竹平①等参加中西女塾增募 20 万两建筑费的筹商会。

在《时报》发表时评《实行演讲》,说 2 日城厢一带学生露天演讲会,听众咸无倦容,但觉得讲员不应如此次之多,"倘各演讲团毋求近功,惟期持久"。

11 月 4 日　参加在公共租界大马路外滩 23 号前德国总会召开的中华实业大学筹备会。

在《时报》发表时评《维持抵制》,指出外人将中国的原料加工后再输出至中国,所以我国商业很难振兴,批评政府和奋人只顾眼前利益,没有主权和国家利益意识。

11 月 5 日　在《时报》发表时评《急起直追》,说北四川路发现三五成群日本人练习长跑,期待我国运动员能够在下届运动会为国争光,"不落他人后耳"。

11 月 6 日　在《时报》发表时评《英商开会感言》,对于英商在上海召开大会讨论商业扩大发展事宜,感慨"行见外商高掌远跖,利益均沾,我华商惟仍固步自封,仰人鼻息而已"。

11 月 7 日　在《时报》发表时评《改两用元》,指出改两用元我国早有提议,今英商亦提出此建议,可谓不谋而合。若能制定齐全办法,"其有益于社会尤非浅鲜也"。

---

①　张竹平(1886—1944),江苏太仓人。1922 年任《申报》经理,建筑新厦,革新版面,报馆业务日益扩展。1928 年购进位于爱多亚路(今延安东路)的《时事新报》产权。于 1931 年辞职脱离《申报》,接办位于广东路江西路口的英文日报《大陆报》。1933 于爱多亚路 160 号创办《大晚报》及"申时电讯社",任上述四社的总经理。1936 年四报社产权全被孔祥熙财团收买,使其筹建中国报业托拉斯的计划受挫。

11月8日　在《时报》发表时评《华工与失望》,对于英法能够公平对待华工深感欣慰,同时指出由于山东问题、南北和议问题尚未解决,华工亦同抱失望。

11月9日　在《时报》发表时评《读〈劳合报〉感言》,说读完《劳合报》感慨沪上奢侈之风渐盛,男女关系混乱,希望当局加以挽救,"取缔私娼,小客栈与台基明娼"。

11月10日　下午5时,十五团体在黄浦滩仁记路原德国总会二楼设宴欢迎英国大使朱尔典①,戈公振与妻子翟蕴玉共同参加。

在《时报》发表时评《抵制奸商》,指出学生苦心维持抵制日货,而有奸商蓄意破坏,政府应"以抵制日货之毅力,以抵制此等贪利忘义之奸商耳"。

11月11日　在西藏路一品香参加寰球学生会第九次征求大会。

在《时报》发表时评《增进中英交谊》,指出10日中英之间的德总会之会和前市政厅之会的召开,有利于减少两国之间的隔阂,增进中英友谊。

11月12日　在《时报》发表时评《严禁感言》,指出烟禁废弛,前清即开始,今川陕等省罂粟遍地,不可谓与英人无关,毕竟海关一直握于其手,"使政府再不严厉进行,则民间虽有百拒土会,无益也"。

11月13日　在《时报》发表时评《教育与政体》,将中美政体作一比较,认为我国相去甚远,指出"美之胜德,方归功于教育,而我国之武人,乃以摧残教育为快"。

11月14日　在《时报》发表时评《造币分厂》,对于社会上要求在沪上开设造币分厂一事,指出"督促政府设法开兑,其流通金融,不较造币分厂为尤多乎"。

11月15日　在《时报》发表时评《王眷北上》,对于南北和议代表星散,

① 朱尔典(1852—1925),英国外交官,1876年来华。1906—1920年任驻华公使。1911年任北京公使团领袖公使。支持袁世凯破坏辛亥革命,后又扶植亲英美的直系军阀控制北京政权、扩大军阀混战。1920年退休回国。

眷属又将北上,各公团迫请解散,深感惆怅。

11 月 17 日 在《时报》发表时评《修改租界章程》,指出租界章程订立于前清,已有很多不合时宜条款,对于商界联合会提出修改章程的建议表示赞同。

11 月 18 日 在《时报》发表时评《呜呼,取引所》,对于各业纷纷设立交易所之事,指出其应当团结起来,设一总交易所。

11 月 19 日 在《时报》发表时评《诉诸公论》,对于在闽日人枪毙学生案,深感中日杂居之地,危险一触即发,指出"严重交涉,政府之责;诉诸世界公论,国民之责也"。

11 月 20 日 在《时报》发表时评《全国体育联合会》,对于国内尚无统一机关督促我国运动员之现象,"仍望各学校群起自谋,其进步当尤速也"。

11 月 21 日 在《时报》发表时评《培植华工领袖》,指出回国华工之领袖经验丰富,熟悉国外情形,提议从德奥赔款中抽出部分款项,择优出国留学,此乃绝佳"培植人才之机会"。

11 月 22 日 在《时报》发表时评《辟南北分治》,对于社会上出现的我国南北分治之说表示强烈反对,告诫"我国民苟不速自解决,安知其不成为事实"。

11 月 23 日 参加寰球学生会欢送赴美考察教育团活动,并摄影留念。

在《时报》发表时评《送教育考察团》,对于内地考察团来沪考察以及我国欧美教育考察团考察国外先进教育经验,希望"他日能以考察所得,就平日之经验采集众长,参合国情,另立一种新制度,为共和立之基也"。

11 月 24 日 在《时报》发表时评《推广国货》,指出虽然我国以抵制外货为武器,但他国也在积极禁止向我国出口原料,所以"吾人勿徒以能抵制为乐观,当于推广国货上益加努力"。

11 月 25 日 在《时报》发表时评《国民外交》,希望欧美教育考察团出发后,亦有其他实业考察团能够继起,同时指出此次教育考察团"除固有职务外,实负有国民外交之责"。

11月26日 在《时报》发表时评《汽车路》,指出经济欲发展,交通便利必不可少,应当大力发展汽车公路,同时也愿"国内之工业家先事研究而仿制之耳"。

11月27日 在《时报》发表时评《省议员听者》,认为苏省议会取消加薪之事乃明智之举。同时指出苏省乃先进之区,一些举措尝为外省仿效,但今却"生气全无",深愿"诸君能进一步,以稍慰父老之望也"。

11月28日 在《时报》发表时评《扩张教育机会》,谈外人鼓吹在我国设立大学之事,希望我国人能够积极兴办教育,"国人盍亟起图之,无俟外人之代谋"。

11月29日 在《时报》发表时评《牺牲》,说青年会成立后服务于社会,遍设各行省,甚至对于在法华工亦能"诱掖而奖劝之",敬佩其"牺牲"精神,希望爱国青年效法。

11月30日 在《时报》发表时评《协争闽事》,指出日人在我国福建枪毙学生、警察甚至派兵登陆,"其蔑视我国极矣"。希望我国尽全力争主权,否则"他日日人将益无忌惮,随在可以横行,而国权与民命尚堪问乎"。

12月1日 在《时报》发表时评《刷新海军》,批评我国海军山头林立,腐败之极,指出海军是我国防重要屏障,"今匪特不知改良,且排斥异己益急,使不先打破世袭制度,绝无根本刷新之希望"。

12月2日 在《时报》发表时评《纸币多》,指出从欧美教育考察团来函可知,我国纸币无统一制度,且外来纸币盛行。又将到阴历年关,"窃恐一般投机之商人,受金融之影响而失败者,正不知其凡几也"。

12月3日 在《时报》发表时评《最后》,指出抗议日人在福建的暴行,空言不如实行也,所以"欲得外交最后之胜利,愿毋忘有决心与坚持到底"。

12月4日 在《时报》发表时评《没有生气》,对于美国人同英国在上海开会谋划扩张商业一事,批评我国商人不知抢占先机。

12 月 5 日　在《时报》发表时评《"新世界"的利用》,对于"新世界"游戏场停止营业一事,表示极度赞成。并指出可以将其改造为百货公司和旅馆,用于发展我国商业。

12 月 6 日　在《时报》发表时评《爱国词曲剧本》,对于爱国学生游行演讲表示认同,但是指责此类戏剧内容"往往取快一时",不能反映真实情况。

12 月 8 日　在《时报》发表时评《上海与内地》,指出内地很多市政都以上海为模范,"上海人须自知其资格,实内地一导师",所以上海应当禁止买空卖空以及奖券、私娼等事发生。

12 月 9 日　在《时报》发表时评《供不应求》,对于山东问题发生之后国货供不应求的情况,提议"国货畅销之机会,均宜放大目光,设法扩充,供求相应",从而不仅有利于商业,更有利于社会,"此则国货商家所应尽之责任也"。

12 月 10 日　在《时报》发表时评《一举两得》,对于上海穷人日渐增多现象,指出资本家可以多兴办工厂,起用这些贫民。

12 月 11 日　在《时报》发表时评《大上海》,指出不能单靠一工巡局建设,应当国人合力进行,建成一理想之大上海。

12 月 12 日　在《时报》发表时评《不伤感情》,指出国家处于危险境地,国民皆有挽救之责任,希望商学两界"互以诚意联络,即使遇有困难,总以不伤感情为归"。

12 月 13 日　在《时报》发表时评《女界宜奋勉》,对于倪军的暴戾①,国人不可容忍,尤其是女界,应当"联合群众,开一女子国民大会,征求意见,共谋此后自卫之方法"。

12 月 14 日　在《时报》发表时评《缺糖》,指出中国和欧美皆缺糖,但欧

---

①　指安徽军阀倪嗣冲所领安武军夜入安庆蚕桑女校侮辱女生一事。

美各国皆有法解决,唯我国政府"不加以奖劝,又不能取缔人口之价",最后可能会落入为人操纵之境地。

12月15日 在《时报》发表时评《压遏民气》,对于多数省份学生联合会被解散之现象,指出"苟社会与以援助,则恢复诚非难事",所以以后联合会应当注意"启发国人之自觉心,使其出于自动"。

12月16日 在《时报》发表时评《勤工俭学宜慎》,对于留法勤工俭学者陷入困境之现象,指出"勤工俭学,其方法虽有益寒酸,然事前毫无预备,则不可贸然前往"。

12月17日 在《时报》发表时评《呜呼,团体》,对于中国成立的社会团体出现"一言堂"和以金钱权势为目的之现象,指出以后社会团体责任应由会员分担,"盖前不免于盲从,而后不免无责任心"。

12月18日 在《时报》发表时评《华工同人会》,对于回国华工欲成立华工同人会一事表示赞同,指出"该会之组织,对于国内工人,不特希望其输入新知识而已,输入国家之观念为更急也"。

12月19日 在《时报》发表时评《中国劳动问题》,对于美国人吴思论中国劳动问题,即"工业未兴,工人之程度尤极幼稚"表示赞同,"故今之爱工人者,惟当竭力灌输知识"。

12月20日 在《时报》发表时评《公园》,称赞精武体育会①发达后捐建公园,以此使得上海之少年远离游戏场。同时指出"上海华人之众,非一公园所能容纳,世不乏热心公益之士,安知无继精武而起者"。

12月21日 在《时报》发表时评《中法提携》,对于是年中法联络紧密且法国能公平对待华工和留法学生表示欣慰,指出"他日两国国民因思想之融合,进而通力合作,使共和主义遍及大地,则以此为发轫也可"。

12月22日 在《时报》发表时评《枝节》,对于闽皖湘鲁之事发生后国内

---

① 精武体育会,1910年霍元甲创办于上海,原名精武体操会,1911年举行第1次武术表演,在海内外一度有40多处分会,会员40余万人。

不能统一意见的情况,指出"国民不先解决大局,而枝节以为之,窃恐类于闽皖湘鲁之事,正方兴而为艾也"。

12 月 23 日 在《时报》发表时评《内政》,指出兴学、禁烟、治水等皆是我国内政,但多年来外人对于我类似事务以及南北和议干涉其中,指责国人对此无动于衷。

12 月 24 日 在《时报》发表时评《行路难》,指出南京路和湖北路频发盗案,匪徒违反租界章程,以手枪威胁平民,感慨偌大上海"行路难"。

12 月 25 日 在《时报》发表时评《巴西拟招华工》,对于巴西拟招华工一事,称赞我国华工闻名世界,但反观我国西北"赤地千里,无人开辟,舍己芸人,能无慨然"。

12 月 26 日 在《时报》发表时评《男女的交际》,谈江苏教育会元旦聚会,民国九年起招待女子一事,指出男女交际越来越频繁,界线逐渐缩小,是社会进步之好兆头。

12 月 27 日 在《时报》发表时评《通信》,对于日人利用新闻政策蒙蔽世界现象,指出今中英通信社已渐有成效,"甚望其能将两国真确之见闻,互相传播,以增进友谊"。

12 月 28 日 在《时报》发表时评《文字上用功夫》,对于中央答复各处的电报之不规范、不考究,指出今后应当在文字上下功夫,改变此种情况。

12 月 29 日 在《时报》发表时评《心劳日拙》,对于警厅查禁印刷所一事,指出"一手岂能掩天下之目,徒见其心劳而日拙"。

12 月 30 日 在《时报》发表时评《俭育》,由青年会于德智体群四育以外提倡俭育一事,指出"倘人人知责任之所在,刻苦自励,节不急之费以从事于公益,则中国之前途,未尝无挽救之望也"。

12 月 31 日 在《时报》发表时评《告各女校》,对于北大、南京高师等校招收女学生现象,指出转瞬即将春季开学,"愿各女校改弦更张,顺新潮而猛进"。

本年秋 潘公展①去新闸路新康里戈公振家拜访,这是两人第一次见面,戈公振当时和夫人正在客堂吃饭。

---

① 潘公展(1894—1975),原名有猷,字干卿,号公展,吴兴(今湖州)人,毕业于上海圣约翰大学。曾参加南社为社员。1919年五四运动中参加全国学生联合会,主编该会会报,还先后担任《时事新报》副刊《学灯》和《民国日报》副刊《觉悟》的特约撰稿人。1921年入上海《商报》任电讯编辑,后任编辑主任。1926年为《申报》要闻编辑。在此前后,兼任上海大学、国民大学、南方大学教授。1927年初,由陈果夫推荐去南昌见蒋介石,四一二反革命政变后,历任国民党上海特别市党部常务委员,上海市农工商局长、社会局长、教育局长。1932年4月在沪创办《晨报》,任社长。1935年11月,当选为国民党中央委员。抗日战争期间,历任国民党中央宣传部副部长、新闻检查处长、中央图书杂志审查委员会主任委员等职,并在中央训练团、政治大学新闻系兼任教授。1942年,任国民党中央常委。抗日战争胜利后,担任《申报》董事长,《商报》副董事长,上海参议会议长等。1949年离沪去香港创办国际编译社,旋赴加拿大。1950年5月抵美定居,初入《纽约新报》主持笔政,1951年5月与友人合办《华美日报》。1975年6月23日在纽约逝世。

1920 年

（民国九年,30 岁）

1 月 1 日　在《时报》发表时评《干实事上用功夫》,指出"愿国人保守觉悟与决心与团结力之精神,舍打电、开会诸虚文,于事实上用功夫,则中国不足救也"。

当晚在《时报》社约见读者谢菊曾,请其每周为《时报》编辑一期《儿童周刊》,并提及代狄楚青管理报社事。

1 月 3 日　在《时报》发表时评《誓与商界共进》,对于商界在元旦宣誓一事,指出"宣誓,空言也",应当付诸实践,"我国民,虽未与此宣誓,而爱国之心应同,请誓与商界而共进"。

《寰球中国学生会周刊》第 14 期刊登照片《戈公振像》。

1 月 4 日　在《时报》发表时评《华工同人会》,谈 3 日参加回国华工同人会,感受与会者"世界之眼光与牺牲之精神",指出"苟循宗旨力行,必能于我国工界放一光明"。

1 月 5 日　在《时报》发表时评《蚕校事》,指出安庆蚕校事,虽然皖委已经弄清事实,但是空穴来风,必非无因,应当揭穿破坏军学两界名誉之人,公之于众。

1 月 6 日　在《时报》发表时评《告华商》,指出近来西人多与我国商人联系,是西人开拓中国市场之举,希望华商窃勿故步自封,应当挽救我国商业于战后。

1月7日 在《时报》发表时评《禁吸》,谈抢土之案频发现象,希望"租界当局若有协助中国禁烟之诚意,则禁运之外,尤当注意禁吸,此与地方治安亦有关系也"。

1月8日 在《时报》发表时评《一再提倡赌博》,对于社会上赌博、奖券之风盛行的现象,指出"虽昏聩如前清,或不如是之甚"。

1月9日 在《时报》发表时评《从长计议》,对于工部局与华人之间因为市民权之争陷入僵局一事,指出双方各有所需,应当"从长计议,莫如缓收房捐之为愈也"。

1月10日 在《时报》发表时评《飞行之研究》,指出各国飞行事业进行得如火如荼,我国虽一时无发展的条件,"然何可无研究之兴味,则飞行俱乐部之加入,此其机会也"。

1月11日 在《时报》发表时评《误解》,对于世界于华人的误解,指出"华人之所欲者,公平之待遇耳",租界当局对于涉及华人的任何问题应当撇开误解,"而为和平之商榷"。

1月12日 在《时报》发表时评《买办与市民权》,指出买办与外人接触较早且多,华人争取公民权"倘能固结团体,向外人陈说利害,必可减少许多困难,早得圆满之解决也"。

1月13日 在《时报》发表时评《罢市》,说市民权问题引起了商人罢市风潮,并且愈演愈烈,希望"租界当局速自反省,勿使此风潮扩大,另生枝节"。

1月14日 在《时报》发表时评《温和》,告诫国人为争取应享受之权利,不必要采取激烈行动,"要知温和非畏怯之谓,乃柔之胜刚之道"。

1月15日 在《时报》发表时评《资本家要晓得》,谈工厂等接连失火之事,告诫资本家:"第一要多开太平门,第二要严禁引火的物件,第三要多置救火器具,第四要不惜买几个保险费。"

2 月 4 日　在《时报》发表时评《富人可以兴》，以斯坦福大学校长希望中国富人在乡村办大学一事，指出我国热心公益的富人确实很少，但我国失学之人确多，希望今后富人能够稍分其产兴办学校，勿为子孙浪费。

2 月 5 日　在《时报》发表时评《又游行》，对于各公团因为津事又议决游行一事，指出其"本末倒置，尚望其能一致对外乎"。

2 月 6 日　在《时报》发表时评《以私人提倡飞行》，指出欧美飞行家来我国，意在促进我国交通发展，希望"吾人于预备欢迎意国飞行家之际，国人各以私人资格，提倡顺世界而进步也"。

2 月 7 日　在《时报》发表时评《银行之日多》，指出我国新设银行达十几所，银行之组织优于钱庄，"惟望资本家善于任人，徐图发展，勿贪做卖空，贻金融之忧"。

2 月 8 日　在《时报》发表时评《沪人之责任》，指出社会上直接交涉之声越来越高，"此时不争，后悔曷及。上海为全国较自由之地，沪人应当积极担此责任"。

2 月 9 日　在《时报》发表时评《退还日股》，对于汉冶萍公司股东会退还日股提案通过表示欣慰。指出铁与一国之工艺、军备有关，此一做法有利于我国维护主权。

2 月 10 日　在《时报》发表时评《休业半日》，谈商界为救国休业半日之事，指出政府应当关注国民请愿，"倘政府再无以慰民望而铸成大错，窃恐各地从此多事矣"。

2 月 11 日　在《时报》发表时评《华工善后》，对于华工在前以命相拼，而军政大员在后加官晋爵，表示愤慨。指出"华工窃无所归，安知不铤而走险"。

2 月 13 日　在《时报》发表时评《紧急时期》，指出中日关于山东问题直接交涉与否，应当视国民反应而定。最近几日已经是最紧急时期，希望各界能为之奋斗。

2 月 16 日　戈公振作为储户代表参加万国储蓄会二千元得奖号码第 89

次开标会。

2月23日　在《时报》发表时评《一年之计》，指出政府以高压手段对待人民，人民终归反抗。"休业之商人，应知责任之重大，速起而挽救危局。"

2月24日　在《时报》发表时评《舍我其谁》，指出1919年我国商业虽有所获利，但"倘以获利自满，不知顺潮流而进，直市侩耳，岂予所望哉"。

2月25日　在《时报》发表时评《结账与信义》，指出商人"结账固所以清手续，而要非顾重信义者不能"，假使南北双方"亦以商人之法，早日推诚解决，则人民受赐无量矣"。

2月27日　在《时报》发表时评《都市之人之责》，指出都市因为消息来源真且快，内地多跟随其后，所以"都市之人一面监督政府，勿使有法外之行动，仍宜稍分余力，重以启诱内地之人"。

2月29日　在《时报》发表时评《海军贩土》，谈海军崔万寿贩卖烟土一事①，指责海军"以特别之护照贩土，视等专利，虽灾及兆民，而执法者不敢议其非"。

3月1日　在《时报》发表时评《长途电话》，说我国长途电话仅限于军用，而我国沪宁津汉等省，为我国商业中枢，"倘有长途电话贯通其间，必有以增进各地之发展"。

3月2日　在《时报》发表时评《考察实业》，指出大战结束后，各国早已为商战准备，"今政府始有派员赴欧考察实业之议，已不免失晨之鸡"。

3月5日　在《时报》发表时评《英日继续联盟》，对于我国山东问题在和会未得到公正解决，且又有英日联盟继续之传闻，"愿英人爱和平者，速辟此说，毋使成为事实"。

3月6日　在《时报》发表时评《华商其猛省》，对于日人意图在华扩张商

---

①　指海筹军舰轮机士兵崔万寿从海参崴到上海时私自携带烟土一事。

业实力,统一在华实业,增强其实力之现象,批评"吾散漫之华商,尚以为去岁获利之丰沾沾自喜"。

3月7日 在《时报》发表时评《听韩人演说有感》,看到韩国人覆国之后的惨状,反观我国国事维艰,告诫国人"殷鉴不远,后悔曷及"。

3月8日 在《时报》发表时评《见微》,对于当局禁止集会、言论自由以及拘捕代表的专制行为,指出应当以俄国为鉴,不容轻视。

3月9日 在《时报》发表时评《思其次》,对于国人群起而救国之事,指出"破坏易而建设难,使无法以善其后,则将陷国家而大乱"。

3月11日 在《时报》发表时评《万国商会》,对于上海总商会推荐聂云台①为代表参加万国公会表示赞同,希望聂君能够为我国争取平等机会,而利我国商业发展。

3月13日 在《时报》发表时评《呜呼,过激主义》,谈我国学生将赴海参崴与过激派联络的传闻,指出"其结果惟速过激主义之实现,将一动而不静"。

3月15日 在《时报》发表时评《政府无望矣》,指出虽然和会已成,"今之政府无望其觉悟,改弦更张,还以期诸国民"。

3月17日 在《时报》发表时评《人民代表》,对于旧议员代表因南北不和来沪,指出"自有国会以来,人民困于虐政,如水益深,如火益热",人民已经失去对议员代表的信任。

3月19日 在《时报》发表时评《华人亲华》,对于传闻有国人提倡华人亲美亲日之说,指出"今王(正廷)专使倡华人亲华之说,诚当奉为圭臬"。

3月21日 在《时报》发表时评《告南北学生》,称南北学生近来对国事小有意见,提醒其不能被谣言蒙蔽,"今国事维艰,正宜泯此痕迹,贯彻初志"。

3月23日 在《时报》发表时评《越狱》,对于上海某地罪犯集体越狱一

---

① 聂云台(1880—1953),名其杰,湖南长沙人,曾国藩外孙,1883 年随父前往上海,1893 年考取秀才,1905 年担任复泰公司总经理,1908 年购买华新改名恒丰纺织新局,1917 年与黄炎培一起发起中华职业教育社,1920 年任上海总商会会长,1953 年去世。

事,指出其疏于防范,平日管理无方已可概见。

3月25日 在《时报》发表时评《外交方针》,指出南北经济发展缓慢,和平统一势在必行,但"今之所争,仅为密约有无,然则统一之希望,其在外交方针之转移钦"。

3月26日 参加中国兴业烟草有限公司在大东旅社举办的春宴。

3月27日 在《时报》发表时评《呜呼,米禁》,对于十余万石米售与日本一事,指出国内存米有限,民食尚难,感慨"国尚可卖,何有于米"。

3月29日 在《时报》发表时评《欢迎与扣留》,指出吾国竭诚欢迎意国飞机,但是意国竟扣留我国商船,"按国际公例,两国间非有重大事变,不得扣留商船"。

3月30日 戈公振作为代表由上海北站乘火车赴天津参加青年会全国大会。

在《时报》发表时评《市民权》,指出市民权的解决,固然在于西人的觉悟,但华人也应当努力,特别是华人有地产者,应当减其自大之心,共同努力争取。

妻子翟蕴玉参加上海青年在松社举行的踏青会,与会者有康白情①、张闻天、张国焘、宗白华等人。

4月1日—5日 戈公振作为上海代表参加青年会全国大会在天津举行的25周年大会。

4月19日 在《时报》发表时评《难于联合》,对于南北护法假面揭穿以及罢课风潮之事,指出"中国人之难于联合,即此二事,可概其余"。

4月20日 在《时报》发表时评《安有贡献》,对于万国公会质问我国总

---

① 康白情(1896—1959),字鸿章,四川安岳人,中国白话诗的开拓者之一,毕业于北京大学。1918年秋,与傅斯年、罗家伦等人组织"新潮社",创办《新潮》月刊。1919年,康白情及"新潮社"成员参加了五四运动,并于同年7月召开"少年中国学会"成立大会,创办《少年中国》月刊。1920年留学美国,1926年回国在山东大学、中山大学、厦门大学任教。中华人民共和国成立后,先后在中山大学、华南师范大学担任教授。1957年病逝。

商会对于世界有何贡献,亦质问"其对内安有贡献"。

4月21日　在《时报》发表时评《中国南洋协会》,指出近日成立之中国南洋协会,对于我国商人联络华侨感情有重要桥梁作用。

4月22日　在《时报》发表时评《罢课后之酝酿》,对于罢课之后罢工罢市又在酝酿之现象,告诫国人"谣诼滋多,人心险巇,吾纯洁之可爱青年,不可不察"。

4月23日　在《时报》发表时评《推波助澜》,指出五四以来上海虽然也有学潮,但是军民之间相安无事,此次军士干涉学生演讲,"乃推其澜而扬其波,抑何不智如此"。

4月24日　在《时报》发表时评《目的宜简单》,对于学警冲突而促成罢市罢工之事,告诫学生,为地方治安计,"欲达最后之目的,贵有简单明了之表示"。

4月26日　在《时报》发表时评《挽救方法》,对于罢课适当与否不应再去纠结,应当寻求挽救之法,"此学生家族、学校教职员与其他教育、商业机关,所不能置身事外者"。

4月27日　在《时报》发表时评《意飞机至沪有期》,对于意国飞机28日即将抵沪表示欢迎,指出虽然前意国扣留我国商船,但"吾人倘不自强,虽日与人周旋何益"。

4月28日　在《时报》发表时评《学潮之推测》,对于日人又以直接交涉威胁我国,可知学生之牺牲并非无病呻吟。指出"我国社会之有责者,倘时置国事于怀,有真确之表示,则学生安心学业"。

4月29日　在《时报》发表时评《关余之解决》,指出关余案虽然已经判决,但争端未结束。指出"解决此问题,应速由国民公推无政治关系之人管理之"。

4月30日　在《时报》发表时评《呜呼,抵制》,对于近日我国进口日货有增无减,感慨"抵制"已成过去时。今中日交涉困难,"他日综论外交之失败,不当仅责政府,我国民实难辞其咎也"。

5月1日 在《时报》发表时评《上课》,对于学生决议十日上课一日表示赞同。指出"积弱之国,岂一朝所能救",学生应当量力而行,不要徒耗其力。

5月3日 在《时报》发表时评《意飞行家之成功》,对于意国第一架飞机即将抵沪表示祝贺,同时为其航队此次飞行覆没者达到半数但依然坚持下去之行为表示敬佩。

5月5日 在《时报》发表时评《社会如何》,指责官厅取缔学生之行为是过激之举。认为鲁案关系我国主权,事在必争,官厅此行为实属本末倒置。

5月6日 晚7点,戈公振等130余人参加北京航空事务处特派员徐祖善①等在静安寺路122号交涉公署欢宴,欢迎意国飞行团。

5月7日 在《时报》发表时评《自扰》,对于北京、上海等地学生联合会被政府查封,指出政府此举"徒无益于事实,其结果徒以增加反动之力,而使之益坚耳"。

5月29日 在《时报》发表时评《各尽其力》,对于中华职业教育社和万国拒土会为社会谋幸福开会一事,指出既已无望于政府,"人人能尽其天职,

---

① 徐祖善(1889—1957),字燕谋,江苏无锡人。1905年考入江南水师学堂(南洋水师学堂),先学驾驶,因病辍学一年后改学轮机技术。1909年以最优成绩毕业,在"海琛"号军舰实习,后为海军提督萨镇冰的侍从副官。1911年夏赴美留学,1915年底回国,由北京海军部派为第一次世界大战海军观战员。1917年派任伦敦使馆海军副武官。1918年春参加意大利海军在地中海作战,并兼任巴黎和会专门委员。1919年春徐祖善调任福建飞潜学校校长,未到任改调为北京海军部军事科长。后转往新设航空署兼任厅长。1922年,徐祖善脱离海军任接收青岛港务主任委员,兼任胶州海关监督。1924年11月,徐祖善任天津海关监督。1925年,任财政部驻北京办事处处长。1928年春出任陇海铁路管理局局长。1930年6月14日,国民政府外交部设立筹办接收威海卫事宜办事处,任命徐祖善为特派员。1930年9月成立威海卫行政区,任命外交部司长徐祖善为首任管理专员。1936年徐祖善先后担任宜昌、汉口海关监督。抗战爆发后,任海军部少将高级参谋,监督检阅马当防务。1938年桂林行营成立时,调任西南江防处处长兼粤桂江防司令。1942年秋调任全国海关海务巡工司。1945年后徐祖善在上海任华中轮船公司常务董事兼船务处长。其间曾一度担任塘沽新港工程局顾问、旅大视察团团长、青岛市政府顾问兼代秘书长。1951年,国家交通部曾邀其赴北京任职,未就。1953年,在华中轮船公司改组为公私合营后,退职回到无锡,不再任事。1957年病故于无锡。

则国不足救也"。

5月30日 东台旅沪学生会在陆家浜省立第一商业学校成立,戈公振妻子翟蕴玉为副干事,此会为东台旅沪同乡会的先声。

5月31日 在《时报》发表时评《商人徒知纳税》,对于南北相持,商业发展缓慢之现象,号召"商人亦不当徒知纳税,即不救国,尚须自卫"。

6月9日 戈公振在《时报》首创《图画时报》副刊。内容以反映中外大事为主,用道林纸铜版精印,深受读者欢迎。戈公振认为:"文义有深浅,用图画则尽人可阅;纪事有真伪,而图画则赤裸裸表出。盖图画先于文字,为人类天然爱好之物。虽村夫稚子,亦能引其兴趣而加以粗浅之品评。"[1]他曾对戈绍龙说,《图画时报》是他的得意之作。[2]《图画时报》的问世,使我国画报由"石印时代"跃入"铜版时代",为我国报纸增辟现代画报之始,导言写"世界愈进步,事愈繁赜,有非言语所能形容者,必藉图画以明之。夫象物有鼎,豳风有图,彰善阐恶,由来已久,今民风蔽锢,政教未及清明,本刊将继文学之未逮,一一揭而出之。尽像穷形,俾举世有所观感。此其本指也,若夫提倡美术,增进阅者之兴趣,乃其余事耳"[3]。

6月23日 上海证券物品交易所开幕在即,下午6点在法租界二洋泾桥顺丰西餐宴请上海政警商报界,戈公振作为代表到会。

7月13日 儿宝树[4]出生,取乳名哥德,英文为"Good"。[5]

---

① 戈公振:《中国报学史》,中国新闻出版社1985年,第201页。

② 戈宝权:《回忆我的叔父戈公振》,见政协东台县文史资料研究委员会编:《东台文史资料 第3辑 纪念戈公振诞辰95周年专辑》,1986年,第131页。

③ 公振:《图画周刊导言》,1920年6月9日。

④ 戈宝树(1920—2015),戈公振先生独子,江苏东台人,先后毕业于徐汇中学,上海震旦大学物理系,1947年去台湾,先后在台湾大学、台湾电力公司、台湾清华大学工作,1963年获得核物理博士学位,后任美国西屋公司驻香港办事处核技术经理,改革开放后致力于祖国的核工业建设,在秦山核电站建设和大亚湾核电站建设中做出过卓越贡献。

⑤ 汪国璠:《华裔核物理学家戈宝树》,盐城市政协学习文史委员会编:《人物春秋·盐城当代知名人士录》,2004年,第303页。

本月　妻子翟蕴玉(字凝辉,化名狄温玉)考入北大哲学系。之前从上海爱国女学国文专修科毕业。

8月6日　下午6时,美议员团赴大东旅社参加上海二十一公团茶话会,戈公振等400余人与会。

8月7日　《寰球中国学生会周刊》第42期,载戈公振介绍殷芝龄①入会。

参加美术团体天马会第二届新旧会员交谊会,②参加者有刘海粟等人。照片见8月15日《时报图画周刊》。

8月8日　《时报图画周刊》第10期刊"美议员团抵沪之盛况"专辑,戈写小文称"太平洋两大共和国国民之交谊于此又更进一步矣"。

8月14日　永安公司因其大东旅社之三楼新厅业已布置就绪,晚6时邀请各界人士在该新大厅宴叙,戈公振等到者千人。

9月15日　中华武术会在大东旅社叙餐并发表此届举定职员及征求会员办法,戈公振到会。

本月　戈公振的妻子翟蕴玉携子去北京读书,康白情作诗《送翟蕴玉夫人和他底果得儿往北京》。

10月17日　全国各界联合会中午在马玉山公司宴请报界人士,戈公振参加。

---

① 殷芝龄,江苏如东人,民国时期教授,哥伦比亚大学硕士,纽约大学哲学教育学博士,曾任私立商科大学、南方大学、国民大学教授、教务长,后从事商业活动。

② 根据《时报》1920年8月3日新闻《天马会常年大会记》记载,天马会通过第二届入会会员名单,内无戈公振,而戈又参加了天马会新旧会员联谊会,因此戈应当是上海第一个新式美术团体天马会的第一届会员。

11 月 7 日 《时报图画周刊》第 23 期刊登"精武体育会号"。精武体育会成立 10 周年,匿名人士捐资 3 万元,精武会造了公园,戈公振写文纪念此事:"上海缺少二重要建筑物,一公园,一图书馆",称赞该会热心公共事业。

12 月 17 日 上海昆山路东吴第二中学下午 4 时 30 分与湖州东吴第三中学校开联合竞辩会,其辩论题目为吴佩孚主张之国民大会能否解决中国时局,朱贡三、叶楚伧、戈公振三人作为评判员参加。

本年 戈公振听从郝伯阳①的建议,进青年会商业体操办坚持体育锻炼。

---

① 郝伯阳,天津人,美国留学生,获硕士学位,历任上海青年会体育部干事,远东运动场经理,中华体育协进会干事。

1921 年

（民国十年，31 岁）

1 月 24 日　在《时报》发表时评《自治》，指出"自治，为地方进步之阶"，但是我国今教育未普及，实业未兴，缺乏人才和资本。

1 月 25 日　在《时报》发表时评《急起直追》，说日、菲等国为下届远东运动会磨砺已久，我国方才着手，未免迟人一步。"我国体育家倘此次不自暴弃，急起直追，则弹指光阴岂容再失乎。"

1 月 26 日　在《时报》发表时评《旱灾纪念》，谈上海学生拟仿照北京开旱灾纪念会之事，指出沪、京两地情况不同，告诫上海学生"诚恳以赴之，安知成绩不优越于北京乎"。

1 月 27 日　在《时报》发表时评《商业考察》，指出华商重视经验和学识，但是对于新法不敢尝试。补救之办法在于定期组织赴国外商业考察团，"能如是，则于各业之进行，必收取长舍短之效也"。

1 月 28 日　在《时报》发表时评《本末倒置》，对于四川军阀以种植鸦片来供给军队日常开销，而且尚不止四川一省，感慨"本末倒置如斯，欲国家之进步得乎"。

1 月 29 日　在《时报》发表时评《实行议案》，指出政府确实困穷，但亦不应一切皆取之于民,没有尽头,"商人均知此,则亦有以对付加税矣"。

1月30日 在《时报》发表时评《查获军火》,指出虽然大战结束,但是国内动乱,军阀势必又将重新启用,屠戮国民,应当严厉查处,感慨"军火不祥之物,滋长战祸"。

1月31日 在《时报》发表时评《统一》,对于日本两城市争夺远东运动会主任一事,指出我国南北纷争、国家不统一与此情形类似,但是在国际上不应暴露。

2月1日 在《时报》发表时评《学校一百万所》,文章说,基督教教育会提出我国与美国相比,学校数差一百万所,但无奈我国"财用日艰","故今后唯一之希望,惟在实业振兴,以其余资谋教育之发展"。

2月2日 在《时报》发表时评《军阀与势衿》,对于诏安县委派商会会长一事,指出商会会长应当出自民选,和政府并无关系,此举乃是军人目无法纪之例证。

2月3日 在《时报》发表时评《救灾救彻》,指出对于"凿井、造林、治水、开路"等防灾建设,可以并举,此乃深得救灾救彻之真义。

2月11日 在《时报》发表时评《盈亏常事也》,指出盈亏是日常,不能以其论某一行业的兴衰,"是故盈不足喜,亏不足悲,惟努力进取而非行险侥幸者"。

2月12日 在《时报》发表时评《吴淞开埠》,指出吴淞商埠局开幕,前途甚可乐观,但是缺少资本,希望"爱国之资本家群策群力,以自辟商埠为己任"。

2月13日 在《时报》发表时评《谨慎》,指出近年来钱业取得较大发展,在于其有踏实的经理人事必躬亲,认真经营,"各业之希望发展者,可不鉴诸"。

2月14日 在《时报》发表时评《俭食救灾》,对于近日上海某殡葬耗费巨资浪费甚大一事,指出"倘为之子孙者,以俭食会为法,移以救灾,其造福为无量矣"。

2月15日　在《时报》发表时评《政治不良》，文章说旅华日商联合会开会，决议推广在华发展商业之办法，竟有十分之六七涉及我国内政，告诫国人"观于日人议案，当知所以自反矣"。

2月16日　在《时报》发表时评《优待教员》，指出教员生活日艰，缺乏教员情况严重，"今杨思乡所订优待教员办法，岂不以此各乡之以教育为先务者"。

2月17日　在《时报》发表时评《呜呼，烟禁》，指出有名无实之烟禁，已经发展到一发不可收拾的地步。如若再不思变革，数年之后，"尚有之烟禁者乎?"

2月18日　在《时报》发表时评《米贵之痛苦》，对于陈以益①为父母寿，因日人而招祸，指出虽未酿成交涉，但是"贫民对于米贵之痛苦，不已昭然若揭乎"。

2月19日　在《时报》发表时评《公园》，指出虽然我国已有公园之组织，也并非无热心公益之人，但是"用于消极之慈善多，用于积极之事业少，此中西人眼光之所以不同"。

2月20日　在《时报》发表时评《妇女之责任》，对于近来上海妇女办学，女界义赈会筹集捐款等成绩昭然，指出"倘此种新气象进而推及全国，则不待文字之争辩，而平等有不实现者乎"。

2月21日　在《时报》发表时评《过渡》，指出在此过渡之时代，新旧并行是常态，但之间有所隔阂也属正常，"今纳税华人之发生意见，未尝不出于此"。

---

①　陈以益(1871—?)，又名陈勤，自号松竹梅斋主人，别署志群、如瑾，江苏南浔人。他曾参与丁初我创办的《女子世界》的工作，1906年《女子世界》停刊，他又独力续办一期。在上海时曾与秋瑾有较多往来，并引秋瑾为"同志"。秋瑾牺牲后，他为了纪念秋瑾，在吴芝瑛、徐自华等人的帮助下于1907年底创办《神州女报》。该报停刊后，又于1909年创办《女报》，并写作《女论》，作为《女报》的增刊出版。陈以益十分敬重秋瑾，将自己的笔名署为"如瑾"。

2 月 22 日 在《时报》发表时评《时不我待》，说飞机运货载客不久将实行于京沪等地，号召"商人利用此机会，扩其业务，以其捷足先登，否则时不待也"。

3 月 20 日 上海天马会会员江小鹣①、陈晓江②二人定于当月 25 日乘高地安邮船赴欧考察美术。当晚该会同人在一品香菜馆为二人践行，戈公振作为来宾发表演说，谈艺术的重要。

4 月 24 日 晚上 7 点中华武术会，在小南门救火联合会举行社会童子军成立式暨会员交谊会，戈公振参加并发表演说。

5 月 1 日 闸北青夜国民义务学校征求会在一品香举行开幕礼。印度洋名誉队长戈公振参加并准备银杯及古画等奖品奖给各队名列前茅者以资鼓励。

5 月 2 日 《申报·自由谈》载贡少芹③文章《黄鹤楼游记》，记载戈公振去武汉拜访旧友，在贡少芹陪同下登黄鹤楼等事。

5 月 6 日 中华武术会教务主任吴志青因为远东运动会一事在一品香宴客，戈公振等参加。

---

① 江小鹣（1894—1939），本名江新，近代雕塑家，清末湖南学政江标之子，江苏吴县人，早年留学法国，归国后居住于上海，是天马画会的创始人之一，1927 年发起艺苑油画研究会，戈公振去世后为其雕刻半身塑像。抗战时客死昆明。

② 陈晓江（1894—1925），原名陈国良，浙江镇海人，毕业于上海美术专门学校，1918 年赴日本研究艺术，1920 年赴欧洲考察美术，1924 年在北京国立美术专门学校讲授西洋画，1925 年中暑去世。

③ 贡少芹（1879—1923 以后），近代小说家。名璧，字少芹，以字行，号天忏生，亦署天忏。江都（今扬州）人。南社成员，亦是"鸳鸯蝴蝶派"重要成员，与李涵秋、张丹斧齐名，并称"扬州三杰"。清末曾主编《中西日报》，撰有《苏台柳传奇》《刀环梦传奇》在该报连载。辛亥革命后居湖北，与何海鸣（字一雁）合办《新汉民报》。后到上海，因李涵秋介绍，先后在进步书局、国华书局担任编辑，并主编《小说新报》。

5月9日　下午1时,俭德储蓄会在南京路市政厅开第二届会员恳亲会,戈公振任招待。

8月14日　闸北青夜国民义务学校董事会假座西藏路宁波同乡会西菜室叙餐并举行成立会。投票公选方俶伯为董事会会长,聂云台、戈公振为副会长。戈公振发表演讲,提出学校应注重实用贸易之意见。

8月21日　南市中华武术会亟须购地自建屋宇,举行第三届征求大会并组织募金团,戈公振参会,任武胜队参谋。

8月26日　中午12时总商会公宴美使休门博士①,到场者戈公振等179人。

10月2日　上午10时上海新闸新康里房客为要求免加房租在西新康里第一弄内空地开房客全体大会,戈公振作为代表同新康洋行磋商。

10月9日　《时报》新馆落成开幕,来宾有70余人,戈公振是总招待,有记载称章太炎与康有为同坐,戈公振作陪,章太炎看见一对对男女跳舞,对康有为说"用夷变夏",康有为点头。但《时报》记载康有为并未到场。

11月4日　晚6时,纸业公会全体会员假座宁波旅沪同乡会设宴欢迎会长冯少由,并邀报界人士,戈公振作陪并发表演说,希望纸业同人此后纸业为猛烈之进步,能令群力建设大规模之新法造纸厂,以利报界与各界,是为真能救国者。

---

①　雅各布·古尔德·舒尔曼(Jacob Gould Schurman,1854—1942),曾任康奈尔大学校长和美国驻华特命全权公使(1921—1925)。舒尔曼于1921年6月2日被任命为美国驻中华民国特命全权公使,1921年9月12日在北京递交国书,1925年4月15日离任。

11 月 9 日　戈公振与曹谷冰①、潘公展、严谔声②、周孝庵③、胡仲持④等20 余人发起组织的"上海新闻记者联欢会"成立,戈公振任第一届会长。该会以"研究新闻知识,增进德智体群四育为宗旨"。章程规定:"每半年之第一月第一星期日,开全体大会一次,其余每月第一星期日,开全体常会一次,遇有必要时,得由中西文书记召集临时大会。"⑤

12 月 12 日　中午密勒报主笔裴德生⑥在联华总会宴请威廉博士,并邀戈公振等中文报馆人士作陪。

下午 5 时,威廉博士自圣约翰大学参观申报馆、时报馆,戈公振、侯可九等陪同,申报馆同人款待,先参观全馆各部,后在三层楼开茶话会。

---

①　曹谷冰(1895—1977),东沟乡高行镇人。就学同济大学。1923 赴德国柏林大学学习政治经济。回国后在天津大公报社工作。历任《大公报》驻北京、南京特派员,天津、上海、汉口、重庆各分馆编辑主任、总经理等职。1931 年以《大公报》特派员赴苏联进行考察,发表《苏俄视察记》,后汇编成单行本。中华人民共和国成立后,任中国人民政治协商会议全国委员会第二、三、四届委员。

②　严谔声(1898—1969),字文泉,海宁盐官人。早年肄业于上海大同书院。20 年代起,长期担任上海《新闻报》编辑、记者,兼任上海市商会秘书长。1929 年,创办《新声通讯社》。九一八事变后,该社最早发表日本侵华秘密文件《田中奏折》。1935 年,参与创办小型日报《立报》,宣传反对内战、团结抗日,后被勒令停刊。抗战胜利后,曾任上海市参议员,兼任市商会秘书长。时《新闻报》完全受国民党控制,谔声愤而退出。另办《商报》。中华人民共和国成立后,当选上海市人大第一至五届代表。1951 年,任上海市财经委员会委员,后兼副秘书长。1955 年,任上海市工商行政管理局副局长。1961 年,受聘为上海市文史馆副馆长。

③　周孝庵(1900—1973),字晓安,上海青浦人,1919 年毕业于江苏省第一商业学校,1920 年入《时事新报》,1924 年任复旦新闻系教授,1928 年出版《最新实验新闻学》,从事新闻工作同时,又考入上海法政大学,与史良为同学。后离开报馆成为执业律师,抗战胜利后代理过《新闻报》副总编辑,60 年代初去香港。

④　胡仲持(1900—1968),笔名宜闲,浙江上虞人。中共党员。1919 年开始发表作品。1920 年后历任上海《新闻报》、《商报》及《申报》外勤记者,生活书店《集纳》周刊主编,《香港华商报》主任,桂林文协总务部主任,《现代》半月刊主编,上海《解放日报》编委,人民日报社图书资料组组长。1952 年加入中国作家协会。哥哥为胡愈之,外孙女胡舒立。

⑤　马光仁:《我国早期的新闻界团体》,载《新闻研究资料》总第 41 辑,第 66 页,1988 年3 月。

⑥　裴德生(Don D.Patterson),密苏里大学毕业,密勒氏评论报主笔,圣约翰大学新闻系创始人。

12月13日　下午4时30分,上海新闻记者联欢会在青年会欢迎威廉博士①,戈公振等30余人作陪。

12月24日　上海新闻记者联欢会假座一品香开第四次聚餐会并欢迎世界报界联合会新闻调查委员会委员长美国新闻家格拉士君及其同伴,戈公振等作陪,公推戈公振主席致欢迎词。

本年　戈公振与翟蕴玉离婚,后未再娶②。同年帮助堂弟戈湘岚考入上海商务印书馆印刷所图画部。

---

① 沃尔特·威廉(Walter Williams,1864—1935),美国密苏里大学新闻学院首任院长,出生于密苏里,15岁成为印刷工,25岁成为《布恩维尔报道者报》主编,1895年被选为美国全国编辑协会会长,1908年在密苏里大学创办世界第一所新闻学院,1912年被选为世界报业公会会长,1915年成为世界报业大会会长。先后五次访华,对中国早期新闻教育影响巨大。

② 戈公振曾对助手黄寄萍言自己"五不",有不续弦的主张,因此是否离婚存疑,见黄寄萍:《戈公振的逸闻轶事》,《大上海人》1935年第3期。

1922 年

（民国十一年，32 岁）

1 月 8 日　中午，参加上海新闻记者联欢会在一品香举行的聚餐会，美国爱俄瓦省大学教育院院长罗素博士（Dr. William E. Russell）于餐会上演讲。退席后，会员复围坐讨论会务一切并公推戈公振等五君担任修改会章各事。戈公振君携其留音机片赴会，至绕兴趣。宴闭，复有来宾席时泰君代表罗威药房赠在座人士以营养品多瓶。

1 月 14 日　晚 6 点半，聂云台、郭秉文①、胡宣明②等在青年会会食堂宴请各界人士，列席者有戈公振等 30 余人，戈公振发表演说。

---

① 郭秉文（1880—1969），字鸿声，江苏江浦县人，中国近代教育家。1896 年毕业于上海清心书院。1908 年赴美国留学，先后获伍斯特大学理学士、哥伦比亚大学教育学硕士及博士学位。1914 年回国，任上海商务印书馆编辑。1915 年任南京高等师范学校教授兼教务主任，1918 年代理校长，1919 年 8 月任校长。1920 年筹建东南大学，1921 年任东南大学首任校长，系统引进"美国模式"。1925 年，郭秉文赴美国芝加哥大学哈里斯基金学院讲座教授，任中华教育促进会会长。翌年发起组织华美协进社，任社长。自 1923 年起连续三届当选为世界教育会议副会长。抗战胜利后任联合国善后救济总署副署长。晚年在美国创立中美文化协会，从事中美文化交流活动。

② 胡宣明（1887—1965），福建龙溪人，1910 年毕业于圣约翰大学，后考取庚子赔款公费留学生就读于美国约翰霍普金斯大学，获医学博士学位，1917 年回国任中华卫生教育会秘书，1921 年任广州市卫生局局长，1922 年成立中国卫生会，任董事，1965 年因脑出血病逝于上海。妻子周淑安，中国第一位专业声乐教育家，第一位合唱女指挥家，女作曲家。

2月1日　在《时报》发表时评《不知党义》,引述美议员话称中国议会制度只有正义没有党义。

2月2日　在《时报》发表时评《哀军人》,指当今军人不能有为。

2月3日　在《时报》发表时评《为地方计》,谈船员要求加薪一事,要求有公平调停的办法。

2月4日　在《时报》发表时评《五年》,谈胶济铁路收回五年。

2月5日　在《时报》发表时评《梁不容一日留》,指责梁士诒儿戏国命。

2月6日　戈公振因为报务繁忙辞去中国卫生会上海卫生筹备会委办职务。

在《时报》发表时评《惟利是图》,指军阀之间只有利益。

2月7日　在《时报》发表时评《弁髦国事》,指军人之通电只求工拙,不求事实,沿袭陈文,有类游戏。

2月23日　晚6时,在一品香参加俄国灾荒赈济会,列席者70余人,戈公振为干事。

3月12日　晚7时,交涉署欢迎回国之大会代表王宠惠①博士并邀各界作陪,戈公振与会。

4月9日　上海新闻记者联欢会于午后1时在本馆3楼会议室开会修正简章,举定职员。会员列席者逾半数,公推戈公振君为临时主席。先修正简章全部通过后,即投票选举职员。戈公振任评议员和体育干事。

4月13日　道路协会于下午7时假座青年会会食堂开执行董事会议。到会者戈公振等人,戈公振被推为委办。

---

①　王宠惠(1881—1958),字亮畴,祖籍广东省东莞市,民国时期著名法学家、政治家、外交家。他是在中国近代法学教育体系中第一位获得法学学位的人,又是第一个出任国际法院法官的中国人,曾任南京临时政府外交总长、民国北京政府司法总长、代理国务总理、南京国民政府司法部长、外交部长等职。曾参与起草《联合国宪章》。

4 月 20 日 道路协会于下午 6 时假座青年会会食堂开委办会。到会者有戈公振等,推举谢介子为委办主任,戈公振附议表决通过,选举票办法讨论结果依戈公振主张仿照寰球学生会通信投票之办法。

4 月 29 日 参加道路协会 7 时在青年会会食堂所开委办会。

5 月 4 日 参加上海新闻记者联欢会中午 12 时假座东亚旅社安徽厅举行的 6 月份聚餐会,会员到者 24 人,聚餐后开会讨论会务进行。照章规定出版杂志一种,定名为《新闻界》,每季出版一次,专研究新闻学识,不及其他。经费一层,广告收入作抵,已担任介绍广告者有戈公振等 4 人。

5 月 14 日 《申报》刊登报道称:"新闻记者联欢会前因修改章程未竣会务,未能积极进行,现在章程已经通过评议会,亦已产出其评议员戈公振等七人为评议员。每星期五下午一时在时报馆开评议会常会。讨论一切会务进行事宜。"

5 月 15 日 寰球中国学生会中午柬邀教育新闻二界人士在一品香宴会,到者 20 余人,戈公振等演说,谈论开第二所日校之事。

5 月 15 日 下午 6 时上海新闻记者联欢会在岭南楼西菜馆开茶话会,欢迎美国《星期六晚报》主笔马克森,列席者戈公振等 20 余人。

5 月 16 日 全国道路建设协会晚 7 时假座青年会会食堂开执行会,选戈公振为董事。

5 月 30 日 福田精舍仰西大和尚中午为发起极乐世界事宴请报界人士。先期由戈公振介绍,具柬遍邀各报记者及信崇佛教诸君,到者约 20 人。

6 月 18 日 南市中华武术会在小西门外放生局对面自购基地,起建会所,当日举行开幕礼。戈公振作为职员之一参加。

6 月 27 日 在《时报》发表时评《与虎谋皮》,提倡军阀废督裁兵。

6 月 28 日 沈家湾承天英华学校下午 2 时举行中学英文科第八届毕业礼,请戈公振发表演说。

7 月 2 日　联泰印刷公司在民国路新建房屋,添办五彩石印,晚 6 点在三马路一江春宴请各界人士,列席者有戈公振等 200 人。

7 月 9 日　上海新闻记者联欢会召开第二届全员大会,到者 32 人。除修改会章外,戈公振和谢福生①、潘公展、严独鹤、周孝庵、严谔声、张静庵 7 人被选为评议员,组成新的领导机构,戈公振任书记和体育干事。会上吸收新会员,通过有关决议。

7 月 13 日　在《时报》发表评论《国际联盟之宴会》,评论国际联盟为俄国饥荒静立几分钟,但"口惠而实不至也"。

7 月 31 日　中华武术会假座一品香开职员成立会。戈公振发表演说,希望公众视武术为切身之事,则征求成绩自然美满。

8 月 20 日　中华武术会晚 6 时假座西藏路一品香大厅,举行征求大会开幕宴。戈公振参会并任编辑干事。

9 月 10 日　在《时报》发表时评《体统安在》,指留欧官费生不得学费,有些不得不辍学打工。

9 月 12 日　在《时报》发表时评《告旅沪人士》,希望上海关心桑梓者不可不团结,服务不可不勤,发言更不可不慎。

9 月 13 日　在《时报》发表时评《兵匪不分》,指出中国匪乱是匪多兵成之,兵横匪成之。

9 月 14 日　在《时报》发表时评《美中不足》,指上海城市建设工程很多,但少博物馆、公园、图书馆。

9 月 18 日　全国道路建设协会于下午 6 时半假座青年会开董委联席会议,戈公振作为执行董事参加。

---

①　谢福生(1886—1935),英文名 F.M.Jefferson,广东人,长于烟台,民国时期著名记者、翻译家。

9 月 20 日　在《时报》发表时评《赣之兼护省长》，指江西已是完全军事范围，没有民政。

9 月 21 日　在《时报》发表时评《海军之节俭说》，批评海军对外护侨不足，对内足以助长内乱。

9 月 22 日　在《时报》发表时评《新税则》，谈新税则修订完成一事。

9 月 23 日　在《时报》发表时评《日本驱逐华侨平议》，指责日本以华侨不讲卫生驱逐，是欲加之罪何患无辞。

9 月 24 日　在《时报》发表时评《私运毒物》，批评外国输入鸦片至国内。

9 月 25 日　父亲戈骏叔阴历八月初五无疾而终于东台，享年 60 岁。戈公振得电，星夜奔丧回籍。并请孙中山先生为其父题写"戈骏叔先生遗像"和"戈骏叔先生之墓"文字。戈骏叔葬于城北卢家草宅祖茔。

9 月 26 日　在《时报》发表时评《上海教育之悲观》，指出上海教育私立无基金无设备、公立学额有限，外人所立只重外文，完全学校不多，为上海教育悲观。

12 月 21 日　因邮电加价，日报公会等六团体以税种未经国会通过不合法之命令，人民本无服从之义务。午后各推代表面谒何护军使请愿，何已通电取消。是以六团体在一品香聚餐公议，改请愿为道谢。戈公振作为日报公会代表参加。

12 月 22 日　中国保牙会在东亚酒楼开发起人及赞成人会，参加者有戈公振等数十人。

本年　介绍李涵秋去《快活》杂志当编辑。

1923 年

（民国十二年，33 岁）

1 月 1 日　《时报》刊登陈学昭①《我理想中的新女性》征文稿。戈公振对于这位未见面的作者，除寄去稿酬外，并附信勉励，开始书信往来。

1 月 3 日　道路协会于晚 7 时假座青年会开第一次执行董事会，戈公振参加。

1 月 7 日　上海新闻记者联和会中午在四马路岭南楼开第三届选举大会，并举行一月份聚餐。先后列席者有戈公振等 25 人。

1 月 20 日　参加上海进德会第一次征求会员会，该会下午 7 时在青年会殉道堂举行开幕式，由上海教士公会等中西男女 22 团体所组织，戈公振为十队长之一。

1 月 21 日　参加朱进之博士②追悼会。下午 2 时江苏省教育会、时报馆、淮海银行、东南大学、商科大学等 11 团假座林荫路省教育会三楼举行朱进之博士追悼大会，戈公振发表演说。

---

① 陈学昭（1906—1991），女，汉族，原名陈淑英、陈淑章，笔名学昭、野渠、式徽、惠、玖等。浙江海宁人。中国作家、翻译家。曾参加浅草社、语丝社等文学团体，1935 年获法国克莱蒙大学文学博士学位。回国后历任延安《解放日报》副刊编辑，《东北日报》副刊编辑，浙江大学教授，浙江省文联副主席，中国作家协会浙江分会名誉主席。

② 朱进之（1888—1923），中国早期合作社思想传播者，教育家、经济学家，主张平民银行，互助合作。

2 月 4 日　中华全国道路建设协会中午在大东旅社餐楼开全体职员会并欢迎名誉会长王儒堂,戈公振到会。

2 月 19 日　当日为《新闻报》成立 30 年纪念日,在一品香大厅举行祝典,戈公振出席。

2 月 24 日　参加道路协会于晚 7 时在青年会会食堂所开执行董事会,戈公振发表主张:1.不借外款;2.由地方自治团体监督用途。

3 月 17 日　参加画家胡旭光和爱国女学文科毕业生陆洁贞的婚礼。该婚礼当日下午 4 时假座福州路振华旅馆大礼堂举行,戈公振发表颂词。

3 月 26 日　《时报》刊评论《告日人》,否认“二十一条”,力争收回旅顺大连。

4 月 23 日　闸北青夜义务日校征募会下午 2 时假座宁波同乡会西餐厅举行开幕礼,戈公振作报告。

5 月 29 日　《申报》载:“闸北宝通路中学因学生日形发达而校舍尚系租赁民房,殊为狭陋。爰议募集经费,自建校舍,刻已得诸热心人士之赞助,如戈公振等,特于昨日假座一江春西餐馆邀宴各队长磋商。”

6 月 3 日　上海各团体为临城劫案①所组织的国民大会在沪军营开会,莅临者千余人,戈公振参加。

6 月 18 日　在《时报图画周刊》第 153 号发表小文《普陀游踪》。

6 月 24 日　闸北宝通路中华公学下午假座宁波同乡会行建筑校舍征募

---

①　1923 年 5 月 5 日,在津浦线上疾驶的由浦口开往天津的第二次特别快车上,乘坐着中外旅客 200 余人,其中有参加山东黄河宫家坝堤口落成典礼的外国记者和外国旅游者数十人。次日凌晨,当列车行至距离临城站 3 里的沙沟山时,突然被孙美瑶率领的“山东建国自治军”1000 余人阻截并扣押,史称临城大劫案。

会开幕礼,戈公振莅临并发表演说。

7月7日 下午2时至5时,参加中华体育协会在岭南楼的发起人会议,到者30余人,戈公振起立致辞,略谓:"此次中国参与远东运动会,论者早知无优胜之望。良以中国平时无体育机关,又乏相当准备,迨失败归来,各方均极愤懑,欲从根本上所建设。当时曾举行一讨论会。当时决定先从华东方面组织一体育会,然后与华南、华北、华中各体育会组成全国体育会。"

7月13日 爱多亚路上海证券物品交易所当晚在大东旅社三楼宴请报界人士,到者约20人,戈公振发表致辞。

7月22日 参加中华公学交谊会。闸北中华公学当晚7时假座南京路东亚酒楼宴请本届征求基本金各队队员,列席者有戈公振等87人。

7月29日 《时报》刊评论文章《记者之感想》,认为以外交手段谋和平,和平终不能实现。

7月31日 北京民治通信社、京津晚报社被封后,该两社驻沪记者李士林比发艳电,分致京津报界及政界要人,请求竭力援助。上午李士林在一品香宴请上海报界,到者20余人,公推戈公振商请日报公会共同援助,以免全国言论界前途之危险。戈公振列名援助电稿签名。

8月4日 在《时报》发表时评《吊哈定①》,评论美国总统哈定之死。

8月10日 戈公振在《东方杂志》上发表《中国新闻事业之将来》一文,对于当时我国新闻事业的前途,戈公振认为:"乐观悲观,虽两者兼有,而乐观之量,较多于悲观,则所敢言;我人苟知卧薪尝胆,则新闻界之将来,即中国国运之将来,尚有无穷希望。海内同胞,当闻此而欣然也。"

8月19日 赴北京参加中华教育改进社年会,上午9点30分坐沪宁车,

---

① 沃伦·甘梅利尔·哈定(Warren Gamaliel Harding,1865—1923),美国第29任总统,出生于俄亥俄州,在任期内去世。

下午 4 点到浦口,晚上 7 点 10 分北上津浦线。

8 月 20 日 火车过泰山、黄河和临城、人人皆手指抱犊崮谈劫匪一事。下午 5 时到德州,大雨阻断铁路。当晚终夜大雨。

8 月 21 日 留滞德州车站。

9 月 28 日 在钱塘湖观潮。

9 月 29 日 在《时报》发表时评《观潮者言》,评价观潮之事。

10 月 2 日 下午 7 时中华体育协会在时报馆三楼召集第二次筹备委员会,戈公振等 10 余人参加。

10 月 7 日 中华体育协会本定于下午 2 时假座斜桥公共体育场举行成立大会,后因到会者仅戈公振等 40 余人,改开筹备会,戈公振报告以前筹备之经过情形。

10 月 10 日 在《时报》发表评论《今日应有之觉悟》。

10 月 20 日 《申报》载:"记者会游园会之筹备上海新闻记者联欢会成立两周,会员尚发达。本月常会议决十一月十一日假简氏南举行游园会。由筹备员戈公振、张滇叔等前往南园视察。"

11 月初 戈公振在时报馆第一次见到陈学昭,陈回忆:"他显得还很年轻,他有一个高高的个子,长而略带方的面孔,很清秀,戴着一副银丝的眼镜,完全是一个英国式的绅士。态度和说话非常持重。"

11 月 4 日 从当日开始,每周在《时报》发表以"一周国内大事纪要"①为总题目的社说,对国内外大事进行较长的点评,本次题目为"北京政局"与"西南战祸"。

---

① 这些评论一般以"一周国内大事纪要"和"一周国外大事"纪要为名,本书借鉴和采用朱兆龙先生《戈公振时评集》做法,以新闻纪要的题解为标题,特此说明。

11 月 9 日　在《时报》发表社说《人祸与天灾》，对一周内国外大事做一总结，即德国赔款问题和分立运动，还有日本大地震。

11 月 12 日　在《时报》发表社说，指出"中国人之弱点是缺乏团结力"，南北问题和粤湘问题都没解决。

11 月 16 日　在《时报》发表社说《欧战流毒于今为烈》，指出欧战结束后，德国内讧外患频发，美德关系因赔款问题日益紧张，英国亦因新加坡港问题内部争权夺利，所以各国并未收获应有之和平。

11 月 17 日　上海新闻记者联欢会在宁波同乡会举行二周年纪念会，午前 11 时在四楼举行聚餐，列席者 30 余人。戈公振作为临时主席致开会辞。

11 月 18 日　全国道路协会选举执行董事暨各部董事，戈公振当选编译董事。

11 月 19 日　在《时报》发表社说，评论金法郎、巡阅粤湘和淞沪厅长问题。

11 月 21 日　参加由海上文艺家日前发起的文艺组织——中国文艺协会，该会在寿石山房开成立大会，戈公振参与，会址暂设山东路 161 号。

11 月 23 日　在《时报》发表社说《德国内忧外患与英国关税问题》，指出德国因自身皇帝存废以及对战胜国赔款一事，政局动荡；英国亦因为战后社会经济萧条，政局不稳，关税问题也难以积极解决。

11 月 30 日　在《时报》发表社说《协约国貌合而神离》，指出协约国内，欧战胜利后实应振兴国家，但是"英德党人力争权柄，日本军阀与党人相仇"。

本月　为贡少芹撰述的《李涵秋①》一书题辞："涵秋先生之小说善状物情，能引人入胜，久矣脍炙人口，公振与先生同事年余，乃觉其为人虽索笔游戏文章，终不失书生本色，是尤为称者，今少芹先生辑是书以彰之，诚非乡人之私

①　李涵秋（1873—1923），清末民初文学家。名应漳，字涵秋，号韵花，别署"沁香阁主人"。扬州人。20 岁中秀才。29—48 岁，先后到安庆、武昌做家庭教师。1910 年起，任两淮高等小学文史地教员，后兼任江苏省立第五师范学校国文教师。1921 年赴上海，主编《小时报》，兼为《小说时报》及《快活林》等报刊撰写小说。次年秋，辞职返扬州，未几病逝。

好也,爱书数语以志景仰。戈公振。"

12 月 2 日 在《时报》发表社说《一言以蔽之,只有人的问题而已》,评论国会争长、内阁难产、裁员不彻底等问题。

12 月 7 日 在《时报》发表社说《英国会选举与德国赔偿问题》,指出英国选举结果显示保守党必占多数,但是选举之后"各党仍努力宣传,到处发生捣乱行为,竞争剧烈"。此外,德国赔款问题,赔偿委员会本想美国参与,但无果,后马克斯临危受命德国总理,挽救德国于危亡。

12 月 9 日 在《时报》发表社说,评论众院议长之争、各机关裁员、孙中山收回粤海关权利等事。

12 月 12 日 全国道路建设协会召开第三次执行董事会,戈公振被推为组织委员。

12 月 14 日 在《时报》发表社说《英美德日当政剧烈纷扰未已》,对于德国政党选举中保守党获胜,美国党争日益剧烈,德国马克斯内阁步履维艰,日本因党争竟出现党魁被害现象,感慨"党祸之烈无逾今之世矣"。

12 月 16 日 在《时报》发表社说《今国中所争,惟利之一字》,指出南北国会、中央各省收入、各省长兼任、反吴派倾轧等问题都是如此。

12 月 21 日 在《时报》发表社说《暗淡世界中之一线光明》,指出虽觉世界暗淡,但是"希腊王室倾覆,汤吉尔公约成立,德法直接谈判开始,日本复兴灾区之努力,固暗淡直接中之一线光明也"。

12 月 23 日 南市中华武术会在大东旅馆开第五届董事会,选举会长及各部职员,戈公振被选为文书主任。

12 月 28 日 在《时报》发表社说《国际间虞诈相,尚有何乐观而言》。

12 月 30 日 在《时报》发表社说《众议院召开临时会议未果》,对于众议院召开临时会议,未取得应有之效果,指出"军人争地以战,议员唯利是图,财政日窘,外交愈退让,益以人民之苟且偷安"。

本年春 同乡去戈公振在时报馆住处，据其回忆："十二年的春初，我谋食在上海，常在公振先生那里走走，公振住在时报馆宝塔式的三层楼上，他的床架上挂着一串念佛珠，那时候我因知道公振正怀着烦恼的心事，一串念佛珠或者能解决烦恼的问题吧。我内心发动了这样的疑情。有一次我和公振谈起了常惭愧僧。我说：'公振先生我的个性，我的环境，我出家做和尚最好，而且我的心情又不同一般的青年。现在，事事都感觉苦恼，你可不可以替我介绍跟那位印光法师出家'，公振以沉默的笑容答复我：'出家是好的，可是印光法师听人说，他不收徒的，且等待两年。将来我们一同出家吧。'谈谈别的，两个人互换拿着那串念佛珠，有意无意的用手指捻着。隔了两天，又在他的书架上检到一本印光法师文钞，又隔了两天，他邀我在四川路青年会午餐。向我说明他的老兄（绍甲）一天来了两次快信，要我回到家乡去帮忙，担任高级教员。那天晚上上了船，公振的一本印光法师文钞就赠与我做了送行礼物。"①

本年 同乡李华丰组织文学社，来上海请戈公振支持，戈在其离沪时说："今后要有成就，必须刻苦自学，如水滴石穿，持久不懈。"

在日本学习制版技术的鹿文波②在关东地震后写信给戈公振，戈回信称欢迎文波回上海工作，并寄上回国川资。

---

① 大醒：《拜识印光大师的因缘及其印象》，见陈海量辑《印光大师永思集》，上海大法轮书局 1945 年版，第 82—83 页。

② 鹿文波（1901—1980），原名鹿海林，河北枣强县鹿家花园人。我国彩铜制版第一人。15 岁去北京有正书局当学徒。17 岁被书局派去日本东京赤坂日本美术写真印刷所学习三色铜版制版技术。5 年后回国，被上海有正书局总局调至上海创建制版公司。应日本人小林荣居之聘在上海的美术制版社工作。1927 年，在英国人施德之创办的金星制版所，为施德之编纂的《中国陶瓷图录》制版，完成后被陆步洲聘请进文华印刷公司任制版部主任，出版《文华》大型画刊。1933 年，与好友柳溥庆在上海发起成立中国印刷协会。抗日战争爆发后，出资在大沽路创立开文制版所，以三色铜版复制古代绘画达到很高水平而闻名。1953 年，应文化部文物局邀请，开文制版所和他全家搬到北京，进故宫博物院印刷厂工作。1956 年该厂划归文物出版社。1958 年被评为高级工程师。70 年代，被文物出版社印刷厂聘为技术指导。1980 年初，当选为中国印刷技术协会理事。1980 年 3 月在北京逝世。

1924 年

（民国十三年,34 岁）

1 月 1 日　作为介绍人参加小说家毕倚虹①在东亚酒楼与吴县汪臻玮女士的结婚礼。

1 月 3 日　道路协会当晚在金陵春开征求委员会,到会者有戈公振等 16 人。戈公振为绅界组主任,同组有唐世昌、吴志青、朱剑霞等人。

1 月 4 日　在《时报》发表社说《形势善化之曙光》,记录国内外大事所谓曙光者。

1 月 6 日　闸北青夜义务日校下午 2 时假座西藏路宁波同乡会举行褒荣大会,同时又举行新校董会,戈公振作为副董事长致辞欢迎新董事。

1 月 6 日　在《时报》发表社说《内阁与议院交哄,湘省与粤省战乱》,指出内阁议院因政治中心移于洛阳一事交哄,湘省和粤省亦战乱不断。

1 月 11 日　在《时报》发表社说《东亚民气之发扬,西欧战机之潜伏》。

1 月 13 日　在《时报》发表社说《吴佩孚欲用武,孙中山欲北伐》,指出吴佩孚不满曹锟等人把持朝政,欲以武力统一内部之乱;孙中山亦于 4 日开会决定组织政府,并欲图北伐,统一全国。

---

①　毕倚虹(1892—1926),江苏仪征人,原名毕振达,出身名门,祖母为刘铭传之女,原配夫人是李鸿章曾孙女。民国后考入中国公学,后创作大量鸳鸯蝴蝶派小说。

1月18日 在《时报》发表社说《民权日昌之证也》,指出日本、英国民权日昌,中国与俄国接壤,应早为建交。

1月20日 在《时报》发表社说《评川粤之战,议承认苏联》,指"文人争权,武人争地",内阁国会之间争权夺利,川粤之战势必难以避免。认为承认苏联是顺应世界潮流之行为。

1月21日 中华武术会假座法租界奥礼和路14号静远草堂谢宅开第三次评干两部联席会议,推举吴山、胡佩如、戈公振等为征求委员会委员。

1月25日 在《时报》发表社说《世界潮流互为潮流》,评论英国工党政府成功,日本贵族内阁倾覆,苏俄领袖列宁天不假年。

1月26日 参加全国道路建设协会中午在宁波同乡会召开的智琼特别征求队成立大会。

1月27日 在《时报》发表社说《政治浑浊如故,烽烟弥漫如故》,对于孙宝琦、王克敏等人在国会中争名逐利,川省、浙省等战事不断以及烟禁难以为继等事,感慨"政治浑浊如故,烟禁废弛如故,烽烟弥漫如故,苟且偷安百事从脞又如故"。

1月31日 在《时报》发表文章《体育的好处是怎样?》。

2月8日 在《时报》发表社说,称"吾闻苏俄之承认而为世界民治喜,吾闻威尔逊之死而为世界人才惜"。

2月9日 参加上海新闻记者联欢会会议,戈公振任评议和娱乐委员。

2月10日 参加全国道路建设协会在宁波同乡会召开的全体职员大会。
在《时报》发表社说,评论内阁民党与中俄问题。

2月15日 在《时报》发表社说《为世界外交开一新纪元》,同意英首相所说外交政策必须完全真直、绝对坦白。

2月17日 在《时报》发表社说《北方直奉皖鼎立,南方孙陈对峙》,文章说,北方直奉皖系军阀争权争地、混战不断,孙中山名为南方军政领袖,但当地军阀实则利用孙之名,亦战乱不断,感慨"孙中山谓人人有升官发财之想,实可道破今日一盘散沙之现象也"。

2 月 22 日　在《时报》发表社说《无情亦变为有情也》,评论有关英相言论被批评陈义过高的问题。

2 月 24 日　参加青夜义务日校开学礼,并发表演说。

参加全国道路建设协会 8 时在宁波路旅沪同乡会举行的第三届征求会员大会正式开幕礼。

在《时报》发表社说《财政无办法》,指出南北政象趋于消极,因为财政无力。

2 月 29 日　在《时报》发表社说,指出新旧之纷争如和平神与战争神角逐。

3 月 2 日　在《时报》发表社论《今之军人,化完肤为烂肉之霉菌也》,对于吴佩孚将川粤比为烂肉,应当挖去,并称江浙为完肤,指出"今之军人,化完肤为烂肉之霉菌也,不歼之而去,中国其无完肤乎"。

3 月 7 日　在《时报》发表社说《过渡中欧洲时局应有之纷扰现象》,关注世界政局纷扰。

3 月 9 日　在《时报》发表社说《军阀政阀祸乱相寻,国且不国》,指出军阀攘权多势,排除异己,使国家动荡不堪,人民处于水深火热中,如果再任由其发展下去,则"国且不国"。

3 月 14 日　在《时报》发表社说《疮痍未起　危机未伏》,指世界为浑浊空气所弥漫。

3 月 16 日　在《时报》发表社说《军政费用无着落,川闽争长令留中》,对于军政费用还未拨出就要收回,川、闽两省战事亦绵延,指出今日之局面,若不善加解决,则不知以何善后,国家何日才能重归正常。

3 月 28 日　戈公振受侄儿戈宝权之托,从上海邮寄了一套唐小圃编译的

《托尔斯泰儿童文学类编》(商务印书馆,计五编六册)给戈宝权。戈公振在第一本封面上写有"宝权侄览,公振寄"等文字。

4月6日 在《时报》发表社说《顾维钧①与加拉罕②磋商中俄复交》,指出中俄之间的交涉,因顾维钧与王正廷之间的不和,几致决裂态势。但经过国内各界人士的发电责难之后,顾以国事为重与加拉罕互通照会,磋商中俄复交。

4月9日 下午3时,上宝平民教育促进会在四川路青年会会食堂开茶话会,招待本埠新闻界。到者有20余人,戈公振提出,关于登义务广告一则,可由教育会入青年会征求办法,由各商家所发广告中刊登数天;关于宣传平民教育事件,报界负同样责任,当尽力宣传云。

4月11日 在《时报》发表社说,评论德国赔款问题等。

4月13日 在《时报》发表社说《中俄交涉延宕与南中殃民战争》,指出中俄交涉,因为铁路、外蒙古等问题,已进入延期的状态;南中战事因军阀利益争夺亦愈演愈烈,殃及人民。

4月15日 参加南市中华武术会假座北京路功德林召开的征求第一次讨论会。

4月18日 参加欢迎泰戈尔③的公宴。泰戈尔当日乘江裕轮赴南京,各

---

① 顾维钧(1888—1985),字少川,江苏省嘉定县(今上海市嘉定区)人,毕业于美国哥伦比亚大学,是中国近现代外交家。

② 加拉罕(1889—1937),苏联人。1889年出生,1904年加入俄国社会民主工党。1917年加入布尔什维克党。曾任苏俄政府副外交人民委员。曾两次代表苏俄政府发表致中国人民和政府的宣言。1923年9月率苏俄外交代表团来华,次年与北洋政府签订《中苏解决悬案大纲协定》,恢复了两国正常外交关系,随后任第一任苏联驻华大使。1926年8月回国,再度任副外交人民委员。后任苏联驻土耳其大使。1937年在苏联"肃反"中遭枪决。

③ 泰戈尔(1861—1941),印度著名文学家、社会活动家,1913获诺贝尔文学奖,1924年访问中国。

团体代表在北京路功德林素菜馆公宴泰戈尔。到者有徐志摩①、郑振铎②、戈公振、刘海粟、列克女士等 60 余人。

在《时报》发表社说,评价日美移民问题、德国赔偿问题以及英俄会议。

4 月 20 日　在《时报》发表社说《中俄交涉依然停滞,闽粤战争混而为一》,指出顾维钧已经销假,王正廷亦回京,但是中俄之间的交涉仍处于停滞;闽省和粤省的战事,亦进入混而为一的态势,感慨"兵连祸结,正未知何时已也"。

4 月 25 日　在《时报》发表社说,评价日美移民问题和希腊政局。

4 月 27 日　在《时报》发表社说《兵越裁越多,财越理越乱》,对于地方军阀为保护个人势力,兵越裁越多,财越理越混乱,指出"理财必须裁兵,今之言政局者,于军事、财政两问题,遂牵连而不可分"。

4 月 29 日　《申报》广告载:市北高中部添聘时报戈公振君为商业应用文教师。

5 月 2 日　在《时报》发表社说,评论德国战争赔款、日美移民争论和英俄会议。

5 月 4 日　在《时报》发表社说《学潮迭起,战乱不已》,指出内阁国会混乱不堪,即使新内阁成立,对于中俄交涉无果,学潮迭起亦无办法。此外,闽南,粤省的战事又展开,深感战乱不断。

5 月 7 日　中华体育协会筹备处于当晚 7 时在时报馆三楼开会,戈公振等到会,讨论在武昌开成立会事宜。

----

① 徐志摩(1897—1931),原名章垿,字槱森,浙江海宁人。现代诗人、散文家,新月派代表诗人,新月诗社成员。

② 郑振铎(1898—1958),字西谛,出生于浙江温州,原籍福建长乐。中国现代杰出的爱国主义者和社会活动家、作家、诗人、学者、文学评论家、文学史家、翻译家、艺术史家,也是著名的收藏家、训诂家。

5月9日　在《时报》发表社说,评价美新移民法案、德法日三国选举、日俄谈判等问题。

5月11日　在《时报》发表时评《美国将退庚子赔款》,指出北京政局似有缓慢进展之现象,南方的战事还将处于相持态势。对于美国6日通过退还我国庚子赔款一事表示高兴,并希望其不直接落入军阀手中,而能"用于切实有利于中国人民之途"。

5月21日　《申报》载:报界戈公振、邵力子①、严独鹤②、叶楚伦③、严谔声等中国美术实业展览会筹备委员会委员分头向其他各团体接洽,作为大规模之运动,使此次在美之中国美术实业展览会,得以早日出现于新大陆。

5月25日　在武昌参加中华体育协会与中华业余会运动会合并事发起会。据《申报》载:"当全国运动会未举行前,中华体育协会发起人戈公振等,会通函各省体育家,要求乘全国运动会在武昌举行时,派遣代表再鄂商议一切,俾得成立。二十二日在武昌体育场中楼开发起会。因到者人数不多,无结果而散。二十五日,始假座湖北教育厅正式开会,到者有戈公振等七十余人。

---

①　邵力子(1882—1967),原名邵景泰,字仲辉,号凤寿。浙江绍兴人。中国近代著名民主人士,社会活动家,政治家,教育家。早年加入同盟会,并与柳亚子发起组织南社,提倡革新文学。1920年加入上海共产主义小组,1921年加入中国共产党。主持上海《民国日报》,任总编辑。1925年任黄埔军校政治部秘书长,参加国民党改组工作。1926年退出中国共产党。1927年后,历任甘肃省主席、陕西省主席、国民党宣传部部长、驻苏联大使等,主张国共合作。中华人民共和国成立后,曾任全国人大常委、政协常委、民革中央常委等。

②　严独鹤(1889—1968),名桢,字子材,别号知我、槟芳馆主,笔名独鹤、老卒。清咸丰年间翰林严辰的侄孙,桐乡乌镇人。"独鹤"是他早年丧偶后所取笔名。1914年起,在上海主持《新闻报》副刊笔政长达30余年,编有《快活林》《新园林》。著有长篇小说《人海梦》《严独鹤小说集》及电影剧本数部,解放后任上海图书馆副馆长。

③　叶楚伦(1886—1946),原名宗源,字卓书,江苏吴县人。早年加入中国同盟会。1912年创办《太平洋》报,1916年创办《民国日报》,任总编辑。1926年到广州任国民党中央政治会议秘书长。国民政府迁到武汉后,任国民政府联席会议秘书长、国民党上海临时政治分会委员。1927年参加四一二反革命政变,后历任国民党中央党部工人部代理部长、中央宣传部部长、江苏省政府主席、国民政府委员、国民党政府代理文官长、国民党中央政治会议委员、中央执行委员会常委兼秘书长、国民党政府立法院副院长。抗日战争胜利后,任苏浙皖三省、京沪两市宣慰使。1946年病逝。

杜君与戈公振二君,报告此会组织原因与经过情形。主张中华体育协会与中华业余会运动会合并,全场秩序大乱,几至动武。"

本月 在《电影杂志》第一期刊文《影戏和新闻事业》。

6月13日 在《时报》发表社说《政潮澎湃 易地皆然》,评价日本、法国、美国政坛事。

6月15日 在《时报》发表社说《北方之阁潮与南方之战乱》,对于北方内阁近日由于内部争权又呈扑朔迷离之状,南方之战事相持不下,指出国家元气丧失殆尽,"其情形亦犹是也"。

6月20日 在《时报》发表社说《各国政潮之发生也烈,而其结束也亦易》,评价法国、日本、美国、意大利等政坛纷争。

6月22日 在《时报》发表社说《闽事初息,粤战更亟》,指出粤省战事更加激烈,而闽省由于吴佩孚对于川闽二省实行兼并政策,战事初息,但仍然暗潮涌动。

6月27日 在《时报》发表社说《法德相仇英法异趣》。

7月2日 时任北洋政府代理国务总理顾维钧聘戈公振为国务院咨议。

以"春霆"名在《时报》文艺副刊《小时报》发表文艺评论《观"少奶奶扇子"后》。

7月3日 《申报》载:北四川路横滨桥上海女子体育师范学校成立,已历半载,现扩充校园,戈公振等赞助。

7月4日 在《时报》发表社说,评论国际事务。

7月6日 在《时报》发表社说《阁潮日益加急,中俄协定成立》,指出孙宝琦和王克敏之间矛盾重重,从而使得内阁风潮日益加急。中俄协定经过各方势力积极推动,最终成立。

7月11日 在《时报》发表社说,评论国际事务。

7月13日 正午12时,上海新闻记者联欢会假座一枝香开临时会员大会,到会者23人,决定每月由会员4人为一组,担任办理聚餐事。戈公振表示愿将手译之《新闻学撮要》以上海新闻记者联欢会名义出版。

在《时报》发表社说《湘赣闽粤淫雨为灾,武人未悔继续蜗斗》,指出湘赣闽粤四省,连日大雨已成天灾,"人畜漂流,惨不忍睹"。军阀之间,还不知悔改,继续内斗。中俄协定遂成立,但是一直未召开正式会议,"前途荆棘,未可抱乐观也"。

7月20日 在《时报》发表社说《川南灾至人相食,皖北民婴兵革祸》,指出近日由于连日大雨,川南竟发生吃人之事,"荒象已成,正不知何以善其后"。地方军阀围剿六安之地土匪,但"皖北人民何辜,忽婴兵革之祸"。

7月25日 在《时报》发表社说《伦敦之协约国会议》。

7月27日 在《时报》发表社论《中俄将互派大使》,指出"颜阁虽尚在疏通中,然去实现之期已不远矣",中俄之间互派大使,中东路和外蒙古等问题将有新进展。粤省之战事,亦未停滞,"皖人于兵匪,殊无所择别"。

上午在卡尔登戏园观看明星电影公司影片《苦儿弱女》。

7月29日 《申报》载:"鉴于中国摄影术之幼稚,故特联络戈公振等组织中国美术摄影学会,地址在白克路七号晨光美术会,该会专以结合同志,共同切磋,发扬国光为宗旨。"

7月30日 《申报》载:"上海新闻记者联欢会昨通告会员,对于每月轮流分组宴请,已经认定者为(八月份)谢介子、许建屏、戈公振、潘公展 (九月份)严独鹤、严谔声、严慎予、潘竞民 (十月份)朱宗良、潘更生、张静庐、胡仲持(十一月份)王廷魁、马崇淦、管际安、陈冰伯 (十二月份)葛豫夫、汪英宾、郑青士尚少一人 (十四年一月份)范敬五、汪北平、苏一乐、郁志杰等共六组。其余各组尚候会员诸君自行酌选组织函复。"

8月1日 《申报》载东台同乡创办文艺杂志,戈公振为之题词:"祝文心

杂志出版　灌输文化"。

在《时报》发表社说,评论国际事务,如德国参加战后会议问题、投资安全问题、鲁尔撤兵问题、赔款交付问题等。

8月2日　在《时报》发表社论《纪第八次万国运动会》,甚愿第九次万国运动会,有中国选手之足迹。

8月3日　在《时报》发表社说《颜内阁未议,俄大使觐见》,指出因反对党阻挠,颜新内阁尚未通过,前途尚不少波折。俄国大使即将觐见我国,此尚为我国外交史上出现大使之首例。

8月8日　戈公振参加欢迎美国新闻家威廉博士儿子(Mr. Edwin Moss William)的宴会,其人由美游沪,《密勒报》鲍威尔、《大陆报》许建屏二人设宴爱多亚路三洋泾桥联华总会,表示欢迎,并邀请同业作陪,戈公振参加。

在《时报》发表社说《伦敦会议与英俄会议之一》,指出伦敦会议召开之后,关于"投资安全问题、赔款交付问题以及德国参与会议问题"进行了讨论。此外,英俄亦召开会议,但因为意见不一致,谈判中断。

8月14日　《申报》载上海新闻记者联欢会(戈公振为组织者之一)通函邀请会员聚餐,说明聚餐会上有密勒报主笔鲍威尔先生①的演讲,并将欢迎由美新归国之会友汪英宾硕士②。

8月15日　在《时报》发表社说《伦敦会议与英俄会议之二》,指出伦敦会议之后关于"鲁尔撤兵问题、专家计划实行问题,协约国债务问题"又进行了讨论。英俄会议最终在"商约、普通条约"等问题上达成协议,但英国方面受到了保守、自由两党的反对。

---

①　鲍威尔(J.B.Powell,1888—1947),早年就读密苏里大学,1917年前往中国和密勒一起创办《密勒氏评论报》,1941年太平洋战争爆发后被日本人关押,1947年因病猝死。

②　汪英宾(1897—1971),江西婺源人,1914年至1917年在上海青年会中学读书,师从吴昌硕学画,1920年毕业于圣约翰大学,1922年前往密苏里大学进修,以《中国本土报纸的兴起》获得硕士学位,1924年服务于《申报》,1947年任《大公报》设计部副主任,1952年任复旦大学新闻系教授,1971年在新疆库尔勒去世。

8月17日　戈公振作为东道主主持上海新闻记者联欢会八月份餐会,到者26人。戈公振等计划请庚子赔款之一部分拨作创办完美实用之新闻学院,谢介子附议公决赞同,推戈公振、潘公展、汪英宾三君起草详细意见书及计划再交大会商议。

在《时报》发表社说《颜阁仍然搁议,粤不承认协定》,指出颜内阁提出已达一月之久,但是众议院依然未给予通过。此外,粤省对于中俄协定不予承认,并且拒绝俄国在广州设立领事馆。

8月22日　在《时报》发表社说《伦敦会议之结果》,指出伦敦会议已于16日晚闭幕,关于德国赔款分配等问题达成最终协议,"伦敦会议之议定书,为凡尔赛合约后一大进步",但若以为战后各种难题都解决了,亦为时过早。

8月24日　在《时报》发表社说《颜阁消息沉寂,江浙问题转亟》,指出颜内阁的消息已归于沉寂,江浙的战事暗流涌动,转亟尘上。

8月27日　美国著名小说家金彼得氏挈其夫人(Mr. and Mrs. Peter B. Kyne)及女书记奥尔逊女士(Miss Ohlson)环游地球①,乘"门罗总统"轮抵沪,《大陆报》主笔鲍威尔(Mr. J. B. Powell)与许建屏在联华总会设宴欢迎,戈公振、严独鹤、张竹平、汪英宾君等人列席。

8月29日　在《时报》发表社说,评论伦敦会议结束后最可注意者,以及日俄会议搁浅之事。

8月31日　在《时报》发表社说《江浙战云密布,广州扣械待还》,指出近日江浙之地增兵运械,战争的乌云弥漫城市上空。广州扣械风潮已初步解决,已待各界纷纷取回。

9月5日　在《时报》发表社说《国际联盟第五届议会召开》,指出国际联盟第五届议会在日内瓦召开,我国代表唐在复虽被选为副议长,但是因为我国

---

①　彼得·凯恩(Peter B. Kyne,1880—1957),美国小说家与剧作家,出生于旧金山。

有退会的表示,大会延缓决议。

9 月 7 日 在《时报》发表社说《江浙烽烟,民遭荼毒》,对于江浙战事不断,民众遭受打击,号召"奔走和平与地方上负责之人士,在积极或消极方面,速谋根本自救之道"。

9 月 11 日 报载:沿海渔业协会开董事议事会,推戈公振等入董事。

9 月 12 日 在《时报》发表社说《国际联盟通过安全与裁军议案》,指出国际联盟会议由英法牵头提议的安全与裁军案,得到各国一致通过。

9 月 14 日 在《时报》发表社说《苏浙起衅,外人干涉》,指出苏浙战事因秋雨连绵,两军相拒于宜兴之间,没有较大进展。此时外人以维护商业利益为由,试图干涉我国内政,指出"中国人民尚有人在,固不劳越俎代谋也"。

9 月 19 日 参加杨梅南次女杨月乡和粤商陈辅臣第三公子陈其照在北四川路陈府的婚礼。

在《时报》发表社说《国际联盟会议未决之三问题》,指出第三届国际联盟会开幕后,有待解决的问题颇多,最重要的三个问题是,"裁减军备,禁绝鸦片和德国入会"问题。

9 月 21 日 在《时报》发表社说《苏浙两军肉搏,颜阁通过就职》,指出苏浙两军已在黄渡、浏河、嘉定等地肉搏十余日,可谓"苦战"。颜内阁也被众议院通过,但其职责无外仅是维持京师治安和筹划军费而已。

9 月 26 日 在《时报》发表社说《国际联盟讨论裁军问题》,指出对于国际联盟关于裁军问题草约的发表,各国态度不一:英国表示要保持其海军行动自由,日本以未接政府训令为由无表示,德国则要求与他国地位平等才予以承认,法国态度模棱两可,我国则要求将其他国家和人种考虑在内。

9 月 28 日 参加上海新闻记者联欢会在悦宾楼的聚餐,戈公振为中文书记,并且是第三届周年大会筹备员。

在《时报》发表社说《苏浙战事沉寂,奉直调兵运械》,指出苏浙因为双方战略的调整,战事有所缓和;而奉直之间已有过小型的战斗,但是因为双方尚在调兵运械之中,所以还未大战。

10月2日 在《时报》发表社说《国际联盟会》。

10月4日 全国道路建设协会在青年会童子部开第三届常年大会,选董事百人,戈公振当选。

10月5日 在《时报》发表社说《陈炯明①叛变,段祺瑞调和》,指出苏浙两地人民深受战事之苦,不知几时才可恢复;广东方面陈炯明叛变,孙中山回省,段祺瑞将调和孙陈之间关系,结果尚不知晓;外交方面,日本人对我国东北地区虎视眈眈。

10月10日 在《时报》发表社说《中国与国际联盟》,文章说,我国前次在裁军会议上提出非永远行政会员,最后结果是我国落选,令人气愤。此外,裁军草约正式成立,希望各国能够认真遵守。

以"春霆"名在《时报》发表文艺评论《国庆出现之〈人心〉》。

10月12日 在《时报》发表社说《孙中山北伐计划受挫》,指出由于滇军内讧和商团罢市等原因,孙中山的北伐计划受到影响而搁置。

10月14日 在《时报》发表时评《善后》,提醒江浙战事善后问题。

10月17日 在《时报》发表社说《英国之政潮》,指出外患虽已消除,但是内政不断。英国自由党和工党之间,因主张不同,势不两立。

10月19日 参加上海记者联欢会中午在同兴楼所开本月份叙餐会,由第三组会员主宴,到者20余人,戈公振报告筹备新闻大学草案。

在《时报》发表社说《江浙战事结束,奉直战争为烈》,指出苏浙战事因浙

---

① 陈炯明(1878—1933),名捷,字竞存,广东海丰人。广东法政学堂毕业。1909年当选广东咨议局议员,参加同盟会。1911年参加辛亥革命,被推为广东军政府副都督,后任都督,1913年国民党讨袁失败时下台。1915年参加护国运动,任粤军总司令。1917年起任援闽粤军总司令、广东省省长兼粤军总司令。1922年6月,在广州发动武装叛乱,企图谋害孙中山。1923年被孙中山组织的讨贼军击败,退守东江。1925年所部被以黄埔军校学生为骨干的革命军消灭。后蛰居香港。曾自任致公党总理。

方退出杭州为先,逐渐平息。但是奉直之间的战事进一步发展,越来越激烈。

10 月 24 日　在《时报》发表社说《英德之政潮》,指出英国由于保守党、工党和自由党之间竞争激烈,总理已请总统解散国会,诉诸民意。

10 月 26 日　在《时报》发表社说《奉直战争不止而止,武力主义完全渐灭》,指出苏浙战事停战后,当局对于裁撤淞沪护军使和迁移制造局的要求已经通过;奉直战争由于军阀内部的钩心斗角,已经逐渐停止,"国运由此急转,未可知也"。

为《天发祥①纪念刊》题词"吉光"。

10 月 31 日　在《时报》发表社说《法日俄关系与美英大选》,指出法国已于 8 日正式承认苏俄政府,两国将互派大使,日俄之间会议屡开屡败,关系微妙;此外,美英两国将进行大选,对于大选结果,拭目以待。

11 月 2 日　在《时报》发表社说《奉直之战转为冯吴之战》,指出近日奉直之间的战争,已经转为冯国璋和吴佩孚两大军阀之间的战争,而冯吴战争之外的变化,又可能在酝酿之中。

11 月 7 日　在《时报》发表社说《英美总选角之结果》,指出英美的选举结果最终揭晓,英国包尔温将组建内阁,美国柯立芝当选为总统。同时希望我国能够早日结束战局,效法美英民主政治,重建国家。

11 月 14 日　在《时报》发表社说《鸦片会议与中国》。

11 月 16 日　参加上海新闻记者联欢会在南园召开的三周年纪念会,戈公振作为临时主席致辞,谓最近一年来会员日增,会务亦日形发达,会员有自美国专门研究新闻事业归国者,连日至各方面演说,使社会了解新闻事业之地位;主张由庚子赔款一部分以办理完美独立实用之新闻学院,附属于国立大学名义之下,由大学与报馆合同管理之……努力于修养方面使人知尊重新闻事

---

①　民国时期上海著名皮货店。

业之职业。

在《时报》发表社说《观望之时局》,对于近日拥段之争,甚嚣于民间,各方势力均在观望,指出我国民"当此歧路徘徊之时,不宜持此态度",应当以救亡之心,支持联省自治等。

11月19日 下午3时,国民党特在莫利爱路29号寓内招集上海新闻记者茶聚,到者有陈布雷①、戈公振等30余人,汪精卫、邵元冲②、叶楚伧、戴季陶③等招待。戈公振发表演说,谓于此各方歧途徘徊之时,孙中山北上行期欲速欲妙。

11月21日 在《时报》发表社说《鸦片会议之暗淡》,指出鸦片会议很难达成实质性的结果,而且我国代表的地位堪忧,因与日本代表合作才不似之前那样窘迫。

11月23日 在《时报》发表社说《段祺瑞进京临时执政》,指出本在津观望的段祺瑞,今将以临时执政的名义入京,此后的时局,"非迁就即破裂,去和

---

① 陈布雷(1890—1948),原名训恩,字彦及,号畏垒,浙江慈溪人。1911年毕业于浙江高等学堂,同年任上海《天铎报》记者。1912年加入同盟会,后在浙江宁波任教。1920年赴上海,任《商报》编辑主任。1927年由蒋介石介绍加入国民党,历任浙江省教育厅厅长、《时事新报》主编、蒋介石侍从室第二处主任、国民党政府教育部次长兼国民党中央宣传部副部长、国防最高委员会副秘书长、中央政治委员会代理秘书长。长期为蒋介石代笔撰文。1948年11月见蒋介石政权行将垮台在南京自杀。

② 邵元冲(1890—1936),字翼如,浙江绍兴人。1906年入同盟会。1910年考中法官。1913年3月依据法理力争上海租界当局引渡刺杀宋教仁的凶手,后至日本,追随孙中山革命。1917年任广州孙中山大元帅府机要秘书、代行秘书长。1919年去美国留学。1923年随"孙逸仙博士代表团"访苏。1924年当选国民党候补中央执行委员,旋递补为中央执行委员,同年夏又升国民党中央常委。后任孙中山主任机要秘书,随孙北上。1925年11月参加西山会议派分裂活动,后回广州任国民党中央青年部部长。南京国民政府成立后,曾任杭州市市长、国民政府委员、立法院副院长、立法院代院长等。1936年西安事变时被扣,跳窗逃走被枪击重伤去世。

③ 戴季陶(1890—1949),名传贤,号天仇,浙江吴兴(今湖州)人。早年留学日本,参加同盟会。辛亥革命后在上海经营交易所。后投奔孙中山。1920年曾参加筹建上海共产主义小组,后退出。1924年任国民党中央宣传部部长。1925年参加西山会议派活动,并发表《国民革命与中国国民党》《孙文主义之哲学基础》等文章,歪曲孙中山学说的革命内容,反对共产党和工农运动,为蒋介石发动反革命政变制造舆论。1927年南京国民党政府成立后,曾任考试院院长。1948年任国史馆馆长。后在广州自杀。

平之道尚远也"。

11 月 28 日 在《时报》发表社说《埃及独立运动之前因后果》,指出埃及近代以来,经过土埃之战、俄土之战,之后的列强瓜分,最后是英、法划分而治,直到欧战胜利后正式成为英国的保护国。

11 月 29 日 在《时报》发表社说《埃及独立运动之前因后果(续)》。

11 月 30 日 在《时报》发表社说《段执政开民国史上一先例》,指出外人对于我国此次政变,跃跃欲试,图加干涉,感慨:"何国未亡而事事乃仰人鼻息也?"

12 月 5 日 在《时报》发表社说《埃及问题与鸦片会议》,指出埃及虽然名义上已经独立,但是外交、财政等大权,依旧掌握在英国殖民者手中,而鸦片会议由于各国之间的不合作,渐有流产的趋势。

12 月 12 日 在《时报》发表社说《鸦片会议之一及德国选举》,指出鸦片会议结束之期久矣,草约并未有切实进行的步骤。德国国会即将解散,进行新选举。"伦敦会议而后,德国财政渐有起色,人民生活亦见安定"。

12 月 14 日 在《时报》发表社说,评论国内外大事如华盛顿会议等。

12 月 19 日 在《时报》发表社说《鸦片会议之二及德法英之政局》,指出鸦片会议因为发达国家从中阻挠,与殖民地国家之间矛盾不断,终究无果。德法英之政局,德国即将组建新内阁,法总理因病辞职,白里安等人有组阁的希望,英国则极力维持战后的权利分配格局,稳固自身地位。

12 月 26 日 在《时报》发表社说《鸦片会议之三与安全问题》,指出鸦片会议第三次开会仍未达成共识。综合观察,印度、波斯等国不愿禁烟,是财政问题,而各国都不愿做出牺牲,"即会议至再至三,庸有济乎"。此外,英国在新加坡筑港口,美国海军不断操练,均是重要的安全问题。

12 月 28 日 参加上海新闻记者联欢会中午在悦宾楼举办的叙餐会,到会会员 20 余人,由戈公振报告如下事项:1.孙中山主开国民会议曾谓本会邀集全国报界推代表加入,当时有以新闻界发表意见之机会甚多主不加入者,此事本席拟在评议会提出讨论以决可否,而资答复;2.筹备新闻大学之计划书,业由起草员修改印刷征求意见;3.商科、大夏、南方三大学拟添新闻学系,本会汪英宾君已代筹划一切。

在《时报》发表社说,指出舍人民自身外,无可信托其责任。

1925 年

（民国十四年,35 岁）

1 月 2 日 在《时报》发表社说《英法发起协约国会议》,指出近日美国政府公布了移民新法律,日人则以次日为国耻纪念日,表示反对。英法两国发起了协约国会议,美、意等国表示赞成。

1 月 4 日 在《时报》发表社说《孙中山除夕入京,国人欢迎甚盛》,指出孙中山在军阀混战之时坚持入京,京人表示极度的欢迎,"国民会议有积极进行之势,尚觉于和平之途"。

参加上海图书馆协会在总商会举办的年会。

1 月 6 日 《申报》载,戈公振为大华公学校董。

1 月 9 日 在《时报》发表社说《柯洛业撤兵与协约国债务问题》,指出大战后协约国驻兵德国柯洛业,以监视德国军事行动,本应于 1 月 10 日撤兵,但因德国未履行和约,决定不撤兵。此外,协约国将在巴黎召开财政会议,英财长丘吉尔、比首相兼财长特尼等都将前往参会。

1 月 10 日 《申报》载广告:南方大学明春添设各科新学程如下:报学科(通称新闻学)及报学专修科添设报学历史及原理(教授汪英宾),访事(戈公振、范尔登),定 12 日晨 10 时开教职员会议。

1 月 11 日 在《时报》发表社说《孙传芳欲取淞沪,吴佩孚暂栖鄂城》,指出陈乐山兵败后,孙传芳欲取而代之,占领淞沪之地,吴佩孚以退为进,暂时栖于鄂城之西山,休养生息。虽然即将召开善后会议,"讨论诚不易也"。

1月16日 在《时报》发表社说《鸦片会议之四与财政问题》,指出鸦片会议又将召开,由于前几次成果甚少,英国颇多不满之词,此外英驻我国公使朱尔典称,鸦片会议修正之协定,将中国排除在外是最大的缺点,中国朝野因此感谢英国。同时,协约国会议将以德国赔款为议题,在巴黎召开。

1月17日 梁启超为《新闻学撮要》作序。其中写道:"近来各大学已有设报学系者,坊间亦渐有新闻书籍出现,在新闻事业幼稚之我国,自为一种好现象,然重理论而略事实,犹未免遗憾也。斯编组织完善,章节明晰,且于报界之甘苦难易,反复道之。使学者勿无端入此界,勿轻易入此界,与入此界后勿因现状之未善而灰心于此界;斯盖先得我心,久蓄而未发者也。戈君从事时报十有四年,独能虚心研究及此。予喜其能重视其职业,与此书之有裨后来者也,爰为之序"。

1月18日 在《时报》发表社说,提及江浙沪地区的军阀混战。

在《时报》发表社说《需有一种组织,起代一切旧势力》,对于孙中山的三民主义、五权分立思想深感赞同,指出"中国欲谋长治久安,断非均势所能维系,如是则必有一种新组织,起代一切旧势力,方克有济"。此外,对于中俄交涉,提议"一面与俄交涉,图主权之挽回;一面移兵屯垦,为善后之预备,是乃今日之急务也"。

1月31日 《时报》刊登戈公振在中华体育师范所做的演讲《体育的好处是怎样?》(甘圣哲记录)。

2月20日 有人冒用戈公振等人名义创办新闻大学,戈公振等登报声明,"顷闻二月十七日时事新报登载上海新闻大学之发起二节,内载王池孙等发起新闻大学先设函授科于法租界茄勒路昌与里,并特约鄙人等撰述等语。鄙人等并未接受上海新闻大学之特约,亦无王池孙君委托撰述等事,完全与上海新闻大学及王池孙君无丝毫关系。除函请时事新报更正并函询王池孙君外,特此声明。马崇淦①、周瘦鹃②、赵君豪③、严独鹤、潘竞民、戈公振、毕倚虹、张伯翼、邵仲浑、陈布雷、潘公展、朱宗良、严慎予启"。

2 月 28 日　中午参加记者联欢会在悦宾楼的聚餐。到会会员 24 人。当选职员如次:中文书记潘公展,西文书记汪英宾,会计严谔声,戈公振任评议员。"次主席报告,日来纷函本会,讯问新闻大学内容,是否本会组织等等,应如何答复。金以该校与本会绝无关系,其内容如何,更不可知,决议郑重声明,以免误会。会末由主席报告下月聚餐由第八组会员冯都良、冯柱石、潘毅华、徐忍寒当值,旋即散会"。

3 月 14 日　被南方大学聘为新闻学教授,据报载:"(南方大学)应社会之需要,今春特添设报学系及报学专科,延留美报学专家汪英宾硕士主其事。"

3 月 15 日　参加天化艺术会在邢家桥路祥余里会址召开的成立大会,到者 200 余人,先由主席报告,次俭德储蓄会杨复初、卢宗麟奏小提琴,再次会员胡伯翔④、万籁鸣⑤等演说美术之要素,戈公振点评语"人生兴味之表现望推

---

①　马崇淦(1886—1978),江苏苏州人,1916 年考入圣约翰大学中文学系,1920 年进入《申报》成为体育记者,后任《申报》教育版主编,1928 年在暨南大学任教。

②　周瘦鹃(1895—1968),原名祖福,字国贤,江苏苏州人。曾主编《礼拜六》周刊,以鸳鸯蝴蝶派小说驰名文坛。

③　赵君豪(1900—1966),现代著名报人。江苏兴化人。1920 年毕业于上海交通大学。1921 年进《申报》馆,历任记者、编辑、编辑主任。1929 年后在复旦大学、中央大学等校教授新闻学。1932 年在上海主编《旅行杂志》。抗日战争爆发后,在上海从事抗日救亡宣传。1945 年任《申报》副总编辑。1949 年前往台湾,主持台湾《新生报》工作。1961 年 6 月《新生报》改称《台湾新闻报》后,任发行人,同时主编《自由谈》杂志。著有《中国近代之报业》《上海报人的奋斗》等。

④　胡伯翔(1896—1989),名鹤翼,江苏南京人。中国国画家、摄影家。擅山水、人物,尤工走兽。1928 年与郎静山、陈万里等创立中华摄影学社。曾发表《美术摄影谈》,论艺术摄影与绘画之不同。1931 年秋创办《中华摄影杂志》。作品刊登于《时代》《中华》《良友》等杂志。代表作有《嘶风图》《石城晚归》等。

⑤　万籁鸣(1900—1997),号籁翁,艺名马痴,江苏南京人,万古蟾的孪生兄。动画电影创始人,著名导演。幼时自学绘画。1919 年入上海商务印书馆,先后在美术部、活动影片部任职。1925 年与弟古蟾摄制的动画广告《舒振东华文打字机》为中国动画片之雏形。1926 年加入长城画片公司,兄弟合作摄制成第一部动画片《大闹画室》。1949 年去香港,1954 年回上海,任上海美术电影制片厂动画片导演。是中国影协第三、四届理事。曾导演《野外的遭遇》《大红花》等彩色动画短片。1961—1964 年创作大型彩色动画片《大闹天宫》。

而广之,勿以私诸一人与一会"。

3月18日 《申报·自由谈》载文章纪念孙中山,提及孙中山在上海同记者见面,散会后时报馆戈公振曾携摄影师,请他及夫人宋庆龄女士合摄一影,三日后即揭诸图画周刊,孙中山在沪当以此为最后一影,与其爱妻之丽影,恐亦以此为最后一帧。

4月10日 《上海夜报》刊文《介绍戈公振君新著》,推荐《新闻学撮要》一书。

4月11日 《申报》刊登戈公振所编书籍广告:"《新闻学撮要》一书,系时报记者戈公振君所编,由上海新闻记者会发行。书中分四十二章,说明新闻事业的真相,语语出自经验,附录报界日用文件十四种,尤以全国及南洋报纸调查为最有价值之创作。至印刷美丽图画精贵,尤其余事。现由商务印书馆、有正书局经售,诚注意新闻事业者之好读物也。"

4月28日 在《教育与人生》杂志刊登《发起中华体育协会宣言》,列名为发起人之一。

5月10日 各界欢送中国运动员赴菲律宾参加远东运动会,戈公振参加。

5月10日 参加《申报》职员许窥豹与周志琴女士的结婚典礼。

在《时报》"远东运动会特刊"发表《临别赠言》,为中国参加远东运动会者赠言。

5月17日 戈公振在上海功德林宴请《时报》主笔王一之及其夫人、《时报》驻欧通讯员李昭实。当时摄影留念,狄平子题名为"千岁一时图"。这张照片印在再版《新闻学撮要》的附录中,戈公振写有识语:《时报》主笔王一之先生与其夫人、《时报》驻欧通讯员李昭实女士,于去夏浮海归来,公振假功德林为之洗尘。《时报》新旧主人狄楚青、黄伯惠①二先生，宝记主人欧阳慧真女士等，均惠然肯来。宴罢，承《时报》印刷部长唐镜元先生摄此一影，以留纪念，诚千岁一时之嘉会也。

5月20日　南方大学在《申报》刊广告称聘请戈公振教授编辑法。

5月24日　报载广告：梁任公序上海新闻记者会印行戈公振编《新闻学撮要》，想做新闻记者的人不可不读。

5月31日　参加上海新闻记者联欢会在大西洋餐馆召开的月会，轮由潘公展、谢介子、赵春艇、戈公振四君作主人，餐后除报告例案外，会员多人谈论南京路惨剧②，一致表示悲愤之意，当推陈布雷、汪英宾、潘竞民、张静庐、潘公展、严慎予、戈公振七君为委员，致电北京外交部上海交涉员力争，又致函各地新闻记者一致注意，及各西报记者请其主持公道。

6月1日　在《图书馆》创刊号发表所摄会员合影照片。

6月25日　戈公振转交欧阳慧真照片给王一之。

6月30日　《申报》载：青年会会员之精手球者定于7月1日起每日下午5时半在会内健身房开始比赛，11日左右方可告终。录其参与者名单于后，有

---

①　黄伯惠（1894—1981），名承恩，上海金山人。其父黄公续为上海富商，本人为黄家长子。1921年，经陈景韩介绍，黄伯惠以4万元巨款从狄楚青手里购进《时报》全部产业，接办后把馆址从望平街迁至福州路、湖北路转角处的福湖大楼。该报重视体育新闻，曾花10万银元从德国购回一套高速套色轮转印刷机、制版机等，采用印写版印刷图片。1927年夏，在我国报界第一次使用三色套印报纸。因爱好摄影，主张报纸应当图文并重，报上常刊登摄影作品。后为扩大《时报》销路，以专载社会新闻来吸引读者。抗战爆发后，该报接受敌方新闻检查，继续出版至1939年9月1日停刊。后在沪与人合办地产公司，并将时报馆址福湖大楼零星出租，印报机器则为日伪霸占，出版《平报》。抗战胜利后，这批机器被作为敌产为国民党当局接收，改由三青团上海总支部出版机关报《正言报》。曾多次要求发还，因该报有国民党市党部为后台，终未能如愿。1947年因房屋纠纷及其他债务问题，曾遭狙击受轻伤。上海解放后赴香港定居，1982年逝世。

②　指五卅惨案。5月30日，上海学生2000余人在租界内散发传单，发表演说，抗议日本纱厂资本家镇压工人大罢工、打死工人顾正红，声援工人，并号召收回租界，被英国巡捕逮捕100余人。下午万余群众聚集在英租界南京路老闸巡捕房门首，要求释放被捕学生，高呼"打倒帝国主义"等口号。英国巡捕开枪射击，当场打死13人，重伤数十人，逮捕150余人，造成震惊中外的五卅惨案。

戈公振等人。

7月5日 《学生》杂志出版"择业问题号"专辑。戈公振在此专辑上发表《告有志于报业者》一文。文中告有志于报业者,必须具备以下四个条件:一是热心;二是文字的清顺;三是身体的强健;四是高等的教育。文末引用美国新闻家 F.N. Clark 先生的话写道:无论何种职业,要以报界为最重学问的应用;若要在报界中大成功,与其恃教育,还不如恃人。

7月9日 参加为全国学生会会议代表践行会。因五卅惨案事起,全国学生会召集各省代表大会,中午 12 时,上海图书馆协会等假座北京路功德林,为各代表践行者 40 余人,戈公振演讲中国报纸沿革及现代趋势并动员学生多投身报界以谋文化之发展。

7月18日 在国立自治学院听王一之与李昭实的演讲。远东通讯社于下午 2 时假国立自治学院,请王一之及其夫人李昭实演讲,到会听讲者有《申报》汪英宾、《新闻报》朱义农、《时事新报》潘公弼①、《时报》戈公振等数十余人。

7月30日 出席先施行公司的招待会。该公司新设冰室,下午 5 时,经理卢君邀请各界参观并以冰点招待来宾。到者如戈公振等 40 余人 7 时始尽欢而散去。

本月 在《学生杂志》第 12 卷第 7 号刊文《告有志于报业者》。

8月10日 致信王一之夫妇谈特刊稿件事。

8月11日 参加南方大学校务会议。南方大学于下午 4 时,由教务长殷

---

① 潘公弼(1895—1961),名保同,江苏嘉定人。1914 年毕业于南洋大学,后赴日本留学,入政治经济科。1919 年任北京《京报》编辑长,后又任上海《时事新报》经理兼总编辑。抗日战争时为国民党中央党部秘书长吴铁城处理机要。抗战胜利后任国民政府主席东北行辕政治委员、宣传处处长。1950 年去台湾。1961 年病逝。

芝龄、事务长杨自容假一品香旅社召集校务会议,讨论江亢虎①校长有复辟嫌疑事,众赞成胡朴安②为主席,戈公振等先后发言。

8 月 18 日　戈公振列名南方大学广告。

8 月 20 日　戈公振写信致谢王一之夫妇的双十节特刊稿件。

8 月 25 日　南方大学离校教职员联合章太炎等,发起国民大学通告,戈公振列名发起人,并担任报学系主任。

戈公振在《东方杂志》上发表《报纸剪报室之研究》一文,文章开头引用了梁启超《新大陆游记》之文字作按语。戈公振认为:"剪报之法,简而易行,以我国出版界之沉滞,与专门著述之缺乏,欲求事实上之便利,则剪报室之设置,似转急于图书馆。""我国人对于新闻无兴味,对于国外之新闻尤甚,则一事之突然发起,虽报纸累日联篇之载之,而阅者常不知其原因之所在。是皆平日之无预备,临时无参考之故也。"文中最后说:"日本新闻家木山氏有言:'新闻贵新鲜,有如菜蔬鱼肉之不可陈腐,而储蓄御冬之计,亦不可为之绸缪'。吾国报纸,有起而行之者乎? 跂予望之!"

8 月 28 日　《申报》刊广告:《民气旬刊》第四期当日出版,"封面由戈公振题字,并载有该刊目标及目录,较前愈觉精警,其余作品撰述者均系海内知名之士,故销路剧增"。

---

①　江亢虎(1883—1954),江西弋阳人。原名绍铨。1901 年被派往日本留学。回国后任刑部主事和京师大学堂日文教习。辛亥革命前游历日本和欧洲,以"徐徐"和"安诚"的化名,投稿于《新世纪》周刊,宣传"三无主义"(无宗教、无国家、无家庭)。辛亥革命后,组织"社会主义研究会",不久将其改组为中国社会党,一度颇有发展。1913 年赴美国任加利福尼亚大学中国文化课讲师。1921 年去苏俄旅行。次年回国,在上海创办南方大学,自任校长。撰《新俄游记》,提出"新社会主义"口号。1924 年再次组织中国社会党(次年改名为中国社会民主党)。旋因清室善后委员会公布密谋复辟文证中有其手函,于 1927 年去美国。1928 年回国。曾任汪伪考试院院长。抗战胜利后被捕,病死狱中。

②　胡朴安(1878—1947),名韫玉,字仲明,号朴安,安徽泾县人。同盟会员,南社诗人。曾为福建图书馆馆长,上海通志馆馆长,上海女子大学教授。

9月6日 作为讲师在远东通讯社发表演说。该通讯社倡办的新闻学演讲会业已期满，特于当日中午 12 时，假座大东旅社三楼举行闭幕式。戈公振等相继演说。

《时报》副刊《小时报》刊戈公振所写广告《介绍新刊》。

9月20日 参加邓祖荫组织的记者聚餐。旧金山中华商会选派该会总干事邓祖荫归国参与国民会议，当日中午邀上海各报各通讯社记者于大东三楼聚餐。先由戈公振、莫克明两君介绍邓君经过情形，次由邓君举杯请座中诸君共饮一杯，并发表意见。

9月27日 皖南名医汪莲石开奠之期，地址在广西路。戈公振等各界500 余人往奠。

9月28日 参加萨摩岛领事官居之敬欢迎尤烈的宴会并发表演说。

11月8日 参加国民大学开学典礼。国民大学当日下午 2 时，在该校体育场补行开学典礼，到者有前教育总长、该校校董王九龄①，校董袁希涛②，校长黄以霖③，教务长章太炎，戈公振及全体职员学生约 500 人。

11月16日 参观上海中西医院及上海中西医药函授学校。该校为汪洋医士所创办，特于闸北宝山路底横浜路口自购基地，建筑西式新院一所，当日举行开幕礼并宴请来宾。

11月19日 国民大学第二院召开报学研究会筹备会。到会者除国民大学学生外，尚有大夏大学学生。该会是戈公振为培养新闻人才，推动新闻理论

---

① 王九龄（1880—1951），云南人，1905 年加入中国同盟会，历任云南省禁烟局督办，靖国军军饷主任，云南省财政厅厅长，富滇银行总行长，北京国民政府教育总长，云南省总检察厅总裁委员，云南省高等法院委员等职。晚年息政退隐，潜心佛学研究。1949 年任云南人民和平促进会理事，为促进云南和平解放作出了贡献。

② 即袁观澜。

③ 黄以霖（1856—1932），字伯雨，今江苏宿迁市宿城区人。1891 年中举，曾任湖南布政使，后在上海从事实业和慈善事业。

的研究,决议发起组织的。

11 月 22 日　参加上海新闻记者联欢会四周年纪念会。上海新闻记者联欢会于当日中午 12 时,假界路俭德储蓄会会所开三周纪念会,并请张继英女士演讲,及俭德会昆曲团演唱以助余兴,会员到者有戈公振等。

11 月 27 日　报学研究会召开筹备会议,会上将研究会组织定名为"上海报学社"。选举戈公振、黄养愚、周尚筹等 15 人为执行委员。

11 月 29 日　参加上海报学社上午 10 时在大夏大学礼堂举行的成立大会。到者有戈公振等社员共 50 余人,戈公振发表演说。

在戈公振主持下,出版《言论自由》社刊。蒋光堂、成舍我等新闻界有影响的人物,及光华大学等校报学系学生也加入此社,人数日增,影响扩大四方。该社到 1932 年 1 月 28 日淞沪战争爆发后停止活动。

12 月 27 日　中午 12 时,上海新闻记者联欢会在北四川路安乐园举行聚餐会,到戈公振、严独鹤等 20 余人,请国际联盟会秘书夏奇峰莅会演说,戈公振致介绍词,略谓夏君为外交界最有声誉者,此次返国颇受国人之欢迎,今请夏君发舒伟论云云。

本年春　上海南方大学成立报学系及报学专修科。必修学科有三:报学原理、广告原理和访事学。戈公振教访事学。课外组织"南大通讯社"学生分日出外采集新闻,供上海各报馆用。

本年夏　上海远东通信社社长莫克明假寰球中国学生会开新闻学暑期演讲会两星期,戈公振为导师。

本年　戈公振为聂云台家族之刊物《家声》第一期撰写序言,称"家声者,聂氏一姓之定期刊物也,其宗旨在联络家庭之情感,而切磋其道义。其体裁在吾国为创见,即在欧美新闻事业发达之国,亦未之前闻"。

上海国民大学开设报学系,戈公振教中国报学史;潘公展教编辑法;潘公弼教报馆管理;陈布雷教社论编写。

根据多年教学过程中积累起来的资料,戈公振开始撰写《中国报学史》,将我国新闻史的研究工作推向一个新的阶段。在撰写此书的过程中,戈公振付出了艰辛劳动。为了证实史料的可靠性,他多次写信虚心向别人求教,为了觅得第一手报刊资料,他除在《时报》刊登"访求旧报"广告外,还不辞辛劳地在徐家汇藏书楼等处消磨了大量时光。10余年来,他一直不停地广泛搜集史料,致使摆设在他那书房兼卧室的4个高大的书架上,全部堆满了有关新闻书籍和各种稀有报刊与剪报,他那如痴如醉的治学精神,使同事和朋友们大为惊叹。

戈公振请杨贤江编撰《时报》副刊《教育周刊》。时同济大学常邀请杨贤江、侯绍裘、恽代英、杨杏佛等名人来校演讲,马荫良担任记录并将整理好的演讲稿送有正书局付印。在杨贤江的介绍下,戈公振与马荫良①结识。据马荫良回忆,当时戈公振曾约请很多人为《时报》编各种周刊,足见其进步思想。戈公振认为:"当前军事扰攘,岁无宁日,吾人欲挽此危局,非先造成强有力之舆论不可。报纸既为代表民意之机关,应摒除己见,公开讨论,俾导民众之动作,入于同一轨道。……操笔前驱,吾报界实责无旁贷。"②

戈公振与李公朴相识③,李公朴后来回忆:"戈先生与作者(李公朴)有十

---

① 马荫良(1905—1995),上海松江人,1928年毕业于同济大学医学专业,进《申报》担任报社医生,与史量才有亲戚关系,后成为《申报》经理,1934年担任《申报》总经理,中华人民共和国成立后任解放军外国语学院教授等职。

② 戈公振:《中国报学史》自序,商务印书馆1927年版。

③ 李公朴(1902—1946),江苏武进(今常州)人,生于江苏山阳(今淮安市淮安区)。1924年入沪江大学读书。参加五卅运动,任上海学联工人科科长。1926年初到广东参加国民革命军。四一二反革命政变后离开部队。1928年8月赴美国留学。1930年11月回到上海从事新闻工作。九一八事变后,积极参加抗日救亡运动和群众文化教育工作。发表大量抗日救亡、抨击国民党反动统治的文章。1936年参加全国各界救国联合会,被推为负责人之一,同年11月与沈钧儒、邹韬奋等被国民党政府逮捕,为救国会七君子之一。抗日战争爆发后获释。1945年任中国民主同盟中央委员兼教委会副主任委员,积极参加爱国民主运动。1946年7月11日在昆明被国民党特务杀害。

年的道义交,也是我最近几年来的知己。"①

因经常到上海徐家汇耶稣会修道院藏书楼查阅资料,与主持人徐宗泽②修士相识,结为朋友。该会办的徐汇公学是一所只收住读生的欧洲传统教育方法为主学校,管教严格。送戈宝树入此校读书。

戈公振编辑的《中国图案集》由有正书局出版发行。这本书的问世,开我国古代图案和民间图案整理之先河。

本年前后 戈公振与邹韬奋相识,两人由武昌同船回沪。在船上,畅谈的中心话题"一是壮游世界,二是事务太忙"。当谈到忙时,戈公振认为对付"忙"的办法有两点:一是"事务虽忙,而我们心里却要镇静像安如泰山,像水波不兴。……有如持明镜以临万象,便觉心安意泰,绝不感忙的烦苦。若心里跟着忙而烦躁,越烦躁而思想越钝,反而忙上加忙";二是"在做的方面要有系统。对于固定的事,什么时候做什么事,要依每日时间支配好。对于临时的事,要依重要的程度一件一件的做去,做好一件再做一件,不要分心,不要慌乱。这样一来,就是外面的事务混乱得像乱丝一样,我们一根一根的把它抽出整理起来,怕它不由混乱而变为齐整"。③

---

① 方仲伯:《李公朴文集》,云南人民出版社 1987 年版,第 128 页。

② 徐宗泽(1886—1947),中国天主教神父、耶稣会士。字润农,教名若瑟,上海青浦人,徐光启第十二世孙。1905 年参加童子试为邑庠生,旋入徐汇公学,1907 年入耶稣会初学院。1909 年奉命赴欧美深造,获哲学及科学博士学位,并升神父。留学期间曾两度回国,在徐汇公学任教数年。1921 年学成回国,在南汇县传教。1923 年居徐家汇,接任潘秋麓《圣教杂志》主编职,兼任徐家汇藏书楼主任,同时负责指导启明女中及徐汇女中等校务。主要著作有《中国天主教传教史概论》《徐文定公年谱》《明清间耶稣会士译著提要》等。

③ 上海复旦大学新闻研究室编:《邹韬奋年谱》,复旦大学出版社 1982 年版,第 24 页;《生活周刊》1927 年第三卷第四期。

1926 年

（民国十五年，36 岁）

2 月 2 日　《申报》载，戈公振担任闸北北市中学校董。

3 月 1 日　青年会晚 7 时在会内会食堂聚餐，选举戈公振等人为公余班委员。

3 月 3 日　在《晶报》第三版发表《上海最早之华文报纸》与《晶报二优点》二文。

3 月 7 日　上海新闻记者联欢会中午 12 时在四马路聚餐，戈公振为主席。《申报》载："本届应选中西文书记及会计庶务各一人，评议员七人，发票选举结果当选者，中文书记戈公振，西文书记谢福，生会计张振远，庶务严慎予，评议员为周孝庵等七人。主席戈公振致答，谓频年同人与英美记者相会晤，今日独能与意国同志相聚，实为荣幸。就同人研究新闻学说之所知，中国在汉代即有邸报，而罗马恺撒大帝所创'每日纪闻 Acta Diurna'，亦为欧洲最早之报纸。故中意二国为世界有报纸之古国，两国记者得以携手，最为欢忭。敬代表同人，敬进一觞。祝嘉拉西先生寿，并希转致吾人可爱之同志墨索里尼先生，祝其康健，并祝意国国家之进步云云。词毕，嘉氏分赠墨氏照相以志纪念，三时始尽欢而散。"

3 月 25 日　戈公振为上海银行旅行社宣传册题词。《申报·增刊》刊登

上海银行旅行社广告,组织杭州春游,为点缀春光、增加游人兴趣起见,特刊
《湖上春光》小册,有戈公振诸君所题之诗词,封面用三色版印,精美异常,全
数共计 50 余页,随车附送,并不取费。

3 月 31 日 参加戈登路国民大学每两周举行一次的"双星聚餐会"。席
间谈及现今之学风,章太炎谓,对于凡非以读书为目的之学生,各校应严加取
缔,并希望各学校能联合进行,达此目的。

4 月 3 日 在《寰球中国学生会周刊》发表《中国报业教育之近况》一文。

4 月 10 日 在《寰球中国学生会周刊》发表《中国报业教育之近况·中国
报学史之一(续)》一文。

4 月 18 日 参加国民外交协会中午 12 时在四马路一枝香召开的第二次
同志聚餐会,到会者章太炎等 100 余人,戈公振名列交际股。

4 月 10 日 参加各公团欢宴大会。

5 月 16 日 在《时报》副刊《小时报》载文《哀倚虹》。

6 月 6 日 《申报》登载《上海画报》周年纪念号广告,称有戈公振等诸先
生之文字名作如林。

6 月 15 日 远东通讯社中午假新新公司西菜部,宴会欢送刘湛恩博士①

---

① 刘湛恩(1896—1938),湖北阳新人。1918 年赴美留学,先后入芝加哥大学、哥伦比亚大
学,获哲学博士学位。1922 年回国,在南京东南大学、上海大夏大学和光华大学执教,曾任中华
基督教青年会全国协会教育总干事,1928 年起任上海沪江大学校长。1931 年九一八事变后,被
推为上海各界救亡协会主席。1937 年 8 月 13 日,沪江大学被日寇抢占,但刘湛恩并没有退缩,他
把学校迁到圆明园路沪江城中区商学院大楼复课,当时 2000 多名学生挤在一幢大楼里轮流上
课,积极参与抗日救亡活动。1937 年 12 月南京沦陷后,刘湛恩领导组织国际友谊社,代表政府
与各国驻沪外交人员联络,震惊世界的南京大屠杀罪证照片,就是由滞留在南京城里的西方传
教士冒死拍摄后辗转交给刘湛恩保存并设法公布于世的。1938 年,伪中华民国维新政府成立,
刘湛恩拒绝出任伪政府教育部部长。1938 年 4 月 7 日,刘湛恩和家人搭乘车外出时,遭日伪特务
暗杀身亡。

赴欧,戈公振列席并发表演讲。

6月18日 参加总商会会员周师英所办宴会。周所创办之周聚康西书社,要改做股份公司,邀请戈公振等名人参与。

6月27日 参加上海记者联欢会假功德林蔬菜处的聚餐,会员到者30余人,由戈公振报告以前捐款及下届聚餐各事。美国广告专家劳克(Carl Crow)应约冒雨到会并发表演说,由莫克明介绍,谢福生译述。

作为系主任参加国民大学上午在第一院所举行的毕业口试。

6月30日 《申报》登广告称,崑山路19号景林夜校将于7月7日晚举行毕业典礼,已请定戈公振演说。

本月 《中国报学史》完稿,作《自序》。

7月4日 在大东酒楼参加上海音乐会成立大会,该会系上海研究西洋音乐者所发起。到会者除全体会员外,有时报记者戈公振等数十人。

7月11日 国民大学校址搬迁,教务长何炳松①、殷芝龄,假座一枝香宴请各系主任,到会者有戈公振等10余人。

8月9日 《福尔摩斯》报发表文章《纪戈公振谈中国报纸》。

8月18日 九团体开会欢送留学生,到会人物有戈公振等中西男女人士300余人。

8月20日 参加工人生活调查筹备会。上海各团体发起调查工人生活,确定工人之经济地位,以为将来解决工业问题之科学的根据。此事曾于欢迎

---

① 何炳松(1890—1946),字柏丞,浙江金华人,现代著名历史学家和历史教育家。擅西洋史研究。一生在史学研究方面颇有建树,著述甚丰,其中不少被用作大学教材。他的著述融汇古今,学贯中西,曾被誉为"中国新史学派的领袖"。

中华教育文化基金委员会社会调查部主任陶孟和①宴上经列席诸君一致赞成通过,当时并推举朱懋澄、戈公振等 9 人为筹备委员。当晚假座功德林开会讨论进行方针,到者有戈公振等人。

8 月 22 日　参加全国学生总会代表与新闻界茶话会。全国学生总会第八届代表大会在广州举行,闭幕后当选执行委员张超、林隶夫等,到沪假四马路岭南楼招待沪上各名宿,暨与新闻界茶话,戈公振、杨贤江等 10 余人出席。

中午参加记者联欢会秋季大会,在四川路大中华酒楼聚餐。戈公振报告会务经过,称"本会自有聚餐会以来,敦睦交谊,互换知识,因无礼节拘束,反觉言无不尽,弥增快感。还冀同志诸君认明职责,努力前进,报告会务"云云。

8 月 25 日　在《时报》发表文章《剪报之益　读报者注意之》。

8 月 26 日　张謇逝世,与殷芝龄共同给张孝若②发唁电。

9 月 3 日　《申报》广告载:胶州路大夏大学秋季开班学程及担任教授已定如下:(国文系)有国学概要、文字学、群经文学、墨子学、文章学、考古学、新文学、诗词学、儿童文学、中国文学史及访事学,担任教授为戈公振等,共计 110 余个学程。

9 月 4 日　被景林夜校聘为教授。《申报》登广告称:景林夜校开设新闻科,已请定戈公振等为该科教授,凡有志研究新闻学者,自即日起可向该校索章报名,男女均可入学。

---

①　陶孟和(1887—1960),原名履恭,出生于天津,祖籍浙江绍兴。社会学家。1914—1927年任北京大学教授、系主任、文学院院长、教务长等职,1934 年任中央研究院社会科学研究所所长,组织和领导社会学和经济学研究工作。1949 年 10 月起担任中国科学院副院长。1960 年 4月赴上海参加中国科学院第三次学部会议,未及会议召开,因病于当月 17 日去世。

②　张孝若(1898—1935),江苏南通人,近代著名实业家、教育家张謇之子。1918 年毕业于美国哥伦比亚大学商学院,回国后辅佐父亲,1922 年北洋政府任命他为考察欧美日九国实业专使,他因此多次前往欧美考察。曾担任江苏省议会议员、吴佩孚联军司令部参赞、淮海实业银行总经理等职,被任命为中华民国驻智利首任公使(未赴任)。1926 年其父张謇去世后,继任大生纱厂等企业董事长、私立南通大学校长。1935 年 10 月 17 日于上海遭仆人暗杀,时年 37 岁。

9月7日 景林夜校招生广告称：新闻科由新闻学家戈公振、严谔声先生等担任，一年毕业，半年研究学理，半年派往各报或各通讯社实习。

9月27日 参加国民大学于午后2时在老靶子路俭德储蓄会西餐室召开的本学期第一次行政会议。

《福尔摩斯》刊署名"翠微"文章《时报与戈公振》，提及戈公振在《时报》转让后失势。

10月14日 中午，参加景林新闻系宴请《时报》驻日记者鲍振青及新闻界宴会，到者除鲍氏夫妇外，还有该校新闻系师生等约20余人。席将终由校长顾执中起立致欢迎词。

10月30日 为《装束美》夏季刊题词"制芰荷以为衣 集芙蓉以为裳"。

10月31日 《申报》刊登广告："时报记者戈公振新著中国报学史一书，搜材颇富，插图近二百幅，叙述报纸之进步与中国社会文化之关系，极有见地。国人自著之报学书籍，当以此为第一种。现由商务书馆印刷，岁暮可以出版。"

11月20日 参观《小日报》报社。

1927 年

（民国十六年，37 岁）

1 月 20 日　参加东南商科大学主任程其保与伯特利中学校长蓝如涓的婚礼。

1 月 25 日　上海报界刊登戈公振将出国的消息。《申报》称，"上海国民大学报学系主任兼教授戈公振君，曾主时报笔政多年。对于国内部界情形颇为熟悉，著作甚富。如已出版者有《新闻学撮要》，行将出版者有《中国报学史》，内容极其丰富，约数十万言，诚报界未有之杰作。近戈君仍不自满，拟往欧洲各国考察报业情形，闻行期在迩，该校将定期为之欢送云。"

《时报》刊登消息称：本报图画周刊主任兼国民大学报学系主任戈公振君，对于国内报界情形，颇为熟悉，著作甚富，如已出版者，有《新闻学撮要》，行将出版者，有《中国报学史》。仍不自满，拟往欧洲各国考察报业情形，一俟护照领到，即须起程。

1 月 27 日　戈公振出国行期刊登于报上。《申报》称：戈公振赴欧考察报业，已志前报，兹戈君定于本月 29 日乘法国邮船公司达亚得号赴法，与戈君有交谊者连日祖饯甚忙。

1 月 28 日　友人和国民大学举行公宴欢送戈公振。《申报》载："戈公振君,于明日放洋,赴欧考察新闻事业,其友人朱应鹏①、马崇淦发起公宴欢送。准于今日午刻十二时举行,地点改在西藏路一品香七十五号。欲参加者请随带餐费二元,又国民大学全体教授,定今晚六时,在一品香公践云"。

《时报》刊登报道称:"本报图画附刊主任兼国民大学报学系主任戈公振君,即将出洋。连日新闻界与教育界中人纷纷祖饯。戈君因时间匆促,未及应酬者,均约于今日午刻在新新酒楼话别。国民大学教授及学生因戈君主持该校教务,备著贤劳,今日晚间在共乐春设筵欢送。本报编辑部全体同人,尤以与戈君朝夕相见,情感弥笃,因于昨日下午四时假一枝香公宴,先向戈君共举一觞,预祝一帆风顺,安达彼邦。次由戈君发言,大致谓任职本馆,近十有五载,素以敬业乐业为志,故将来载各国考察所得,仍须随时记载,陆续寄刊本报。回国以后仍愿载本馆服务,希望同人为本报努力云云。当由同人相继致辞并珍重而别。戈君所乘之轮为法邮船'大大娘号'(D. Artagnan)。明日(二十九日)上午十一时在黄浦码头启碇,沿途经南洋群岛香港等处,均须登陆游览。预定居巴黎三月,伦敦半年,今年九月,日内瓦开际联盟会时,更将赴瑞士一行,返国前将绕道至美国参观《纽约时报》,再在日本半年,预定行期二年半,在考察各国文化事业,不徒为世界报业情形也。"

1 月 29 日　上午 11 时,戈公振所乘之船出发,同行者有画家常玉君、教育家程演生②等。戈公振的房间是 327 号。

---

①　朱应鹏(1895—?)是西洋美术团体晨光美术会的发起人之一,并任执行委员,也是 1928 年上海艺术协会的发起人之一。曾任上海艺术大学、中华艺术大学、新华艺术专科学校等校西画系教授。后入中国公学任秘书长、总务长、文学系主任。又任复旦大学教授、上海商学院训育主任兼教授。先后任《申报》《时报》编辑,《时事新报》《大美晚报》总编辑,《神州日报》总主笔,《光华日报》社长。1929 年 6 月,与关良、冯钢百、宋志钦等在上海联袂举行"现代作家洋画展"。曾任国民党上海特别市党部监察委员等职,奉国民党当局意旨,于 30 年代上海文坛提倡"民族主义文学",遭到鲁迅和左翼文人痛斥。

②　程演生(1888—1955),字源铨,安徽怀宁平山程家大屋人,现代教育家、考古学家。曾留学法国,获法国考古研究院博士学位,并任该院研究员。归国后,历任杭州华严大学文学主任、北京大学、暨南大学教授、安徽省第一师范学校校长。北伐后考察各国教育,1932 年接任安徽大学校长。抗战胜利后,出任安徽学院院长,后辞职至上海。中华人民共和国成立后,任上海市文史馆馆员。

1 月 31 日　在船上写《华法途中》。

2 月 1 日　除夕。凌晨 3 点船停九龙,乘小艇到香港。戈公振在后来的游记中提及,此前几年的除夕一般在西湖度岁。

2 月 4 日　清晨到西贡,停留 4 日。登岸后由南圻《华侨日报》总主笔陈肇琪陪同参观中华总商会、竹园、各学校等。

2 月 8 日　船出西贡港口,遇大浪。

2 月 10 日　船到新加坡,先往《新国民日报》晤张叔耐,经理谢农民作报馆介绍,接着参观《叻报》,遇大夏大学刘杰等人。又参观华侨印刷公司。

从新加坡出发后,到锡南,同程演生一同参观锡南博物馆。

2 月 13 日　《图画时报》刊照片《在"大大娘"号甲板上之戈公振君》《新闻学会假一品香饯别戈公振君赴欧》。

在《国闻周报》第 4 卷第 5 期刊文《中国报纸进化之概观》。

2 月 20 日　在《国闻周报》第 4 卷第 6 期刊文《报纸文章之要诀》。

2 月 21 日　到阿拉伯之亚丁。

2 月 22 日　薄暮到非洲之漆肤地(今译吉布提)。

2 月 23 日　黎明过流泪峡(印度洋与红海交接处)。

2 月 25 日　有英舰 9 艘,从船右舷过,闻是开往上海者,华人皆伤感。[①]

2 月 26 日　船到苏伊士运河。

2 月 27 日　过苏伊士运河。

3 月 4 日　下午船抵马赛,在大陆旅馆下榻。

法国青年会为戈公振洗尘,后巨商林瑞初邀请赴宴。

---

①　时北伐时期南京事件,英国派遣军舰赴中国。

3月9日　采访英国外相张伯伦①。路透社9日日内瓦电：英外相张伯伦，今日接见上海大学教授兼《时报》记者戈公振，并向之宣告英国对华政策。

国闻社9日日内瓦电："戈公振君在此晤英外相张伯伦，张言南军如到沪，英仍保持中立。英兵在沪越界布防，系属设防军略关系，并不违反国际法，上海情形与汉不同，当于适当时机，举行谈判，但希望中国向英直接谈判，不必由第三方参加。承认南政府问题，因恐涉干预内战嫌疑，未加考虑云云。戈君于谈话中，曾告以英国如恃武力，于商业并无裨益。"

3月10日　经国际联盟秘书夏奇峰介绍，拜访法国外长白礼安。

3月11日　《时报》登戈公振访晤英外相张伯伦，询以对华方针，据云，如革命军到沪时，英国仍保守中立态度。关于修改不平等条约及交回租界等问题，至相当时，英国与华当局谈判。

3月20日　在《国闻周报》第4卷第10期刊文《佛教与东亚》。

3月21日　《福尔摩斯》刊署名"琅琅"文章《戈公振去国纪时　一个很有资格的会长》。

3月29日　《福尔摩斯》刊署名"不时"文章《戈公振去后之图画时报》。

3月31日　晚采访国际联盟行政院意大利代表、前外交总长谢乐雅氏（Vittorio Scialoja），询问有关中国问题之意见，包括交换租界、派兵以及同南方政府的关系等。

本月　因夏奇峰介绍，与《泰晤士报》主笔威廉博士（Dr. Harold Williams）畅谈关于中国问题，并相约互相撰文彼此报上。

4月9日　《时报》旅行通信栏目刊登戈公振《英国外相之谈话》。

4月10日　《时报》刊登戈公振"旅行通信"。

---

①　亚瑟·内维尔·张伯伦（Arthur Neville Chamberlain，1869—1940），英国政治家，1937年到1940年任英国首相。他由于在第二次世界大战前夕对希特勒纳粹德国实行绥靖政策而倍受谴责。

4月12日 戈公振发电报给国闻社称:十二日日来弗(今译日内瓦)电,驻外各使领因经费无着,而外部复承安国军当局之意,令向各国取得切实援助。陆各国驻使或将首先实行。巴黎中国使馆秘书李钧函在欧国民党执行委员主会李星辉,请为何管使馆卷宗,各使对外部七日训令,嘱向各国声明搜查俄使馆事,一致决不遵办,同时王光圻、陈篆、魏宸组以及其他各使复电京,请奉张回奉,并要求顾维钧出洋。

《晶报》刊署名"老海"文章《邵戈游欧纪》。

4月14日 在《时报》刊文《国际联盟与中国:英国出兵抗议未提出之原委》。

4月16日 《中国摄影学会画报》载署名"静如"文章《戈公振莅法记》。

4月20日 《时报》刊登戈公振文章《中国文艺界在欧洲之荣誉 比国王家剧院演中国剧〈李碎玉〉 赣人谢寿康君之杰作》①。

4月30日 《大公报》刊登戈公振"日内瓦通信"《国际联盟与中国禁烟问题》。

5月1日 《拒毒月刊》第11期刊戈公振文章《国际联盟与中国禁烟问题》。

5月11日 《图画时报》刊戈公振赠照片《戈公振参观南圻中华总商会》。

5月20、21日 《大公报》连载戈公振"巴黎特约通信":《旅法华工失业问题》。

5月27日 同驻意大利使署秘书朱英访问意大利首相墨索里尼,墨不愿

---

① 谢寿康(1897—1973),字次彭,号七百,别号苑田村人,江西赣县人,出身于书香门第。早年就读于汉口法文学校,1915年被选为江西官费留学生,保送比利时留学。先后在比利时、法国、瑞士就读,相继获瑞士罗山大学政治学硕士、比利时布鲁塞尔大学经济学博士学位。1919年,协同吴稚晖等在巴黎组织中法教育会。1928年归国任教,受聘中央大学文学院院长。1930年,选任驻比利时代办。1933年1月至1935年2月,任立法院第三届立法委员、中国文艺社常务理事兼秘书长。1935年,任国立戏剧学校教授。1937年,转入外交界,和蒋百里等赴欧洲从事抗日战争宣传工作。历任中国驻法国、比利时文化考察团团长,驻瑞士代办,驻罗马教廷公使等。又曾任战时在重庆青木关成立的国立音乐院首任院长。1946年10月,当选为比利时皇家文学研究院院士。次年当选为法国知识分子联合会名誉会长。1949年,与美国作家博希士雷、法国戏剧家巴荷等发起组织国际戏剧协会,其时任美国哥伦比亚大学助理戏剧教授。后到台北。

意谈有关中国问题。

本月 在意大利期间,访问过意大利两家报纸,一为晚报 *Il Giornale D'I-talia*,一为朝报 *Masseggero*。

6月1日 《图画时报》刊照片《夏奇峰君与本报记者戈公振君在瑞士湖口城活水公园亭前留影》以及戈寄8张玉器照片。

6月10日 《时报》刊登戈公振的文章《世界经济大会开幕纪 俄日有关于中国之演说 中国委员准备演说答辩》。大会5月4日开幕,23日闭幕。

在意大利罗马市场遗迹前留影。

6月11日 在《时报》刊文《朱兆莘之谈话 退盟与废约两问题》。

6月16日 《大公报》刊登戈的"日内瓦特别通信":《世界经济大会之尾声 中国委员对于关税问题之声明》。

6月20日 在法国巴黎参加万国戏曲协会成立大会。

路透社本日日内瓦电:"国际联盟会秘书长已请上海时报记者戈公振出席于八月二十四日在日内瓦举行之出版界专家会议。戈现游欧洲,已接受此请,戈在联盟会各界有良好印象。"

6月25日 《东方杂志》第24卷12号刊登戈公振所寄照片两幅:《日内瓦国际保工会议第十届大会》《日内瓦国际经济会议》。

6月26日 陈学昭到达巴黎,戈公振托人送信,说次日上午去看她。

6月28日 同陈学昭访郑振铎,并请其在万花楼吃饭。

6月30日 上午在巴黎与陈学昭见面,准备7月去英国。后访问法国里昂。

7月4日 《大公报》刊登戈公振"日内瓦通信":《国际保工大会 与中国会长与朱兆莘之冲突》。

7月11日 在《时报》刊文《世界经济大会之尾声:中国委员对于关税议

决案之声明》。

7 月 12 日 约郑振铎到万花楼参加东方文化协会。

《图画时报》刊戈公振拍古罗马遗迹照片 7 张。

7 月 20 日 在《时报》刊文《里昂中法大学近况 暑假添招新生》。

7 月 25 日 戈公振在《东方杂志》发表《国际报界专家大会之先声》一文。此文有 5 个附件：国际联盟致戈公振之请书；报界专家大会之暂定议程；通讯社委员会之报告书；公布局长委员会之报告书；记者委员会之报告书。其中《国际联盟致戈公振之请书》中记有"本年三月七日，国际联盟行政院决议：国际报界专家大会定于八月二十四日，在日内瓦举行，敝秘书长谨奉请阁下参与此项大会"文字。并刊登有戈公振寄照片两幅《国联行政院第七十六届会议》《国联第十四届大会》。

7 月 27 日 《图画时报》刊照片《国民党驻法总支部欢迎李济汶载旭升同志及本报记者戈公振先生摄影》。

7 月 29 日 《时报》刊登戈公振的"巴黎通信"《万国戏曲协会成立 中国有谢寿康博士参与 明年希望梅兰芳赴欧》。

7 月 30 日 《良友》第 17 期刊戈公振寄照片《飞行家林碧及其所乘之飞机》。

8 月 1 日 《申报》第 3 版刊登照片《法国巴黎沙龙展览会出品（戈公振君寄）》。

8 月 13 日 在《时报》刊文《中国科学社年会前 留法学界之新光 严济燕君得理科博士学位 法报一致称为"博学"》。

8 月 15 日 在《时报》刊文《巴黎来鸿》。

8 月 17 日 坐美国通运公司车从日内瓦前往夏没泥（Chammonix，今译夏蒙尼，是欧洲著名滑雪圣地），当日往返。

8 月 20 日 天津《益世报》刊载新闻，说明中国记者戈公振被请列席国际新闻专家大会。

8月21日 在《时报》刊文《裁减海军会议与中国 可注意之英当局演说》。

8月24日 路透社日内瓦电:"国际新闻业大会开幕,中国代表戈公振之演说。戈公振君于国际新闻业大会中演说,谓中国最关心国外新闻电电费及检查新闻两事,要求会议决议减少中国与西方各国间之新闻电费。戈君复批评欧洲报纸所载关于中国国民运动之报告,谓系多属无稽之谈,言此皆原于中国于中外间电报不发达,缺乏管理权之故,因举最近各报所披露关于国民政府人员错误报告为例,希望会议对于新闻记者之职责及权利同时加以省虑。戈氏又谓今日中国之国民运动为全世界所注目,尤望各民族间尤能有相互的同情。关于远东和平问题,戈氏谓西方各国报纸其力足以左右本国观听,应请其秉平等正直之精神,力谋祛除中外间之误解,最后戈复建议谓国际联盟宜时时召集此类会议,俾各国新闻家得常会集以讨论各关系问题,俾促进国际之谅解而扫除国际不平等之现象。"

8月27日 国闻社日内瓦电:"国际新闻专家会议,因戈公振及日本代表之建议已组海电委会。讨论减少新闻电费案,该委会今日开会。由薄汉梅爵士主席,路透社董事及日本记者三人,戈公振及国际海电公司协会董事勃龙均列席。央请联盟交通事业委员会,准备切实办法,减少新闻电费至寻常商电价四分之一程度。"

8月29日 国闻社日内瓦电:"戈公振今晨于国际新闻专家会议作下列声明,谓会议所决关于外国新闻记者被取缔一事之决议,若仅系适用于特定国家,则彼无意见。但若系适用于世界全部,则彼不能不声明数语缘。中国向无权干预在国内之外国新闻记者,因此彼等乃具由中国发送不负责任之新闻之特权,譬如最近曾有某美国记者,因欲发布正确消息,力持新闻家确实无畏之主义,乃公然被上海美商会指摘逐出会外。由此反证可知外国在华记者,发送不利于中国之新闻,系得有外人之容许而中国则不能加以取缔。彼自到欧以来已享得外国记者在欧之自由,乃在中国之外国新闻记者反不获享有在欧美外国记者之自由,是故前述议案只能作为不适用于世界全部,故本人根据事实加以反对。"

《大公报》刊戈公振的"日内瓦特讯"文章《毒药问题与中国受害之剧远过鸦片》。

在《时报》刊文《毒药问题与中国 国际间之大不平》。

本月中旬 游览阿尔卑斯山勃朗峰。

9月4日 《国闻周报》第4卷第34期刊照片《时人汇志 戈公振》和戈公振文章《新闻所有权草案》。

9月12日 戈公振在国际新闻记者大会言论引发国内反响。上海淞沪卫戍司令部上午9时举行第四次纪念周,秘书吕孟报告国际,略谓上周间国际上值得注意的:国际新闻记者大会议决案内有取缔外国新闻记者之说,当时我国代表戈公振君对此决案郑重宣言,谓此案如对于特定国而发则无足论矣,如为普遍的,则不适用于中国国情。因中国当局从来没有取缔外国记者之力,比如在华之外国记者近来大造谣言,以中伤我国之国民革命工作。复欲阻止在我国之外国新闻记者之真确消息加载,外报以欺蒙一般舆论如美国在上海之商会反对《密勒氏评论报》记者鲍氏之事,此议案若果实行关系极大,并非戈公振一篇宣言所可阻止者,凡我同志都应起来注意的。

9月17日 《益世报》刊登消息:"国闻社日内瓦特讯,国际新闻专家大会,于八月廿四日上午十一时,在日内瓦维新厅举行。与会者三十国,报界要人六十六人,中国为戈公振君。戈公振发表演讲。"

9月25日 在《时报》刊文《国际新闻专家大会议决案与中国最有关系者》。

9月26日 《大公报》载戈公振"日内瓦通信"文章《国际新闻大会与中国》,文章谈两大问题:长距离交通案、取缔外国记者案。

9 月 28 日　在《时报》刊文《国际联盟与中国：朱兆莘去后之种种》，29 日《大公报》亦刊登。

9 月 30 日　《良友》刊登照片《国际报界专家大会开幕摄影（八月廿四日上午十一时于巴黎）　X①为中国委员戈公振君》，以及《中国报界专家戈公振君近影》。

10 月 10 日　《东方杂志》发表文章《国际报界专家会议记略》，其中有戈公振的演说。

10 月 17 日　在《时报》刊文《联盟通过中国加税案　各有妙用》。

10 月 23 日　《大公报》刊戈公振"日内瓦通信"文章《联盟通过加税还欠案之欧美舆论　关税自主云何》。

10 月 24 日　在《时报》刊文《联盟通过中国加税案之欧美舆论》。

10 月 25 日　在《东方杂志》第 24 卷 20 期刊登照片：《铃兰》《肖像》。

11 月 2 日　《新闻学刊》刊登题为《新闻界名人小影　戈公振先生近影》照片，并有小传记文章介绍，称"时报根衡学理，旁考西文，为种种之革新，作同业风，皆戈氏之擘画也"。

11 月 5 日　《申报·自由谈》刊登戈公振的西欧游记之一《炎夏赏雪记》。

11 月 11 日　《福尔摩斯》刊署名"农花"文章《出洋后之戈公振》。

11 月 28 日　《大公报》刊戈公振"伦敦通信"文章《义前外相之中国观》。

本月　《中国报学史》由商务印书馆出版发行。全书共分六章，28.5 万字。

本月底—12 月　在大英博物馆的东方图书室查阅藏书。得有清嘉庆年

---

①　指照片中人像标"X"符号。

间出版的《察世俗每月统纪传》《时选撮要每月统纪传》,同治年间出版的《旧金山唐人新闻纸》等原件,心中非常喜悦。在此之前,戈公振在调查我国新闻史料时,曾发现"有若干种只存其名而未见其书,心中憾之",这些史料的发现弥补了早先的遗憾。后来他写成《英京读书记》,作为对《中国报学史》的补充。戈公振无论走到哪里,都随身带着《中国报学史》这本书,发现新材料或发现错误之处,就在书上作出记号。可惜没来得及修订此书即早逝。

12 月 24 日　与郑鸣秋博士一起参观泰晤士报馆,会晤威廉博士,谈及中国时局。

12 月 26 日　同伦敦互助团执行委员莫耀、前留法华工同人会长夏奇峰和同寓袁梦鸿,参观东伦敦。

12 月 29 日　《大公报》刊戈公振文章《驻英使署五十年之回顾》。

本 月　戈公振应商务印书馆之约,为"百科小丛书"和"万有文库"撰写《新闻学》。这是一本介绍中外新闻学发展史和现状的普及读物,约 3 万字。全书对报纸的起源、中国现代报纸的进化、报馆组织、通讯社、报业教育和报纸的命运等问题,都作了扼要而通俗的叙述。

戈公振《中国报纸进化之概观》一文由《国闻周报》社刊行。

本 年　商务印书馆函请戈公振为"万有文库"写一本关于新闻学的小册子。

陈学昭在法国期间,戈公振介绍其为《大公报》驻欧特派记者,每月薪水120 元。戈公振动身去日内瓦前,拜托袁昌英照顾陈学昭。

1928 年

（民国十七年, 38 岁）

1 月 8 日　《国闻周报》第 5 卷第 2 期开始连载戈公振署名文章《英京读书记》。

1 月 30 日　在《时报》发表署名文章《东伦敦一瞥》《有趣味之儿童恳亲会》《互助工团与华工名人》《我国国本上之两大问题》, 2 月 5 日又刊在《大公报》上。

2 月 27 日　《申报》刊登戈公振拍摄照片《英国伦敦博物馆所藏中国古画》。

2 月 28 日　《大公报》"伦敦通信"刊戈公振文章《上海交国联代管之谬论》《太平洋国交会议之回顾》《怀德爵士之文字》。

3 月 2 日　同郑鸣秋再次前往参观泰晤士报馆。

3 月 24 日　《大公报》"伦敦通信"刊戈公振文章《在英国所见之英国对华策:保守党自庆对华成功》。

4 月 1 日　《大公报》"伦敦通信"刊戈公振文章《全英搜捕华侨记　中英

亲善声中之怪剧》,抗议英国针对华侨的搜捕非法移民活动。

4月4日 《琼报》刊登署名"重耳"的文章《戈公振之感慨》,刊登了戈公振给国内友人的一封信,内容为概述朋友吴南如的情况,感慨其妻子能够照顾患病的丈夫。

4月17日 《国闻周报》第5卷第14期刊戈公振寄照片《中国国民党驻法总支部于本年三月三日在巴黎欢迎邵力子摄影》。

5月5日 《大公报》"伦敦通信"刊戈公振文章《伦敦剧院中之华人恶棍 自二月中旬大流行 中国外交官不理会》,指英国二月中旬起,剧院多上演华人为恶棍的戏剧,国人不知抗议。

5月12日 参加科隆万国新闻博览会,出席开幕式。

5月28日 《大公报》发表戈公振的"欧洲通信"《国际联盟与中国》《夏奇峰辞职》。5月30日,《时报》亦刊登此二文。

《大公报》刊署名"素痴"(著名史学家张荫麟笔名)的评论文章《评戈公振中国报学史》,称"此书搜讨之勤,网罗之富,实为近来著作中之所罕见者"。

6月18日 《时报》刊登戈公振署名文章《纪世界报纸博览会 大战之痛定思痛 历史进化部之一瞥》。

6月19日 大雨中到达纽约,参观纽约时报社。

6月24日 《时报》第2版刊登戈公振文章《纪世界报纸博览会 中国馆之因陋就简》。

6月25日 《德国世界报章博览会参观记》《纪世界报纸博览会 大战之痛定思痛 历史进化部之一瞥》两文刊登于《星期评论:上海民国日报附刊》第2卷第8期上。

7月1日 《国闻周报》第5卷第25期刊登戈公振文章《纪德国世界报纸

博览会》。

    7月5日 《小日报》载消息称:戈公振行将返国,最近曾有一函,抵其沪上友人,谓已由欧洲至日本,考察日本新闻事业,并参观朝日、每日两大新闻社,拟即在日本避暑,秋凉后回国,据称仍供职《时报》。

    7月24日 由旧金山乘车赴波特兰,《金山时报》赵澄波、沙志培,《中西日报》严继光三人送。

    7月25日 到达里士满。

    7月26日 上午,在波特兰游览华人聚居区第二街,访问名誉领事。午后参观《阿人晨报》、公立图书馆及汽车无线电学校。

    7月27日 同青年会干事蒯文(E.H.Craven),张伯林(H.Chamberlin)、华斯(S.Wiess)三人游贺德山(Mt.Hood),晚上乘车去西雅图。

    7月28日 上午游览华人聚居区,访领事。午后参观各大船埠。

    7月29日 参观华盛顿大学和义勇公园,午后在蓝鼠(Blue Mouse)影戏园看电影。

    7月30日 参加拉萨克俱乐部(Nassak Club)的聚餐会,午后青年会干事童而安(Earl Dome)邀游街市,并参观女青年会及海陆军青年会。当晚乘船赴温哥华。

    《良友》第28期刊载《中国新闻学家戈公振君之行踪》为题六幅照片:《参观英国牛津大学》《在德国莫愁宫留影》《参观伦敦泰晤士报馆》《与女新闻学家李昭实、陈学昭二女士影于巴黎》《戈公振之像(德国某美术家用数分钟时间剪纸而成惟妙惟肖)》《小说家郑振铎(居右者是)朱光潜君等在英国游爱丁堡古天文台摄影》,此外《波兰独立纪念日招待各国记者参与阅兵及参观博览会》照片中也有戈公振。

    7月31日 参观省府报社及施丹莱公园(Stanley Park),午后游华人聚居区。

8 月 1 日 参观博物馆及图书馆,晚饭后,徐如悦博士邀游唐人街、日本人街,并参观黄氏学校。

8 月 2 日 登"俄后号"船,受移民局刁难,隔离在医室中,过维多利亚始放出,戈公振观察四等舱华人中广东人居多,不往甲板散步而是以赌博为事。

8 月 13 日 在日本横滨登陆,乘车至东京。

8 月 14 日 阅报知夏奇峰赴欧洲过日本。

8 月 15 日 同夏奇峰一同往外务省见田中,因其开会,由情报部长小村侯爵、有田亚细亚局长、文化事业部长冈部子爵接见。

8 月 16 日 赴横滨等"坎大拿"(Empress of Canada)船,与夏奇峰、郭秉文、鲍振青等老友,畅谈至开船。横滨巨商郑宗荣,送客时因鲍君的介绍,邀请至安乐园午餐,餐后在程毓林家小坐,并参观中华会馆华侨学校及三江公所。

8 月 17 日 同鲍振青一起参观朝日新闻社,又赴外务省及内务省新闻研究所警视厅参观。

8 月 23 日 《小日报》刊登署名"潜龙"的消息《戈公振行抵东京》,称戈出国因为恋人要求其有留洋经历,又称外界传言戈公振离开《时报》,戈写信否认。

8 月 26 日 《福尔摩斯》刊登署名"微知"的文章《戈公振不日回国 现抵日本》。

8 月 30 日 《布尔塞维克》杂志刊登文章《修约应问外人希望为何》,文中提及:"据驻美公使施植之对时报记者戈公振说,修约应问外人的希望为何,切勿自己许愿。"

9 月 1 日 《时报》即日起连载戈公振《美日道中》通讯。

9 月 2 日 上午 9 时,同陈以一一起拜访日本前内务大臣床次竹二郎。

9 月 14 日 在《时报》发表署名文章《日本床次氏之谈话 时机一到即来华》。

9月22日 《大公报》"东京通信"刊戈公振文章《本是同根生》。

本月 《良友》杂志刊登戈公振所拍摄照片"海外新闻界的人才"5张：《戈公振与胡国伟合影于巴黎,胡君系巴黎大学新闻科毕业》《戈公振参观芝加哥坛报时 摄影于该报馆之前》《旧金山少年中国报总主笔邓公玄与上海持志大学张近澂女士蜜月旅行 摄影于林肯铜像之下》《右,夏奇峰欧美宣传主任,中,郭秉文博士前东大校长,左,鲍振青时报日本分局长合影于横滨》《芝加哥工商日报主笔叶存善》。

《新银星》杂志第2期刊登戈公振所拍黄柳霜照片。

戈公振于9月赴大阪、京都、奈良、神户、福冈等地考察。

10月20日 在百道松原,参观日本举行的"元寇纪念会"。

10月29日 在《时报》发表署名文章《旅日新感》等。

11月2日 《福尔摩斯》载署名"辰龙"的文章《戈公振滞留东京》,称戈氏留在东京,居住在鲍振青住所,北方某报和外交部有意聘请他,他不在于职位,而希望有职权。

11月6日 顾执中创办新闻学院,请戈公振等8人为新闻学院董事。

《骆驼》登消息称戈公振与鲍振青将脱离《时报》,称黄伯惠接管《时报》后,与戈氏之意见多相左,戈遂日渐消极。

11月17日 上海新闻记者联合会编辑委员会在会所开第一次委员会议,商议出月刊一种,聘请戈公振为特约撰述员。

11月18日 《时报》刊登戈公振的连载文章《中日交涉中的种种点缀》。11月19日,《大公报》亦刊此文。

11月19日 给胡适写信论及日本减少英文课,增加汉文课,称从此种开历史倒车行为可知田中政策浅薄。

12月13日 《时报》载消息称:本报记者戈公振启程回国,昨日乘长崎丸离日,明日到沪。

12 月 14 日 戈公振下午 2 时乘长崎丸号回国,社会局长潘公展,各报社记者 20 余人在汇山码头欢迎,戈公振和欢迎者一一握手寒暄并合影(载《申报》),后驰往青年会下榻,至友前往会晤。晚上 7 时,青年会会员聚餐,欢迎戈公振。

12 月 15 日 上海新闻记者联合会晚上 7 点召开第四次执委会,开会决议金雄白等 4 人的欢迎戈公振案,决定在 22 日中午,在南洋西菜社开众聚会,请戈公振演说。

晚,《时报》同人特设宴共乐春,为戈公振洗尘。

12 月 16 日 海防路工商储蓄会第二次结分,下午 2 时开会,请戈公振发表演说。

拜访《福尔摩斯》报馆,同该馆记者谈及外国小报情形,认为小报为社会人士所欢迎,又称外国报纸注重新闻照片,每则新闻中,必有一二照片。

12 月 17 日 《申报》载顾执中所办民治新闻学院聘请戈公振担任新闻学教授。

12 月 18 日 《申报》载戈公振谈及:自欧美漫游回国,沿途考察社会状况,谈及畹华(梅兰芳字)在西洋之令誉,谓各地谈及中国事者,无不注意梅兰芳,故以今日之情势观之,畹如出洋,无不受人欢迎。可以预期,而戈君尤愿出其全力,以策成之焉。

《金刚钻》第三版刊载署名"英俊"的文章《戈公振之位置问题》。

12 月 20 日 复旦大学请戈公振演讲新闻教育的目的。

《福尔摩斯》上刊登署名"虎伯"的文章《巴黎万国戏曲会拟介绍中国戏出洋 托戈公振物色人才 谢寿康博士之计划》。

12 月 21 日 在寰球中国学生会讲坛演讲《欧美之报业》。

《红报》刊登署名"银丝"的文章《戈公振归国与时报》。

12 月 22 日 戈公振在记者会演说,表示:"世界报纸进化的趋势综括起来大约可分为三种,第一是平民化、第二是专门化、第三是合作化,这皆是于我国报纸改良上很可以取法的。"

中华国货展览会下午 3 时招待旅沪英国商会、英国协会,戈公振为共同招待。

12 月 23 日 《新闻报》刊载署名"小侦"文章《戈公振口中之巴黎现况》。

12 月 24 日 大夏大学请戈公振演讲新闻教育的目的,由潘公弼教授及王伯群校长致辞介绍戈公振。

12 月 26 日 上午 10 时参观《中国摄影学会画报》报馆,造访记者林君并发表关于画报的见解。

本年 《国闻画报》第 10 期刊登署名"将军"文章《戈公振最近之行踪》。

同乡高二适①因常向《时报》投寄诗文结识戈公振,戈公振赠送给高二适吴嘉纪的《陋轩诗集》。

戈公振在日本期间,同《时报》驻日本记者鲍振青言:天津之大公报、庸报,上海之申报、时事新报,均有函招,因道不同克不相为谋,本人目的不志在薪水多少,只求有独断独行权足矣。

本年前后 为孙星阁的《十万山人山水第二集》写序《谈十万山人山水画》。

---

① 高二适(1903—1977),江苏泰州市姜堰区兴泰镇小甸址人(1949 年前属江苏东台)。原名锡璜,中年曾署瘖盦,晚年署舒凫。斋号证草圣斋、孤桐堂。著名学者、诗人、书法家,其善书法,尤擅草书。1963 年经章士钊引荐,被聘为江苏省文史馆馆员。

1929 年

（民国十八年，39 岁）

1 月 1 日　陪同邵力子等参加南京国民政府元旦阅兵典礼。

1 月 2 日　应王公弢、叶德真之邀，在南京鸡鸣寺豁蒙楼演讲《各国新闻纸之趋势及我国报界应取之方向暨新闻记者应有之学识》。到会者 30 余人。

晚，应沪报驻京（南京）记者联合会负责人葛润斋之邀，在南京安乐酒店作《新闻记者联合之必要》演说，希望同业相互磋磨，提高新闻记者地位。

1 月 3 日　应南京报社之邀，参加南京青年会集会，对如何发展中国新闻事业，与到会者讨论十分热烈。

上海各报驻南京记者在安乐酒馆欢迎戈公振。

1 月 4 日　由南京返回上海。

1 月 8 日　《申报》载文《国外照片宣传之新讯　中国摄影学会新闻部之扩充》，登载戈公振的言论，"新近回国新闻家戈公振君，其言论感想中，颇以此后报纸将趋重于照片之刊载，三年前南京路二十号中国摄影学会即有鉴于此，附设新闻部，将照片供给于各报，多经录用，成绩卓然。"

《霞光画报》刊登朱家麟所拍照片《新自欧美回国之名记者戈公振（朱家麟摄于下船后）》。

1 月 13 日　《大公报》刊消息称"戈公振已加入申报，担任筹申新及时事新报之改良发展事。"

1月19日 《卷筒纸画报》第4卷第173期刊登署名"金口"文章《戈公振之现在》，称戈公振已去申报馆工作，月薪200大洋。

1月25日 德国匹兹堡大学医学博士欧阳慧夫妇赠戈公振结婚照片。

1月26日 《中国摄影学会画报》第174期刊登戈公振所摄照片《横滨华商巨子郑宗荣先生令爱宝蟾佩萱二女士》，后此照片又刊登于同年6月30日出版的《今代妇女》第9期。

本月 应史量才之聘，任《申报》总经理助理，负责调查研究、调整机构和报纸内容改进等事宜。

2月2日 《上海漫画》第42期刊登照片《首都报界在鸡鸣寺欢迎戈公振先生摄影》。

2月14日 私立商科大学在《申报》刊登广告称：新闻事业日成商业科学化，本科为应此需要，以造就实用人才为目的，聘请各报各记者戈公振诸先生为教授，报名即日起，考期2月20日，校址上海小沙渡路星加坡路口。

2月18日 全国美术展览会编辑组主任徐志摩召集第一次编辑组会议，于静安寺路华安公司八楼开会，认为为引起民众注意美术起见，宣传一事颇为重要，爰公推戈公振等人担任云。

2月21日 《上海画报》发表照片《漫游世界归来之新闻学专家戈公振先生最近摄影》，发表戈公振所摄照片《日内瓦风景一斑》《德国万国报纸博览会中国馆之画报栏》。

《申报》多次刊登戈公振的名人代言广告："名记者戈公振先生云，予此次漫游欧美日本曾患牙痛，幸友人司徒博牙医士在起程前，惠赠必定灵牙痛药数盒，用之确有奇效，留学界友人用之亦然。愿介绍于世之有牙患者，尤其旅行之有牙患者。"

《申报》刊登广告：大华公学定期开学，该校力谋扩充，函聘戈公振等20

余名人担任校董,兹已定期 2 月 21 日开学。

2 月 24 日　在《上海画报》刊所摄照片《张竹平先生之女三公子》。

2 月 27 日　赠《上海画报》照片《徐青藤画青藤书屋图》。

2 月 28 日　《大亚画报》刊登朱家麟所摄照片《新自欧美回国之名记者戈公振》。

本月　新版《新闻学撮要》出版发行。戈公振重新为此书设计封面。

3 月 1 日　因伯祖母翟太夫人 88 寿辰,大伯父伯鸿 70 寿辰、三叔父玉尊 60 寿辰,回东台祝寿。

3 月 13 日　赠《上海画报》照片《十万山人孙星阁画兰》。

3 月 14 日　《琼报》第 2 版刊登署名"纤纤"的文章《戈公振谈鸡》,称欧美生活物价昂贵,鸡食不易。

3 月 16 日　赠《上海漫画》照片《法国盖美博物馆所藏之中国玉器部》《法国圣女希博物馆所藏中国周代铜器》《法国盖美博物馆所藏之中国瓷器(福禄寿)》。

3 月 24 日　赠《上海画报》照片《微哂》。

3 月 27 日　在《上海画报》刊所摄照片《狄楚青先生在长崎舟次》《日内瓦奇冷纪念》,在《日内瓦奇冷纪念》照片下写了一段小志。

本月　《报学杂志》第 1 期刊登戈公振文章《世界报业大观》和照片《英京泰晤士报馆之巨观》。

4 月 1 日　《上海画报》刊登戈公振赠常玉君摄《体育家朱菊曾女士与法国女孩在舟中摄影》。

4 月 2 日　《琼报》第 2 版刊登署名"成言"的文章《日升楼头戈公振》,称戈公振出洋一趟丝毫没有西化。

4 月 3 日　《上海画报》刊其所赠照片《电影明星黄柳霜女士在德国遇戈

公振先生所赠之影》。

4月7日　参加殷芝芳与纪女士的订婚宴。

4月23日　《申报》第20版刊登文章《三位有名的教员》,称商科大学请了戈公振等3名有名教师教学后,学生上课积极。

4月24日　《上海画报》刊载戈曙东摄戈公振赠照片《东台唐峰塔》。

4月27日　在《北洋画报》刊登所拍照片《上海曼摩氏女校本届琴科毕业生李惟实女士》。

《上海画报》刊登戈公振所摄照片《李昭实女士近影》、戈曙东摄戈公振赠照片《阁影风帆》以及戈公振所赠照片《东方文化协会及中外贸易公司发起人程寅生君》《里昂中法大学秘书刘厚君》。

4月28日　参加上海图书馆协会会员大会并发表演说:“略谓此次赴国外游历,各国图书馆均曾参观及之,大约一国之文明有三。(一)博物馆(二)美术馆(三)图书馆。故外国之于图书馆,颇有成绩可观,且其所设图书馆,不仅为装饰品而已,亦不仅为少数人之利用而已。其真使命,是以教育普及于民众……”

5月1日　《上海画报》登署名“惺惺”文章《越南华侨代表口中之戈公振》,文章说戈公振切实调查华侨在海外待遇问题,并向法外长提出抗议,越南华侨对戈公振仗义执言,非常有好感。

5月6日　《上海画报》刊登刘硕甫先生摄、戈公振赠的照片《情侣》,戈曙东摄、戈公振赠照片《东台女子高小开恳亲会摄影》,戈公振所摄照片《大画家徐悲鸿先生与其夫人音乐家蒋碧薇女士及其爱儿与爱犬》。

5月11日　《卷筒纸画报》第4卷第188期刊登戈公振所拍照片《归国之海外记者(右)金山时报记者关可贵(中)金山时报记者赵澄波(左)东萍文尼大学学生毛衡伯》。

5月12日　在上海淞云别墅写《在海外悬念祖国的黄柳霜》一文,刊登于

《生活》上。邹韬奋在编者附言中介绍道:报界先进戈公振先生自谓由欧美回国后,公私羁绊,无暇握管,此文乃应编者之请而为回国后第一次公布之文字,则此文之珍贵可知矣。

参加上海日报公会组织的新闻记者东北观察团,上午 8 时相聚提篮桥黄浦码头搭船出发,记者 20 余人,戈公振担任书记员。

5 月 13 日 视察团到达青岛,参观公共建设。

5 月 14 日 到达大连游览。赵君豪回忆,"在海船里,大家在一处玩纸牌,说笑话,找许多闹儿,惟有戈先生是坐在船的一角,勤读不辍。清晨,在很长的甲板上散步,戈先生那种萧闲淡泊的神情,到现在还是历历在我的心头。"

5 月 15 日 沪记者视察团晨 8 时由大连抵达沈阳,戈公振下榻凌格饭店,当天参观航空处、无线电台。当晚张学良于边防司令长官署设宴招待。

《上海画报》发表戈公振摄影《佛学家与最近归国之海外名记者》及其所赠照片《纪梦霞女士慕尔堂中西女校毕业生月之十日与上海商大殷芝芳学士行结婚礼》。

5 月 16 日 中午张学良招待视察团。下午参观沈阳东北大学。在张学良的北陵别墅,满架图书,有最新出版的《中国报学史》。

5 月 17 日 参观沈阳故宫博物馆、文溯阁,省政府在礼堂设宴招待视察团一行。

5 月 18 日 午后乘南满列车北上长春,晚 7 点半抵达长春,11 点 44 分乘东铁赴哈尔滨。

5 月 19 日 早 8 点,随上海报界视察团抵达哈尔滨,上午 9 时上午访问张景惠①,东铁督办吕荣寰,护路司令部,滨江镇守使署。下午参观文物研究会、自动电话局、八站东济油坊等。

---

① 张景惠(1871—1959),字叙五,辽宁台安人。奉系军阀首领。九一八事变后沦为汉奸,曾任伪满洲国国务总理。

5 月 20 日 上午 9 时,随视察团参观东铁路局、工大、女一中、第九小学、下午参观裕庆德毛织厂、东北航务局造舰所、双会盛制革厂、乘航务局船返道里码头、东省林业公司胶板厂、天兴福火磨。晚各机关团体招宴,夜电政监督蒋斌电话局局长沈家桢邀请观剧。

《国闻周报》第 6 卷第 18 期刊登戈公振文章《中国急需一个代表通信社》。

5 月 21 日 上午 9 时,参观市政局、医院、屠兽厂、公安局消防队、警官学校。正午,报界联合会招待。下午参观市街及建筑,3 点后,分组接见各团体代表,戈公振接见青年团代表。

在哈尔滨,戈公振同赵君豪同住在 Modern 旅馆,这旅馆完全西洋化,戈先生走路、敲门、说话,都十分小心。他告诉赵君豪:"我们很容易做到礼貌,为什么不去留心呢? 何必给外国人取笑呢?"

5 月 23 日 晚 7 点 48 分搭车赶赴北平。

5 月 24 日 下午 4 时,随上海记者团到达天津。晚 8 时,到达北平。

5 月 25 日 上午,北平方面在中山公园公宴记者团。当日为北平公祭孙中山先生的最后一日,戈同记者团参与祭拜。

5 月 27 日 北平新闻界上午 9 时在欧美同学会开欢迎大会,赵之成、成舍我、张恨水致欢迎词,下午参观中南海、北海、团城。

《上海画报》刊戈公振赠相片《三个图书馆家》。

5 月 28 日 参观农事试验场并午饭,下午参观颐和园,晚 6 时何成浚在总部行营招待记者团。

5 月 29 日 早晨参观国子监及雍和宫,午赴讨军第五路总指挥部茶会,午后参观三大殿。同时北平中国新闻学会,在法大礼堂开演讲会欢迎,由戈公振讲世界报业之现状。晚赴苟慧生茶会。

5 月 30 日 参观清华、燕京二大学,午赴熊希龄、赵正平、周作民、谈荔孙玉泉山下卓氏花园茶会。午后游香山、中山纪念堂,并参观慈幼院。由熊院长及其女公子并引观第一二三四院,晚赴邵飘萍夫人茶会。

5 月 31 日　参观故宫博物院,午后赴河北省党部茶会,下午参加江苏旅平同乡会,晚省政府市政府及总部行营联合招待,平津各报记者 70 余人作陪。

本月　创办"申报图书资料参考部",大量收集各类有关图书、报刊资料。不久,开始剪报工作。每日埋头各类报纸新闻资料的分类、剪贴、统计、编目工作,不惮烦琐。有人认为:干这种工作劳而无功。戈公振却认为:"有功无功在人,肯劳不肯劳在我,只要我肯劳,就不管有功无功了。"至此,戈公振创建了一整套《申报》剪报室资料积累、科学管理制度,使其成为民国时期所有报馆中唯一完备的报纸资料室。

《报学月刊》第一卷第三期刊登戈公振文章《世界新闻事业现状》。

好友鲍振青当月访问戈公振,见戈氏仅操剪报工作,不禁感慨。

6 月 1 日　戈公振随沪记者团诸人,乘当日晚车由平至津,寓裕中饭店。

6 月 2 日　沪记者团其他人到达天津,晚 8 点津报界代表迎接并在大华饭店星顶花园设宴欢迎。

6 月 3 日　游览各租界,12 时在西湖别墅由崔傅两当局招待,下午 5 时随记者团搭津浦快车南下。

6 月 8 日　《北洋画报》刊登朱家麟所摄照片《北来观察之上海报界名人戈公振君》。

6 月 13 日　发起开会欢迎南洋报馆出席南洋华侨教育会议代表。上午10 时,齐集小花园时报馆照相室,先就该馆摄影,次赴南园聚餐,并往各大报馆参观后,赴大东酒楼答谢海上各界茶会,并有游艺。

6 月 24 日　西湖博览会函聘戈公振等 14 人为顾问。

赠《上海画报》照片《法国圣女希博物馆所藏中国雕像》《华侨报纸第一种》。

6 月 27 日　在《上海画报》发表署名文章《北行之小感想》。

《北洋画报》发表赵君豪摄戈公振寄照片《西湖博览会之前门》。

本月 北行回来,因为饮食问题,出现身体不适。

7月2日 《北洋画报》刊登戈公振所摄照片《可怜之甘肃灾民》。

7月3日 赠《上海画报》照片《商大殷芝芳学士与其新夫人慕尔堂中西女学季梦霞女士西湖蜜月旅行留影》。

7月4日 《北洋画报》刊登杨玉成摄戈公振寄《西湖博览会之音乐亭》。

7月6日 《中国摄影学会画报》第195期刊登戈公振赠照片《天津报界欢迎上海新闻记者团欢宴时摄影》。

《上海画报》刊登戈公振所摄照片《晏摩氏女学本届毕业生合影》《晏摩氏女学本届琴科毕业生》。

7月8日 《申报》消息称,上海法政大学、民治新闻学院聘戈公振教授新闻学。

7月9日 在《上海画报》发表署名文章《北游小感想(二)》、所拍照片《上海报界之二老》。

7月11日 参观威海卫路民智中小学第八届成绩展览会。

7月12日 在《上海画报》发表文章《周游琐谈》,提及美国妇女最美丽,因为运动多。发表所摄照片《晏摩氏女学毕业生忻恩铃女士》。

7月15日 在《上海画报》发表署名文章《记王景岐先生》。

7月16日 在《北洋画报》刊登照片《西湖博览会之铁路陈列厅》。

7月18日 在《上海画报》发表文章《周游琐谈(二)世界跳舞谈》、照片《尔宝街角上之小烟纸店》。

7月20日 在《卷筒纸画报》刊登照片《纪梦霞女士毕业于慕尔堂中西女校》。

7月21日 在《上海画报》刊登所摄照片《上海记者东北视察团游奉天北陵摄影》《时事新报总理潘公弼先生及其爱子善》。

7月25日 《上海画报》刊登戈公振赠照片《刘先女士》。

《北洋画报》发表郎静山、陈万里摄戈公振寄《西湖博览会临湖之大门及船坞》。

7 月 27 日 《上海漫画》刊登其照片《杨令茀女士之山水》,同页有郎静山所拍《左图为在青年会健身房中 名记者戈公振君》。

8 月 1 日 在《北洋画报》刊登照片《西湖博览会之博物馆》。

8 月 3 日 在《上海画报》上发表文章《周游杂感》。

8 月 6 日 《北洋画报》刊登戈公振摄照片《西湖博览会博物馆铁门之美》。

8 月 10 日 《北洋画报》刊戈公振寄刘硕甫摄照片《上海交际花顾裴倩女士倩影》。

8 月 20 日 《新闻报》等载消息,称中大添设新闻学系,请戈公振任系主任,学生由各系转入,不足再招新生。

8 月 21 日 《上海画报》刊登戈公振赠照片《张宗昌与宪开》《哈尔滨苏俄职工同盟会之被封》。

8 月 24 日 《上海画报》刊登署名"炯炯"文章《戈公振之画报谈》以及戈公振赠题为《平津大雨之情形》照片 4 张。

8 月 27 日 《申报》登教育消息:民治新闻学院添聘戈公振教授报学史。

9 月 3 日 在《上海画报》发表小文《记陈学昭女士》并配照片《留法文学家陈学昭女士近影》,该期另刊登其拍摄照片《女文学家陈学昭女士 女名记者李昭实女士 时报记者王一之先生》。

9 月 9 日 《上海画报》刊登戈公振赠照片《林璧贞女士》《留法画家常玉君近作》《陈白康君,闽人,美国西北大学毕业工程师,在意文司登城任职四年,顷因应南京市政府工程科之归国》。

9 月 10 日 《虞美人》杂志第 1 期刊登戈公振所拍照片《安南之中国庙"天妃宫"》《美洲之中国庙"北溪庙"》《牛津大学之古建筑》。

9月15日 在《上海画报》刊登文章《苏州之行(1)》,提及东北旅行后生病,《中南晚报》主人狄继堂来信请他去苏州旅行。

9月18日 在《上海画报》刊登文章《苏州之行(2)》,提及陈布雷推荐其去中央大学任新闻系主任,他转而推荐张继英。

9月21日 在《上海画报》刊登文章《苏州之行(3)》、赠照片《留美童年画家张华明君与其画作》《国际联盟中国秘书吴秀峰君及郑白峰君在法国海滨浴后摄影》《留美龙兰丽女士学成归国》。

9月24日 赠《上海画报》照片《旧金山社会之花》两张、《驻英使馆主事曹树铭君于十七日随施公使赴任》《新任驻英公使施肇基博士于十七日由沪乘轮赴任 此影系旅坎华侨周耀君所摄》。

9月27日 天津《益世报》第16版连载《新闻学家戈公振在沪演讲》。

10月1日 黄天鹏编著的《新闻学名论集》出版①,刊载了戈公振《一个代表通讯社》《英京读书记》等文章。戈公振为此书题写了书名。

10月12日 为复旦大学新闻学系演讲《报学概论》,计历2小时之久,语语精要,要点如下:(一)新闻纸对于社会、国家、世界三方面负有重大关系。(二)自欧战后,各国对于宣传工作,都非常理视。尤以俄国为最有成绩,德国为最有希望。(三)报纸代表舆论应以大多数人之意志为意志,不能仅凭片面言论。(四)言论不自由,则一切建设无从着手,即不得谓为民主国。(五)新闻记者,应备健全常识,专门学术以新闻事业为终身事业,切勿以报界为过渡,失节改业。(六)中国政府急宜与各报馆联合组织国际通讯社,尽量把中国消息传播到世界各国。(七)研究新闻学,除注重理论外,并须注重实际问题、现在问题。

在《上海画报》刊登配图文章《英国海军在华艳事》,照片《日本不忘元朝

① 黄天鹏(1905—1982),原名鹏,字天鹏,别号天庐,以字、号行世。广东人。创办我国第一个新闻学刊,是我国现代新闻学的拓荒人。

遣兵袭击福冈之役,故在该地建筑"元寇纪念馆",每年开会以唤起国人之敌忾心》《安南南圻中国河两岸》。

10 月 15 日　在《上海画报》刊登游记《杭州二日游(1)》。

10 月 18 日　在《上海画报》刊登照片《旅美华侨航空会之成绩》《无锡荣氏女学校长张浼芬女士游石星洞之留影》。

10 月 20 日　在《生活》上发表文章《德国外长史特莱斯曼之回忆》。

10 月 21 日　赠《上海画报》照片《浙江建设厅黄树芬君暨其夫人体育家余雪芬女士及何应钦幼子绍武君在三潭印月 X 字亭前摄》。

10 月 24 日　《上海画报》发表戈公振赠照片 3 张:《何景寮君:大夏大学新闻科毕业,旋赴日本游学,现任台湾民报社台南支局长》《日本驻华新公使佐分利(左)赴任中国驻日公使汪荣宝(御目镜者为汪)往送时谈话之情形》《新建之闸北水电厂》。

10 月 26 日　《北洋画报》刊戈公振赠《旧金山华侨交际花之花林爱玛女士小影》。

11 月 2 日　《北京画报》刊郎静山摄戈公振寄照片《上海智仁勇女校高中部学生演莎士比亚剧合影》。

11 月 4 日　《劳大周刊》第 2 卷第 27 期刊登戈公振文章《中国新闻事业之进化》。

11 月 6 日　中央大学拟聘任戈公振为报学系主任,戈公振拒绝后,请其在该校短期演讲。其预定之题目为报纸之历史的研究、中国报纸之现在与将来、报学科设立之主要目的及中国需要国际通讯社之殷切等,并佐以欧美所搜集材料及幻灯影片。

11 月 9 日　《北京画报》发表戈公振所赠照片《晏摩女学本届毕业生摄影家汤珩女士》。

11 月 10 日　国府特派考察日本欧美海军专使杜锡珪、董显光一行共 5

人,9 时乘"上海丸"东渡。报界方面为董显光氏送行者,有戈公振等总计不下百余人。

11 月 12 日 戈公振应中央大学之请演讲新闻学,下午已抵达南京。

11 月 14 日 在中央大学演讲,题为《报纸之历史的研究与新的趋势》。

11 月 15 日 在中央大学演讲,题为《中国报纸之现在与将来》。

11 月 16 日 在中央大学演讲,题为《中国需要国际通信社之殷切》,又参观通俗教育馆。

11 月 17 日 在中央大学演讲,题为《报纸与民众》。晚 7 点半第二教育馆在南京中学第一院礼堂请戈公振演讲,题目为《报纸与群众》。

11 月 18 日 应南京学术演讲会邀请,当晚在金陵大学演讲《俄国新闻事业之研究》。

12 月 3 日 在《上海画报》发表所摄照片《右为以演莎乐美闻名之俞珊女士,近在中央大学肄业,文学院主任谢寿康博士近将以女士为主角,在南京公演,此女士在鼓楼公园内所摄近影》。

12 月 4 日 为《申报》的《大集成专刊》题词"集腋成裘"。

12 月 5 日 在江湾路上海法科大学大礼堂讲演,该校社会科学研究会员及同学听者达 500 余人,演讲题为《国际宣传与苏俄》,说明国际新闻事业之概况,及苏俄塔斯通讯社(Tass)宣传之特点。一方面称述各国对国际宣传之注重与努力,一方面指出中国国际宣传之缺乏与失败。最后提出其改良中国新闻事业之计划,希望有志青年,共同研究,共同奋斗。分析极为详尽,计划非常宏大。讲演毕,开映其游历世界之新闻影片,每片亲自加以说明。映完后,复当场每人散发《申报二万号纪念册》以及《言论自由》各一份,听众非常欢欣。当戈先生出场时,一致起立,鼓掌如雷,表示感谢,此种热烈之讲演会,为该校空前未有之盛况。

12 月 12 日 《上海画报》刊登戈公振所赠照片《时事新报主笔程沧波先

生在浅间丸上留影》《申报协理汪英宾先生(右)与时事新报总理潘公弼先生(左)在浅间丸上留影》,所摄照片《在汇山码头送行之汪英宾夫人》。

12月14日 《中国摄影学会画报》第5卷第218期刊登戈公振所赠照片《此公主曼丽乔斯》。

12月15日 在《上海画报》发表照片《申报赴日代表熊少豪先生在浅间丸上之留影》《俄军在满洲里所设之障碍垒》《中国军队在满洲里战壕中瞭望之图》。

12月17日 《申报》刊登消息:戈公振君曾遍游欧美各国,对于各地报学之调查考察,极为详尽,学识丰富,著作等身。现应卡德路95号寰球中国学生会之请,于本星期六(21日)下午7时,在该会演讲《欧美之报学》,听讲券可于前一日向该会索取。

12月18日 欢迎长春自强中学访沪团,在觉林设宴欢迎,并引导参观申报馆、商务印书馆、工厂国货陈列所、广肇公学、尚公小学。

《上海画报》刊登戈公振摄照片《申报总理张竹平先生之公子报安及第三女公子在草地上游戏之图》。

12月21日 下午7时应寰球中国学生会之请,在该会演讲《欧美之报业》。

《交大三日刊》登公告称:欲聆戈公振演讲者请即到训育部取券。

12月23日 《申报》第11版刊登署名"叶华女士"的文章《冬日养犬谈》,称戈公振赠犬5只。

12月25日 上午10点在上海私立商科大学大礼堂演讲,演讲词以《二年国外旅行的感想》分两次刊登于该校校刊《工商周刊》第5期、第6期上。

12月29日 江阴梁丰中学校长黄秉钧,与上海市立尚文及朝宗小学教师徐妻梅女士,在神州旅社结婚,由戈公振证婚。

12月30日 被私立上海商科大学(后改名华国大学)聘为校董。华国大学校董会成立会在大东酒楼举行,出席者有戈公振诸校董等10余人。

本年春　住原上海法租界辣斐德路和亚尔培路转角的淞云别墅（今复兴中路 1196 号 4 号楼）。其妹绍怡协助料理家务。同住者有其侄宝权及其子宝树。一日，戈公振约邹韬奋一观新居，邹韬奋准约而至，见房内满箱满架堆满中外新闻书籍和各种报刊，墙壁上也贴满各国的各种日报、周报，"益叹先生报迷程度之深"，好像把自己嫁给了新闻事业，并问他何不开一个小小的报纸展览会。戈公振答道：本也想做，因忙得不亦乐乎，未能如愿。

本年　成舍我出国①，戈送其一本《中国报学史》，并表示"因为这种东西，在中国还是初见，我大胆尝试，一定有不少错误，希望朋友们能尽量替我校正，三十五天的海上旅程，是最好替我校书的机会，希望你能细细的看一遍"。成在欧洲时，听说戈公振给在欧洲的朋友写信，告知可以搜集中国报学史科的地方，请他们代为抄写或购买。回国后，戈公振请成舍我吃饭，成舍我提出书中的一些问题，戈公振坦白回应："这本书，错误和应该补充的地方太多了，我正在准备修正。"

《新闻学撮要》再版事因故延期，戈公振在《向读本书的人道歉》中写道：在这个长久时期中，国内政局和报界的情况，都有很大的变化，这本书里补充的材料，许多已变成陈腐。所以我乘着这次续印的机会，索性把这些材料完全抛弃，而加入很新鲜的，我这次（环游）世界一周所得有关报纸的文字和图画，想能得读者的赞同吧。

本年底　因为孙贵定博士的介绍，同黄寄萍②相见，并推荐其进《申报》工作。

---

①　成舍我（1898—1991），中国近代著名报人，在中国新闻史上有很高声望与影响。原名成勋，后名成平，舍我为其笔名。湖南湘乡人，出生于南京下关。从 1913 年起他为安庆《民岩报》撰稿，到 1988 年在台北创办《台湾立报》，直至 1991 年去世，从事新闻业近 77 年，一生参与创办媒体、刊物近 20 家，直接创办 12 家。

②　黄寄萍（1905—1955），江苏海门人，早年学习纺织，并从事新闻工作。1926 年半工半读进入厦门大学学习，1929 年进入《申报》工作，是戈公振在《申报》时期的主要助手。1937 年后在上海"孤岛"坚持新闻工作，抗战胜利后回到《申报》任社会服务部主任，1949 年创办《儿童生活》杂志，中华人民共和国成立后在上海新闻图书馆工作，1955 年病逝。

1930 年

（民国十九年,40 岁）

1 月 1 日 上海报学社戈公振、周尚等提议元旦叙餐,并开年会,在北四川路社内举行。

1 月 3 日 中国公学大学部校长胡适致邀请书:

> 公振先生:承先生于本月五日上午十时惠临敝校讲演,甚感。先生学术深湛,夙著蜚声,希先生准时莅校为幸! 专助顺颂,撰安,弟胡适。

《上海画报》刊登李景路摄戈公振赠照片《双十节在驻德使馆庆祝国庆》。

1 月 4 日 《北洋画报》刊戈公振寄照片《国庆日法国巴黎里昂大学中国留学生全体合影》。

1 月 16 日 下午 4 时参加大华饭店梅兰芳欢迎会。

1 月 23 日 《申报》广告称:民智中学暨小学部、女子部幼儿园招男女生,编制男中、女中(附设成年班),校董为戈公振等人。

1 月 25 日 《北洋画报》刊戈公振寄照片《留美学习飞行之林爱仁女士》。

1 月 30 日 早起赴狄楚青处贺年,又与夏奇峰赴张竹平、潘公展处贺年。

1 月 31 日 至史量才家贺年,畅谈馆中事。

本月 《商业杂志》第 5 卷第 1 号刊登戈公振文章《海外之中国饭馆业》。

《时事月报》1 月号刊戈公振赠照片《第十三次在日内瓦所开之国际劳工大会中日亦有代表出席》《在日本举行之三大国际会议——在日内瓦举行之国际劳工大会：中日参与太平洋会议代表为"满洲问题"于十一月八日在西京八新亭开恳亲会》。

《国立劳动大学月刊》第 1 卷第 2 期刊登戈公振文章《中国新闻事业之进化》。

2 月 3 日　《上海画报》刊戈公振摄照片《中央宣传部新建之无线电台》《中央党部内之中央宣传部，中央之门为部长办公室》。

2 月 18 日　徐悲鸿①访戈公振，并送来《纽约时报》译稿。

2 月 21 日　戈公振请徐悲鸿夫妇和刘石甫在邓脱摩饭店吃饭。

2 月 22 日　《申报》刊登《中国报学史》广告：此书分官报、外报、民报及现代各时期，述中国报纸之进化甚详，附图尤多。我国新闻学书，多译自外籍，唯此书则全本个人研究及经验，凡欲知报纸对于社会国家之关系者，不可不人手一编。

《上海漫画》刊登戈公振赠照片《中央大学教授赖琏君与陈杏秋行结婚礼于杭州西湖饭店，由张静江氏证婚》《宁波第四中学表演吕伯兰戏剧中之白尚珊一角，系管一得君所饰，管君尤善绘画》。

本月　《旅行杂志》第 4 卷第 2 号刊登戈公振文章《英游漫谈》。

《时事月报》第 2 卷第 2 期刊戈公振赠照片"右为英国与德国齐柏林号飞船竞争空中航权新建之 R 一〇一号飞船"。

3 月 4 日　记者会改选执监委员，戈公振当选执行委员。

3 月 8 日　两江女子体育学校举行同乐大会，校长陆礼华邀请戈公振等

---

①　徐悲鸿(1895—1953)，原名徐寿康，江苏宜兴市屺亭镇人，中国现代画家、美术教育家。曾留学法国学西画，归国后长期从事美术教育，先后任教于国立中央大学艺术系、北平大学艺术学院和北平艺专。1949 年后任中央美术学院院长。

诸校董及在沪毕业校友欢宴。

3月9日　参加上海新闻记者联合会第四届执监委员就职礼。公推戈公振主行礼如仪,执行委员互选,戈公振等 3 人为常务委员。选举毕,戈公振提议本会须发行一种刊物,登载本会会务及关于新闻界之各种消息,当议决公推戈公振等 3 人为编辑,克日筹备进行,即定名为《记者周报》,准于 4 月 1 日前出版。

3月11日　戈公振拜访钱养尘,刘石甫过 30 岁生日邀吃饭。前往民治新闻学院演讲。

3月16日　《申报》称:上海报学社宣称,本社为戈公振等所组织,成立迄今,已逾四载。近出专攻报学之刊物《言论自由》,销数甚广,社务日益发达。致旧址不敷应用,业已迁入新址,并召集社员大会,讨论进行事项,并拟征求新社员。

3月16日　商业杂志第 5 卷第 1 号刊戈公振《海外之中国饭馆业》一文。

3月27日　许士骐①奉使出国,夫人偕出研究美术,戈公振在大华饭店宴请许夫妇。

3月29日　《上海漫画》刊登戈公振文章《特性》,勉励《上海漫画》做出特色。

3月31日　戈公振早起至《申报》馆,后至中国卷板印刷公司参观二刻,参加女青年会在联华总会之征求宴会。马荫良请其在沙利文吃茶。

4月3日　《上海画报》刊照片《海上文艺家饯别许士骐先生杨缦华女士伉俪赴法于大华饭店》(戈公振、周瘦鹃诸君均有极有趣味之演说)。

4月9日　《上海画报》刊郎静山摄戈公振赠照片《周福松电机师发明新式高密尔透热电疗机能治百病》。

---

①　许士骐(1900—1993),安徽歙县人,早年毕业于上海美专,30 年代留学法国巴黎美术学院。历任南京中央大学艺术系、建筑系教授,南京师范学院美术系、教育系教授。

4月10日 《复旦五日刊》刊登戈公振演讲稿《报纸之将来》。

4月12日 《上海画报》刊登消息《戈公振将组画报》。

4月15日 两江女子体校在大中华楼开会欢迎哈尔滨女选手,戈公振参加并发表演说。

4月15日 厦门集美学校海陆童子军团60余人来沪参观,午后2时,该团全体至申报馆参观,戈公振致训词,先表欢迎之意,复述报纸之性质功用及近代报业进步之趋势等。

4月18日 《上海画报》刊戈公振所赠照片《留美体育家李斐烈君》。

4月24日 上海特别市长张群夫妇,于下午4时假江湾叶园举行园游茶话会,招待德国来华实业视察团。戈公振等数十人参加。

5月12日 在华安大厦参加笔社发起人会,发起人多数系海外笔会会员。席间由胡适说明发起经过,次通过章程,会址暂设亚尔培路203号。

5月15日 上海新闻记者联合会开第五次执委会议,决议整理会费由总务主任负责办理,《记者周报》由编辑委员戈公振、周孝庵、李子宽轮流主编。

5月21日 《申报》刊登广告:上海北四川路永安里130号世界学会,为提倡学术起见,发行《学术演讲集》第一集。该集系南京学术演讲会一年来各专门学者之演讲稿及会员平日之专论,皆系讨论教育经济哲学及政治之长篇论文。戈公振等皆有演讲稿件。每册售洋2角,由上海及各埠各大书坊经售。

5月25日 参加郎静山的徐园订婚会。

5月27日 《上海画报》刊登戈公振所摄照片《名园修禊图》。

本月 介绍外甥周巍峙①到申报馆图书资料参考部当练习生,负责收集

---

① 周巍峙(1916—2014),原名良骥,江苏东台人,音乐家。曾担任文化部代部长、中国文联主席。1934年参加上海左翼歌咏活动。1937年参加八路军。1939年首次指挥演出了《黄河大合唱》。1950年创作《打败美帝野心狼》,后定名为《中国人民志愿军战歌》。1964年组织了大型音乐舞蹈《东方红》的创作排练工作。1982年,领导和组织创作、演出大型音乐舞蹈《中国革命之歌》。妻子为著名歌唱家王昆。

整理图书资料及剪报工作。

6 月 3 日　《北洋画报》刊戈公振赠照片《江宁高等法院中之高瑛贩土案中之三主要人物》《远东选手孙桂云吴梅仙两女士出发前合影》。

6 月 26 日　商务印书馆、申报馆、时报馆、友声旅行团、东方图书出版社在沪西赫德路南园开欢宴会，欢送中国青年亚细亚步行团，《申报》戈公振参加并拍照。

6 月 28 日　《申报》载：杭州青年会最近组织一新闻学研究会，其宗旨以引起青年研究报学之兴趣，并予报界同人得一交换智识之机会。特邀戈公振前往指导并演讲。戈公振已允于 7 月 1 日偕黄寄萍赴杭约勾留四天，分三次演讲，第一讲：《报纸之过去现在与未来》，第二讲：《最近老界报业之概况》，第三讲：《中国报界应有之觉悟》，随带幻灯影片及各国报纸等材料以资观摩。

6 月 28 日　参加中华摄影学会所发起之"全国第三届摄影展览大会"。

本月　《复旦大学新闻学系列纪念刊》出版，插图为戈公振所赠《第四阶级之航空》照片，题字"在选择职业的时候，如欲入报界以兴趣为第一要件，既入报界以后，如欲走上成功的路，以人格为第一要件"，另刊登《特约讲师戈公振先生》照片。

7 月 1 日　同黄寄萍乘晚 6 点 20 分快车离北站，戈对黄讲述环游世界之经历，提及外国通讯社操纵舆论，弱小国家受害匪浅。

7 月 6 日　晚，和黄寄萍一同返回上海，《民国日报》《新闻报》《时事新报》等对此均作了报道。

7 月 13 日　《记者周刊》连载戈公振在杭州演讲《新闻事业之：过去现在与将来》。

7 月 19 日　报载黄寄萍文章记述杭州之行："杭州青年会近组新闻学研究会，其宗旨在引起青年，研究报学之兴趣，并予报界同人得一交换智识之机会。日前该会特邀报界先进戈公振氏前往演讲,余亦偕行,先是往返函商,决定一日晚车出发,斯以五日即返。此行满拟于游览之余,一觇杭城社会情形,惜以涯暑困人,为时又促,故所得无几。拉杂书此,聊备一格耳。"

7 月 21 日 《上海画报》刊照片《申报画报主任戈公振先生赴杭讲学在虎绝寺留影》。

7 月 25 日 《申报·自由谈》刊登《笔会缘起》文章,戈公振位列发起人之一。

7 月 26 日 《申报》广告载:恢复中国体操学校器备委员会,推举戈公振等 15 人为校董。

7 月 29 日 戈公振同黄炎培商谈《申报》给中华职业社拍照事。

本月 《旅行杂志》第 4 卷第 7 期刊戈公振文章《国外旅行常识》。

8 月 1 日 《申报·自由谈》刊登戈公振为中国青年亚细亚步行团题词"读万卷书,不如行万里路"。

8 月 8 日 17 团体欢送出洋学生,到者有戈公振等 300 余人。

8 月 9 日 《中国摄影学会画报》发表戈公振文章《画报的责任与前途》。

8 月 15 日 《申报》刊登《旅行》杂志广告称:国内如新疆西藏蒙古,国外如美欧日本,均有极翔实而生动之纪述,分载各期中,而本期戈公振先生之国外旅行常识一文,尤予行出国诸君切实之贡献。

8 月 25 日 《申报·自由谈》载:闻本报之戈公振氏专收罗各国之新闻纸类,设以之联合展览,当亦成洋洋大观焉。

8 月 29 日 《北京画报》刊郎静山摄黄警顽①寄照片《名记者戈公振君在上海青年会游泳池畔翻斤斗》。

本月 佛学刊物《海潮音》登载戈公振给太虚的来函,信中说希望惠赐

---

① 黄警顽(1894—1979),上海人,著名出版人。14 岁参加商务印书馆第一届学徒考试,被录用,后来调到发行所专做服务工作,有"交际博士"之称。

刊物。

《旅行杂志》第 4 卷第 8 期刊登戈文章《周游世界之简程》。

9 月 10 日 《大亚画报》刊照片《中国青年亚细亚步行旅行团团员胡素娟（左）崔小琼（左中）李梦生（坐者）与交际博士黄警顽（右中）名记者戈公振（右）过杭留影》。

9 月 20 日 上海基督教青年会为普及教育起见，特发起民众教育运动，组织委员会计划一切。戈公振为委员，于中午在青年会招集第一次委员会，决定先在虹口与闸北试办。

10 月 11 日 《万有周刊》刊登戈公振题词"包罗万有"。

10 月 12 日 杭州新闻界同人成立"上海报学社杭州分社"，戈公振特赴杭参加典礼并作演讲《报纸商业化之前途》。

10 月 16 日 参加上海新闻记者联合会执委会，议决：定十一月二日中午开秋季交谊会，推戈公振等为筹备委员。

10 月 17 日 参加两江篮球队北上比赛前宴会。晚该校假味雅宴请新闻界，戈公振等到者甚众，戈公振发表演说。

10 月 19 日 《申报》载广告：复旦新闻学系归于文学院管辖之下，它创设的时间是在复旦依照教育部颁布的大学组织改革之后。在历史上，当然是很短，只有一年多的光景，但是内容组织等等均非常完善，大有"后来居上"之势。它的宗旨是在乎养成中国报界专有的人材，灌输于各种必需的常识，尤重于文艺的熟练。所聘请的指导者，均为国内报界著名之巨子，如戈公振、潘公弼诸氏。谢主任办事之热忱，亦为社会人士所共知。否则，开办了仅有一年多的新闻学系，绝不会有这样的成绩。

10 月 20、27 日 在《国闻周报》上发表《伦敦泰晤士报社参观记》。

10 月 25 日 《时事新画》刊照片《中国报学社杭州分社于十月十二日在湖滨公园民众教育馆开成立会摄影》，中坐为戈公振。

10 月 26 日 邹韬奋在《生活周刊》上发表《读〈中国报学史〉一文》。

11 月 1 日 参加沈达时与李国绮在大华饭店举行的婚礼。

11 月 15 日 参加记者会交谊会筹备委员会,委员会推定戈公振等 11 人为筹委。

11 月 16 日 参加上海新闻记者联合会正午在同兴楼召开的秋季友谊大会,由常务委员戈公振主席。先报告上半年关于发行周刊、接洽建筑捐款、援助因军政关系牵涉之记者与报馆诸事情。次请全体起立静默 2 分钟,为该会发起人谢介子逝世志哀。次申谢各国货厂家之赠予物品,并谓军事现已粗定,政局将渐入轨道。新闻检查业已取销,国民会议召集有期,以后吾人更宜通力合作,使报纸对于社会国家之贡献益为宏大。

下午 4 时,笔会中国总会组织在华安 8 楼开成立会,戈公振为发起人之一,当选为七理事之一并担任书记职务。

11 月 22 日 邹韬奋拟办《生活》五周年纪念画报,撰文向广大读者介绍戈公振。

11 月 28 日 上海美术专科学校举行创立 19 周年纪念及新校舍落成典礼。戈公振、徐志摩作为来宾发表演说,并参观成绩展览会。

12 月 6 日 《北京画报》刊戈公振赠照片《上海社交界最负盛名之汪介曾(右)履曾两女士》。

《上海画报》刊照片《留学日本九州大学医学部耳鼻咽喉教室发明扁桃腺炎治疗法得博士学位之戈公振先生之令弟戈绍龙先生及其新夫人》。

蔡元培致函戈公振略谓:"黄仲琴①君,系前本院历史语言研究所编辑。兹函索笔会详章,特为转达。希即寄与一份,寄至香港康乐道西万松泰转黄仲

---

① 黄仲琴(1884—1942),名嵩年,号嵩罗,字仲琴。广东潮安人。著名教授、学者,爱国知识分子。

琴君,为荷。"

12 月 10 日 笔会理事会于正午假中社开会,戈公振等人到会。

12 月 12 日 参观画家汪亚尘①及夫人荣君立所办画展,汪夫妇二人在威海卫路中社之展览会场设宴招待此次发起人及新闻界与文艺界诸好友,戈公振等 50 余人参加。

12 月 13 日 大陆银行在上海南京路高阳里口,设立信托专部,特于香港路银行公会招待报界,戈公振等前往招待会。

12 月 14 日 伯祖母翟太夫人逝世。

参加上海报学社在邓脱摩饭店召开的会员大会。因会务发展原有章程有不能包括者,已加以增提,并以杭州等地报学社先后成立为扩大组织,复拟定中国报学社章程,留待代表大会通过。

12 月 15 日 上海教育界同人在邓脱摩饭店为程梢庐践行,戈公振参加。

12 月 16 日 大中华自来水笔厂特假大东酒楼,欢宴各界人士,到者有戈公振等数十人。

上海报学社在邓脱摩饭店开基本社员会,推定戈公振等七君为执行委员。又互推戈公振等三君为常务委员。对于会务进行有所讨论,关于出版方面,将与大东书局合作。

12 月 30 日 《申报》载:中社社址位于威海卫路 150 号,戈公振为出版委员之一。

12 月 31 日 下午 3 时,在青年会会议室参加国术团体欢迎褚民谊会,戈公振发表演说。

本月 《电信》杂志第 1 卷第 2 期刊登戈公振文章《报纸与电信》。

----

① 汪亚尘(1894—1983),浙江杭州人。1915 年曾与陈抱一等人组建中国第一个画会组织"东方画会"。1916 年东渡日本留学,1921 年毕业于东京美术学校西画系,同年回国,被聘为上海美专教授兼教务主任。1928 年至 1931 年赴欧洲作艺术考察,归国后曾任新艺术专科学校教务长、新华艺术师范学校校长。1947 年赴美讲学并举办画展,传播中国绘画,历时 30 余年。

本年 戈绍龙在日本取得医学博士学位,之前,戈公振电告戈绍龙回国至清华大学任职校医。

署名"Kungchen Koo"为狄平子所辑《中国古画集》(再版)作英文序,这是目前已知仅有的戈公振英文文章。

1931 年

（民国二十年，41 岁）

1 月 1 日 大吉路大江女子体育学校于上午 10 时举行新校舍落成 10 周年纪念典礼，戈公振等赠送银质镜框多件。

1 月 11 日 参加下午于一品香举行的中国纺织学会新年联欢大会。

1 月 12 日 笔会在静安寺路雪园开常会，到会会员及来宾戈公振等 20 余人，理事长蔡子民主席。胡适发表演说，谈到中国缺乏传记文学，以前多官书成历史，拟于 40 岁生日开始写自传。书记戈公振报告会务。

《上海画报》刊照片《戈公振先生游欧时在罗马古迹前所留之影》。

1 月 13 日 中央政治学校西康学生特别训练班参观团一行参观申报馆各处，戈公振演说关于西康问题，旋即摄影而退。

1 月 16 日 《时代》图画半月刊第 2 卷第 2 期发表戈公振文章《忆巴黎》，并配照片。

1 月 21 日 《上海画报》刊消息称《唐三藏原译般若经 叶遐庵先生秘笈宝藏 戈公振先生拟假影印》。

1 月 24 日 《北洋画报》刊戈公振赠照片《上海名闺李国绮》。

1 月 25 日 在戈公振等督促下，郎静山①开 10 天个人摄影展会。

1 月 26 日 《申报》载汤增扬评论黄天鹏著作《中国新闻事业》的文章，

---

① 郎静山（1892—1995），浙江兰溪人，中国最早的摄影记者，中国摄影教育的开拓者之一。曾在《时报》《申报》工作。曾经获得美国纽约摄影学会颁赠的 1980 年"世界十大摄影家"称号。他是把中国绘画的原理应用到摄影上的第一人。

提及:对于研究中国新闻事业的专书,在坊间寥若晨星,除了黄先生供献于出版界最丰富的此项书籍之外,其余也不过只有戈公振先生、周孝庵先生的一两本值得我们注意的专著。

1 月 29 日 《北洋画报》刊戈公振赠照片《江海关监督刘纪文夫人像》。

2 月 3 日 《北洋画报》刊戈公振赠照片《程博寿女士,前广州政府军政部长程潜之女公子,喜文学,擅跳舞》。

2 月 5 日 《北洋画报》刊戈公振赠照片《上海画家关紫兰女士像》。

2 月 8 日 笔会于星期日正午在雪园开常会。到会会员及来宾有戈公振等人。由理事长蔡孑民主席,席间章行严谈及东北文艺界近况,次戈公振报告世界笔会将于今年 6 月在荷兰开会,已寄来修改章程,征求意见。又报告其他会务,散会已近 4 时。

2 月 10 日 为《世界报业考察记》作序:

> 居国外二载,就见闻所及,搜材綦富。归后即拟分别写而为书,乃牵于俗冗,整理未遑。今将途中已编成之世界报业考察记一部分,先付手民,以供我国报界之参考与勉励,使其深信一事之成功,必在长期奋斗以后,且非纯粹营利性质而为对于公众之一种贡献。明乎此,则斯作庶非徒灾枣梨。
>
> Times 译意为时,而旧译多作泰晤士。Northcliffe 译音为那斯克立夫,而旧译多作北岩。为求通俗,今仍之,又英美用金镑或金元,今与国币兑换率比,消长甚巨,遂未加化合,幸读者见谅。
>
> 中华民国二十年二月十日戈公振识于申报之尊闻阁

2 月 12 日 《北洋画报》刊戈公振赠照片《上海小姐郭安慈女士像》。

2 月 21 日 参观青影社第一届摄影展览会公开展览。

2 月 24 日 《申报》广告称:《中国报学史》作者戈公振归国后,以旅外二载考察所得,将关于报业者,编为《世界报业考察记》一书。书分五编,包含报馆、通信社、报纸教育、记者待遇、国际报界合作等问题。第一编为纽约及伦敦泰晤士报参观记,附北岸爵士小传,已交由商务书馆印行,不日即可出版。

3 月 2 日　上海新闻记者联合会第四届会员大会召开,到会会员 40 余人。会上修改章程,宗旨改为:"发展新闻事业,增进舆论权威,拥护国民利益,保障新闻记者生活。"这次会议选举戈公振、周孝庵、顾执中、余空我、钱沧硕、范敬五、马崇淦、徐耻痕、严独鹤等 11 人为执委会委员。戈公振、马崇淦、钱沧硕为常务委员。执委会下设总务部、交际部、文书部、游艺部、友谊部和编辑部。戈公振、李子宽和周孝庵 3 人为编辑部编辑。

3 月 15 日　同黄炎培、钱伯涵、谢福生一起前往虹桥路上海疗养院探望张竹平。

3 月 18 日　为黄炎培黄海环游践行。

3 月 23 日　《申报·自由谈》发表戈公振文章《歌女红牡丹确有一看的价值》。

3 月 26 日　《北洋画报》刊戈公振赠照片《上海名闺华淑贞女士像》。

4 月 5 日　在大中华饭店礼堂为顾拯来与陆礼华婚礼证婚。

4 月 13 日　《申报》广告载:周剑云编辑《歌女红牡丹特刊》①,内有戈公振文章《歌女红牡丹确有一看的价值》。

4 月 16 日　《北洋画报》刊戈公振赠照片《上海名闺薛锦园女士像》。

---

①　周剑云(1893—1969),安徽合肥人。曾任爱俪园藏书楼主任,新民图书馆编辑。1922年与郑正秋、张石川等发起组织明星影片股份有限公司,初任文牍主任,继任董事、发行主任、经理、营业部长等职。与郑正秋、张石川一起被称为"明星三鼎足"。1937 年明星公司遭日军破坏而结束。1940 年 6 月与南洋影院商人合资开办金星影片公司,拍摄出《花溅泪净》等有一定影响的影片。1941 年,日军占领上海租界,金星影片公司结束。1946 年以后他又加入香港大中华影业公司。中华人民共和国成立后居上海,于 60 年代末去世。

4月19日 下午4时,新任朝鲜汉城中国总领事馆英文秘书吴协埙在礼查饭店与朱采珍女士结婚,戈公振代表来宾致祝词。

4月22日 《申报》广告载:孙世灏个人中西绘画展览会于4月23日到5月6日举办,介绍者有戈公振等人。

5月10日 同黄炎培商谈。

5月11日 参加笔会正午在邓脱摩饭店所开常会。到会会员及来宾20余人。戈公振主席,报告谢寿康复函,因现请假归国,不能出席荷兰之世界笔会,议决改推上届出席波兰之世界笔会之郭子雄前往参与。是日与会者有比利时话剧家李当(G.Lten),李君将于下午9时半,在法国总会表演,欢迎中国文艺界往观。

5月12日 《申报》载:中公新闻学会已邀请戈公振至该学会演讲。

午餐时同黄炎培谈及家庭问题。

5月17日 参加上海新闻记者联合会于中午假座四川路邓脱摩饭店举行的执监改选会。公推戈公振主席并做报告,内容如下:(一)会务;(二)《记者周报》汇刊现已出版,续集亦在续办中,讨论事项;(三)全国体育协进会来函,并交来篮球赛款1650元3分支票一纸,此款本会取回后,应如何保管。议决本会前届组织筹募建筑基金保管基金两会,在本会举行执监委就职礼日,讨论结束办法再行筹组。关于篮球赛款保管问题,即在会议时表决。继改选执监执行委员,当选者戈公振等11人。

5月24日 参加中国报学社上海社正午在邓脱摩饭店举行的社员会议。首由各社员为本社老社员刘远名静默三分钟,以示追悼。继讨论襄助杭州报学社暑期报学演议会事,决议派员及代聘报界名人前往演讲。又决议继续出版《言论自由》月刊,并征求社员。至报学图书馆,则俟觅得相当地址后,再行筹办。

5月26日 在交通部电信学校演讲《新闻纸的商业化》,演讲稿先后刊登于《电信》和《商业月刊》。

5 月 28 日 上海新闻记者联合会下午 7 时假四马路同兴楼举行执监委员聚餐。票选常务及各部主任揭晓,常务戈公振等 3 人当选。

本月 为杜超彬著《新闻政策》作序。

《中国报学史》第三版出版。

本月—6 月间 参加私立专科以上学校毕业生肄业生甄别试验委员会。

6 月 3 日 《申报》载黄奂若评价杜超彬著作《新闻政策》的书评:"然而我国新闻教育的发生,虽已有了十多年的历史,但研究新闻学者所贡献于新闻事业者却很渺小。除了黄天鹏先生有了惊人的大量著作外,只有戈公振、徐宝璜二先生有些贡献,此外竟没有可以称佩的成绩了。过去的十多年中是在这样的状况之下,直到最近二三年来才有些蓬勃之气象。"

6 月 6 日 《上海画报》刊登照片《嘉兴秀州中学新闻学会在嘉兴烟雨楼欢迎新闻学专家戈公振先生留影》。

6 月 7 日 参加各校及旅行学术及康藏步行团、边疆学社、各团体觉园公宴,并发表演说。

6 月 22 日 晚 7 时在东亚酒楼参加赵君豪 30 岁生日聚会。

6 月 23 日 华光片上有声电影公司摄制完有声电影《雨过天青》,为征求报电两界之公判,特假座大东酒楼宴客,来宾到者 300 余人。戈公振作为来宾演说。

7 月 5 日 东台旅沪同乡会假青年会公议厅举行 7 月份聚餐会,戈公振为筹备委员。

7 月 6 日 中国报学社杭州社暑期报学讲习所开学。公推戈公振为所长,校址假国立艺术学院,学生 50 余人。

7 月 11 日 《申报》载:中央国医馆理事葛养民设立北诊所于南京路山西路口,戈公振等赠匾额。

7 月 14 日 《北洋画报》刊戈公振赠照片《上海大华微高尔夫场全景》。

7月24日 在《上海画报》刊徐悲鸿文章《论中画——与戈公振先生书》。

8月2日 下午4时,参加中华口琴会在礼查舞厅举行的全体会员口琴茶舞大会。

8月8日—10日 杭州西湖罗苑主办中外报纸展览会,展出戈公振藏品。

8月9日 东台旅沪同乡会因家乡水灾在青年会开紧急会议,到者有戈公振、夏浒岑、戈湘岚①、戈绍源、戈绍怡等数十人,戈公振等七委员同各慈善团体接洽。

参加笔会于中午在邓脱摩饭店召开的会议,戈公振报告会务。(一)郭子雄来函,报告参与荷兰世界笔会经过,并承笔会发起人施国德夫人赠本会照片一帧。(二)比国诗报来函,询问中国新诗坛状况,出版新诗有译成外国文者否。又中国旧诗及语谣有无译成外国文者,并请示以新诗人住址,以便互相通讯切磋。(三)改选任期一年已满之理事三人,郑振铎、邵洵美、孟寿椿三君当选。

8月13日 主持中国报学社杭州社所办之暑期报学讲习所休业礼,教育厅长张道藩训词②。

8月15日 在《生活》第6卷第35期刊文《芝加哥坛报的介绍(上):附照片》。

8月22日 在《生活》第6卷第36期刊文《芝加哥坛报的介绍(下):附照片》。

---

① 戈湘岚(1904—1964),原名绍苓,又名荃,别署赏神骏斋主、东亭居士,东台安丰人,定居沪上。戈公振堂弟。1920年上海美专肄业。中国民主同盟盟员,中国美术家协会及上海分会会员,兼任上海中国画院画师。戈湘岚是中国的画马大师,曾得郭沫若"今之曹霸"的美誉,有行家将其与徐悲鸿并称为"北徐南戈",代表作有《春耕》《白马图》《马》《斑马》等。

② 张道藩(1897—1968),字卫之,贵州盘县人。1921年留学伦敦学习美术。1922年加入中国国民党,曾任广东省政府秘书、国民党中央组织部秘书、青岛大学教务长、浙江省政府委员兼教育厅长,内政部常务次长等职。1932年与叶楚伧等成立中国文艺社。1934年组织公余联欢话剧团。翌年创办国立戏剧学校。1938年于武汉发起成立"中华全国文艺界抗敌协会"。

8 月 29 日 《申报》广告：曾公冶鬻书助振本馆同人，费银一元，救一灾民，同人乐为介绍焉，有戈公振等人。

9 月 1 日 《申报》载：中华职业教育社等 6 团体，发起改良服装展览会，预定请戈公振等 17 位为审查委员。

9 月 2 日 参加程与青与蒋雅英在新世界饭店举行的完婚典礼。

9 月 9 日 中华职业教育社等 6 团体，合组改良服装展览会，假一品香开第三次筹备委员会，出席者杨卫玉等 20 余人。讨论事项有请戈公振等向明星影片公司接洽在大会时摄影等内容。

9 月 11 日 参加江苏水灾义赈会执委会议，作为东台代表报告东台灾况，切盼有人赴东救济，并盼早堵决口。无论新法旧法，必须克期竣事。

9 月 15 日 《申报》载消息《北平中外记者汇款八千元》："上海《申报》戈公振兄，转朱子桥将军道鉴。同人现筹集水灾赈款八千元，由新华银行汇，呈请就受灾最重区域散放急赈，并恳将办理情形详电为复，余款续汇。北平中外记者水灾筹赈会"。

9 月 15 日 《大陆报》创刊 20 周年纪念发行特刊，戈公振为其题词。

9 月 17 日 《申报·读者来信》载回读者信："研究中国报界情形，可读商务印书馆出版，戈公振著的中国报学史。"

9 月 18 日 刘海粟下午 7 时乘法邮船"沙拿逊"号抵沪。到埠欢迎者有戈公振等及上海美专艺苑等团体不下 500 人。

9 月 20 日 《上海画报》发表戈公振文《华侨好赌的原因（一）》。

《商业月刊》9 月号刊戈公振文《新闻纸的商业化》。

9 月 25 日 到达北京，与《京报》记者谈"反日"，提及组织国际宣传机构的必要。

10 月 9 日 《申报》广告：上海华龙路生活周刊社出版之《生活周刊》，宗旨纯洁,言论公正,每逢星期六出版……并有戈公振用影写版精印之双十画报八页,既有趣味,又有价值,售价仍照旧。

10月10日 为《生活》周刊编辑《〈生活〉周刊双十特刊画报》。

《上海画报》刊登戈公振从北平寄照片两张《北平天安门之抗日救国大会》《暴日残杀国人之惨状》。

10月15日 《申报》载:戈担任第三届全国大中学生拒毒论文比赛评判员。

10月17日 编辑《〈生活〉国难惨象画报》,在《生活》周刊发表。

10月20日 《上海画报》刊戈公振从北平寄照片《皇姑屯避难候车之难民》。

10月25日 参加中国报学社上海社正午所开执行委员会,由周尚君主席报告最近征求社员结果。次讨论社务:(一)暑期内杭州社黄树芬、项士元等,创办报学讲习所及报纸展览会,成绩卓著,由总社去函慰劳;(二)实业部首都国货陈列馆举办报纸展览会,借用杭州社全部陈列品,本社愿竭力与之合作;(三)南京北平社员日多,请其即日召集成立分社;(四)《言论自由》第三期即日编辑印行。

10月27日 《北洋画报》刊照片《申报画报记者戈公振在平招待各摄影记者之影》。

10月31日 《北洋画报》刊戈公振赠照片《上海张桂卿女士像》。

11月2日 下午4时,参加上海新闻记者联合会执行委员会临时会,商讨《时事新报》裁员事。戈公振主持,先报告开会宗旨,次讨论结果,推杭石君、朱应鹏,劝告张竹平商洽解决办法,并定于必要时再开全体会员紧急大会,再议对付方法。

11月6日 《申报》载:本埠著名音乐团体中华口琴会,自口琴专家王庆勋氏创立以来,已届一载,成绩卓著,赞助人有戈公振等。

11月6日 下午5时,参加上海新闻记者联合会临时紧急执委会议。

《上海画报》刊照片《中华平民教育促进会会长王兆泰先生（左）与戈公振先生（右）合影》。

11 月 7 日　蒋介石派专车召集各界领袖赴南京，戈公振为新闻界代表，乘晚 11 时 45 分京沪夜快车前往南京。上海被邀 17 人。

11 月 8 日　第一次全沪公开口琴锦标赛在四川路中华口琴会内举行，戈公振捐助奖品。

早晨 10 时，蒋介石在陵园向戈公振等各界人士征询今后对外、国内和平以及今后经济措施三问题，谈到 12 时。中午在励志社吃饭，起草对日前途三种变化应对方针。晚上在蒋介石家中用餐并长谈。

11 月 10 日　下午 2 时，谒中山陵，5 时乘车返沪。

11 月 13 日　晚，参加中华口琴会假座北京大戏院举行的一周年纪念口琴音乐大会。

《申报》广告：《生活周刊》社为筹款援助黑省卫国健儿紧急启事，戈公振捐 10 元。

11 月 22 日　参加笔会于午刻在大西洋菜馆所开常会。餐半，由孟寿椿君主席报告本会发起人徐志摩乘飞机北上遇难情形。全体起立静默三分钟，表示哀悼，并议决发行特刊纪念徐先生，末由戈公振报告会务。

11 月 24 日　徐志摩遇难后，其在沪友人组织治丧处，并推戈公振等人暂时主持一切，借用威海卫路 150 号中社为办事机关。治丧处在中社聚餐，商定事宜。

《上海画报》刊照片《戈公振先生与北平摄影家在北平来今雨轩合影》。

11 月 25 日　日内瓦中国记者联合会来电：《申报》戈公振转全国各报馆钧鉴。国际联盟公开会议，日本提议组织国际调查团。调查事项：（一）全国反日运动；（二）中国有无能力保护外人；（三）中国是否违反国际条约。但不许干涉撤兵事。各国代表多袒日本。定下次会议，讨论该团组织内容，施代表未明白表示反对，且未坚持撤兵。事甚危迫，请速抗争。日内瓦中国记者联合会码。

11月28日　《民力》第1卷第6期刊戈公振文章《智识阶级的责任》。

12月3日　《申报·自由谈》载:杨杏佛①致戈公振函云,"志摩惨死,使人感觉浮生如梦。年来友人之惨死者,如明复之泗水溺死,腴庐之中弹。志摩之飞行遇祸,竟愈出愈奇。乱世人命,本如草芥,天固不应独厚于我辈,然亦不应薄之至此也。报载上海友人,已设治丧处,不知计划如何,弟意不宜仿伟人之铺张,宜注意于永久及有意义的纪念。如墓应择风景佳处,为坚固美雅之建筑,设新诗奖金或印刷费,为永久之纪念类。钱不在多,但求用之得当。尤当使有诗意,湘眉谓志摩一生,乃一绝好新诗为其最佳之创造,治丧似不可忘却此点也"。

12月8日　应中央特种外交委员会正副委员长戴季陶、宋子文邀请研讨外交方针,晚由上海乘夜车赴南京。

12月9日　同黄炎培等21人晨8时半抵达南京。由励志社总干事黄仁霖在车站欢迎,并在励志社招待早餐。餐后即赴中央党部特种外交委员会,陈布雷报告学潮经过,由戴、宋二氏及于右任、陈布雷招待,顾维钧亦列席。席间戴、宋、于三氏报告外交近况后,由戴氏款待午餐。餐后又举行茶会,由沪来诸人先后发表意见。末又论及政治公开,人才集中问题。据称,决于最短期间,

---

①　杨杏佛(1893—1933),名铨,号杏佛,江西清江人,近代经济管理学家,社会活动家,中国人权运动先驱、中国管理科学先驱。1910年加入同盟会。1911年考入唐山路矿学堂。武昌起义爆发,赴武昌参加保卫战。1912年1月,孙中山任中华民国大总统,他到南京任总统秘书处收发组组长。孙中山辞职后,他赴美国入康乃尔大学学习。毕业后,又转入哈佛大学学习。留学期间发起创办《科学》杂志。1918年回国,1920年任国立东南大学教授。经常与共产党人恽代英接触,还利用业余时间到中国共产党创办的上海大学讲课,因而遭校方记恨,被迫离校,奔赴广州,投向革命。到广州后,任孙中山秘书。1924年11月随孙中山北上。1926年1月,国民党上海特别市党部执行委员会秘密成立,杨杏佛被选为执行委员,主持策应北伐军工作。1927年春,中国共产党在上海发动工人起义,杨杏佛出席国共联席会议。起义胜利后,当选为临时政府常务委员。九一八事变后,为反对国民党政府非法逮捕和监禁爱国人士,与宋庆龄、蔡元培等著名人士于1932年12月在上海发起组织中国民权保障同盟,任总干事,并组织营救了不少被关押的共产党人和爱国人士。1933年6月18日,杨杏佛与其子杨小佛驾车外出,被设伏特务枪杀于上海亚尔培路。

成立国难会议。当晚宋子文招待,宴毕,各人即乘夜快车返沪。

12 月 21 日 徐志摩灵柩运沪后,即停留万国殡仪馆,在沪西静安寺开吊,戈公振前往吊唁并任招待。

12 月 27 日 参加上海晚报社社长章正范之妹蕴芬与张义纯在东亚酒楼礼堂举行的结婚仪式。戈公振为介绍人。

本年 《申报》馆成立总管理处,全权处理馆内一切工作。陶行知①任顾问(当时未公开),黄炎培任设计部主任,戈公振任副主任。此 3 人被称为史量才的智囊团,对《申报》的改革起着重要作用。史量才和马荫良任总务部正副主任。从此戈公振与马荫良同室共事直至 1932 年秋。

九一八事变后,戈公振开始阅读马列著作,研究苏联政治、文化等方面情况,人生观开始发生变化,积极参加抗日救亡运动,坚决反对国民党政府的不抵抗主义,主张抗敌御侮。收集东北沦陷后的新闻照片资料,配合《申报》时评和专论,在《申报图画周刊》上发表。与杜重远相识。秋间,经戈公振和毕云程介绍,邹韬奋结识胡愈之②。从此,与胡愈之经常为《生活》周刊撰稿和研究编辑方针。年底,他们经常聚会于重庆南路万宜坊邹韬奋家,讨论抗日救国和社会主义的重大问题。

---

① 陶行知(1891—1946),安徽省歙县人,1908 年考入杭州广济医学堂。1915 年入读美国哥伦比亚大学,师从约翰·杜威攻读教育学博士。1917 年秋回国,先后任南京高等师范学校、国立东南大学教授及教务主任等职。1926 年起发表了《中华教育改进社改造全国乡村教育宣言》。1929 年圣约翰大学授予他荣誉科学博士学位,表彰他为中国教育改造事业作出的贡献。1931 年主编"儿童科学丛书",在上海先后创办"山海工学团""报童工学团""晨更工学团""流浪儿工学团"等。1933 年,他在上海发起成立中国教育学会。1935 年,在中国共产党"八一宣言"的感召下积极投身抗日救亡运动。1945 年当选中国民主同盟中央常委兼教育委员会主任委员。1946 年因长期劳累过度在上海逝世。

② 胡愈之(1896—1986),原名学愚,字子如,浙江上虞丰惠镇人,著名的编辑、记者、翻译家、出版家、社会活动家。早年创建世界语学会,与沈雁冰等成立文学研究会。1933 年参加中国民权保障同盟,同年加入中国共产党。1935 年后参加上海文化界抗日救亡运动,为全国各界救国联合会发起人之一。抗战胜利后,在海外宣传党的方针政策。中华人民共和国成立后,历任《光明日报》总编辑、国家出版总署署长、文化部副部长等职。

1932 年

（民国二十一年，42 岁）

1 月 1 日　在申报馆尊闻阁为《新闻学》作序。

1 月 8 日　在史量才家，同黄炎培、熊希龄、朱庆澜、黄郛、刘垣会商大局，晚 11 点散。

1 月 13 日　与邹韬奋等发起援助东北义军之实际办法，发表启事呼吁各界捐款东北义军，由《生活》周刊代收代转。

搬至环龙路（今南昌路）德发饭店的德国大菜馆三楼居住，同住者有其侄宝权，其子宝树。一日在凉台上对宝权说："我的年纪大了，我至多只能称为一个社会主义者，而你应该成为一个共产主义者。"①

1 月 19 日　被两江体育学校聘为新校董。

1 月 20 日　《教育周刊》百期纪念号刊登戈公振题词"树人大道"。

1 月 29 日　《申报》刊登新闻《新闻学专修科新发展》，称：上海《时事新报》与沪江大学合办之新闻学专修科，由汪英宝先生主持，聘请戈公振等报界知名之士。

---

①　戈宝权：《追念我的叔父戈公振》，《江苏文史资料第 44 辑》，1990 年印，第 36 页。

2 月 1 日 上海国立暨南大学编《开发西北特刊》第 1 期刊登戈公振题词:"开发西北首在交通,可以解决民生问题,可以消弭强邻觊觎,西北月刊创刊,戈公振题。"

2 月 9 日 中国著作家抗日会举行第一次执行委员会,到会者有戈公振等 10 余人,主席戈公振。议决分配各部会工作,推定秘书长陈望道①,总务部汪馥泉、戈公振。并设立经济委员会,委员为戈公振等 7 人。工作分配后,即讨论 10 日出发慰劳前敌将士问题。此外讨论其他抗日工作甚多,至下午 7 时始行散会。

本月 戈公振与巴金、陈望道、丁玲等 129 人联合签名发表《中国著作家为日军进攻上海屠杀民众宣言》,强烈抗议日军罪行。

3 月 11 日 《申报》登通告《中国红十字会伤兵第十一医院鸣谢各界捐赠银物》,内有:戈公振先生捐购医器,大洋 10 元。

3 月 21 日 作为中方陪同参加国联调查团上海战地调查。

3 月 25 日 《福尔摩斯》载署名"九鼎"文章《戈公振随调查团北上》,称戈公振和李顿②是旧识,《申报》画刊停办后,戈公振无处去,可能会服务于张学良。

3 月 26 日 作为李顿调查团成员乘坐"德和"轮前往南京。

3 月 28 日 中午出席汪精卫招待李顿调查团的宴请,宋子文、陈公博等人作陪。当晚出席南京国民政府外交部长罗文干所设招待调查团宴会。

---

① 陈望道(1891—1977),原名参一,笔名佛突、雪帆,浙江省义乌市人。早年留学日本,积极倡导新文化运动,任《新青年》编辑。1920 年翻译出版了《共产党宣言》第一个中文译本。曾担任《辞海》总主编,撰写了《漫谈"马氏文通"》和《修辞学发凡》等专著。中华人民共和国成立后,曾任复旦大学校长、民盟中央副主席等职。

② 维克多·布尔沃·李顿(1876—1947),英国人,生于印度,在伊顿公学和剑桥三一学院接受教育。1932 年任国际联盟调查团团长,在中国东北调查九一八事变,发表《国联调查团报告书》。他主张中日两国都从中国东北撤出武装,东北由西方列强共管。李顿曾任印度政务部次长、英属印度孟加拉总督、印度总督,还在海军部和枢密院任职,1945 年退休。

3月29日 在励志社接待汪精卫、罗文干等对李顿调查团的回访。晚出席林森招待调查团晚宴。

3月30日 出席李顿调查团与南京政府的第一次谈话会,晚上出席蒋介石在励志社所举行的招待调查团晚宴。

3月31日 作为代表团成员接见各界代表,中午随代表团参观中山陵。

4月1日 作为成员参加李顿代表团与南京国民政府第四次谈话,晚乘船前往武汉。

4月2日 《生活》周刊公布《生活日报》干部名单。戈公振为《生活日报》编辑部主任。邹韬奋介绍:戈公振在新闻界的历史最久,在我们这几个人里面算是老大哥,但他对新闻学研究兴味之浓厚,力求进步之勇猛,却又无愧为活泼泼的青年。

4月7日 随李顿调查团从南京乘火车北上。

4月8日 在济南停留,参观大明湖和山东省图书馆。

4月9日 到达天津,与旅津东北居民谈话。当天下午到达北平,张学良等欢迎。

4月12日 北平新闻记者公会组织欢迎沪、津、辽、哈记者戈公振、罗隆基等。

4月13日 出席张学良招待李顿调查团全体成员的宴会。

4月15日 (北平)中国代表处送与调查团之出关人员名单计30人,包括顾维钧、戈公振等。

4月19日 进入李顿调查团中方代表团人员最后决定20人名单。

晚10点25分,在车站与张学良等握手话别,乘坐北宁专车离开北平。

在到东北之前,预立遗嘱,拜托堂弟戈绍龙,怕妹绍怡惊慌,请其面交,也将《新闻学》一书书稿交戈绍龙审阅,直至1940年该书才付印。

4月20日 晨,随李顿调查团到秦皇岛,晚到达大连。

4 月 21 日 登岸赴大连车站,晚 8 点到达沈阳大和旅馆,后改住东方旅馆。

4 月 24 日 午后得到监视者许可,入城四平街等游览,在茶楼休息时被警察逮捕,《申报》载:(沈阳)今夜小西边门外之华人住宅中,有数华人集合密议,被公安局探知,即加以逮捕,内有一人为顾维钧之随员戈公振,深夜被释放。

5 月 1 日 参加日方招待中国代表全体午宴。

5 月 4 日 《申报》消息称:(北平)调查团代表谢恩增今午抵平。赴长春中国代表仅顾等 7 人,余 4 月 30 日和 5 月 2 日分两批南返。调查团在沈,日人监视甚严,侦探寸步不离,由连赴沈时,车中房间,中国代表最后,中间隔日本代表,防我方与调查团接触。抵沈后,日方在大和饭店备妥房间,中国代表 20 余人只拨 4 间,遂自觅东方饭店居住,一切费用均自备。我代表每人均有 4 日探监视,在沈亲友往旅馆探访者,被日宪捕十余,严行拷问对调查团有无报告,强迫签字画押。戈公振饭后赴商埠地,被日人拘捕,晚 7 时后始释放。

5 月 5 日 国联调查团中国代表处专员,被阻于沈阳者如戈公振等离开沈阳。

5 月 7 日 过天津,于车上接受《华北日报》记者采访,表示"我代表在沈时,精神痛苦不可名状,一言一动均被日监视,有时写信稽至两日后始能付邮"。

5 月 10 日 抵达北平。

5 月 11 日 对记者谈日本多方阻挠调查团,将搜集相关材料发表。

戈公振因为协助办理一切调查表册及关于外交上之文件,滞留北平近两个月时间。

6 月 3 日 晚,赴榆关迎调查团。

6月6日 《申报》载《国联调查团离哈之经过 日人监视极严单人无由得见》报道:哈尔滨《国际协报》总编辑王研石,在哈新闻界多年,兼沪津各大报驻哈记者。随顾维钧北来之沪报记者戈公振、顾执中被阻南返时,致王数函嘱王于调查团至时注意消息。

6月8日 以笔名"K"在《申报》发表文章《东北之谜(一) 简直是一出喜剧》。

6月14日 《天津商报画刊》第5卷25期刊戈公振摄赠照片《故宫茶会之佳宾(立门前者为戈绍怡女士)》。

6月16日 以笔名"K"在《申报》发表文章《东北之谜(二) 到理想的满蒙天地》。

7月2日 《生活》周刊从第7卷26期起,每半月出一期《生活画报》,得到戈公振的提倡和支持。

以笔名"K"在《申报》发表《东北之谜(三) 新大陆造成上最大必要之关键》,此文接着于3—6日连载。

7月5日 下午5时乘火车离开北平。

7月6日 所乘列车过济南,与《青岛时报》记者交谈,称"日人绝不能亡我东北,望国人团结一致收复失地"。

7月7日 与国联调查团中国代表处参议、前外交次长金问泗同车回上海。

7月8日 英文《大陆报》刊登消息称戈公振回上海。

7月9日 中国报学社上海社同人在味雅酒楼设宴慰劳新由北方归来的社长戈公振。据报载:

> 席间戈氏谈及东北报纸除日人所办者外,其余皆苟延残喘,而消息又由日本通信社一手包办,满纸胡言,读之惟有愤恨。关内报纸,无从入境,偶得一纸,珍若拱璧。故东北人士在日人愚民政策宣传之

下,可谓与世界消息隔绝,其精神之痛苦,有甚于牢狱。又谈及在沈阳被捕经过,谓彼为一新闻记者,此行旨在百闻不如一见,自不能因日人之恫吓,而无所活动。故抵沈以后,曾先后入城三次,并曾冒险至战事发生地点之北大营一次,至第三次为日人侦悉。当彼在四平街附近之一茶社憩息时,被拘入省会警察第一分署,迫请命于警察厅长日人三谷清,终以彼为调查团之一员,颇觉难于措手,于是仍派分署长护送回附属地,而坚嘱不可再来,并请转告中国代表处人员,谓无论何人,如再走至附属地以外,定必枪决。事后又接到匿名信一封,亦无非恐吓之词。盖傀儡组织,何尝有丝毫东北民意之存在,日人恐其内幕揭穿。故严防中国人有秘密接洽,其不惜制造恫吓空气,关键在此。然以中国人入中国境,而无端受此侮辱,同座闻之,均为愤慨。闻戈氏以工作尚未结束,不久仍须北上,此行所得材料,并拟编辑为书,俾国人对于最近之东北,有进一步之认识云。

7月14日 应邹韬奋之请所写《到东北调查后》发表于第7卷30期《生活》周刊。邹韬奋加"编者按"道:"戈先生最近人从北方回沪,这是他到东北调查后第一次公开负责的文字。"戈公振在文中激烈谴责国民党政府的不抵抗政策,热情赞扬东北义勇军的抗日爱国行动。

7月15日 出席《申报月刊》下午6时假座中社举行的创刊号出版聚谈会,讨论题旨:(甲)日本军阀在我东北之种种暴行,是否有引起世界第二次大战之可能。如果第二次大战发生,中国将处于何种情况,国人对此应有何种准备。(乙)近时消息传来,日本将嗾使伪国于九月初进攻榆关,入寇华北。就过去及现在之情形观察,此项警讯,有无成为事实之可能,国人对于东北问题及此项警讯,应以何种方法对付。出席者戈公振等20余人。

7月16日 《申报》刊登叶华女士文章《东北教育》,内容为戈公振谈东北教育:

戈公振氏新自东北南旋,谈及东北教育,备极惨痛,兹记概要于次。戈氏谓佛教认智识为魔障,信夫。东北之智识阶级,尤以教育界为最,其惨痛不胜言。苟世界果有地狱,则东北为人间地狱矣。而教育界人士,当在地狱中最下层者。彼辈日在死不得活不得中讨生活,上天无路,入地无门,颠沛流离,精神上所受之刺戟,往往令人狂易。大学生不入义勇军,即亡命出奔,无辜遭戮者相枕藉也。冯庸大学传改满洲大学,确系事实,不久将见实行。中等学校现均停闭,盖恐学生聚首一堂,易激风潮。沈阳城外一工业中学,曾一度预备开学,孰知开学前一日,校内各室满贴"打倒日本","宁为中国鬼不作伪国奴"等标语,各教师睹此情状,温言劝令学生忍耐,毋因小不忍而乱大谋。开学上课之举,因是中辍。中学方面之教科书,以时间局促,不及另编,乃将旧日各教科书改头换面。遇有"中华民国"字样者,金改作满洲国,不利于日本之文字,当然一一删除。至小学方面,则大多开学,小学生年幼识浅,无抗日能力,日遂利用其可塑性,加意陶铸。教育部颁布之课程标准,全部推翻。所有功课仅存五种:国文、修身、历史、地理、数学是也。教科书尽数新编,咸以建设满洲国反抗中国为主旨,教师虽属华人,而时有日人到校,监督干涉。各教师以种种苦衷,含泪执教。最近有"满洲国建国运动",强令小学生参加,唱满洲国国歌,向交叉之满洲国旗及日本国旗行礼,不服命之小学生,其家庭辄受蹂躏。今日东北教育,由教育部管理,部长即郑孝胥,一承日本意旨。现日人聘用在朝鲜办学有经验之日本教育当局,赴东北执掌教育文化,彼等计划拟以朝鲜之方法施诸东北。呜呼,谁为为之,孰令致之,而至于此耶。

7月21日 《申报》刊广告:前中华佛教筹协会收赈款,内有戈公振捐款2元。

7月29日 参与发起江淮水利促进会。

7月31日 参加中华学艺社落成典礼。

本月 《申报月刊》创刊,在出版之日举行的主题为"东北问题与世界大战"的讨论会上,戈公振等人提出"停止内争"的爱国主张。

8月1日 中华学艺社展览戈公振所拍东北调查照片。

8月6日 《礼拜六》杂志刊登戈公振的演讲稿《东北问题的研究》。

8月13日 抵达南京,住中央饭店,在南京同国民党中央宣传委员会主任委员邵元冲商谈《生活》周刊事。

8月14日 南京报学社中午招待戈公振。

8月16日 《时代》画刊刊登戈公振寄照片《热河义军在清河为民田除草》《热河义军在清河为居民修屋》《所谓满洲共和国》。

8月17日 晚,同邵元冲、陈立夫等晚餐,谈国际宣传事。

8月22日 早晨9点,南京国民政府铁道部请戈公振演讲"调查东北情形"。晚7点,应中央广播电台之请,在该台演讲"东北之现状与将来"。

8月25日 国民党中常会决定派戈公振赴日内瓦,任国联行政院会议时通讯员。

8月26日 《小日报》载署名"微闻"文章《戈公振在京之酬酢》,称邵元冲每日陪伴戈公振在中宣会谈话、欢宴。

8月29日 参加中国影业股份有限公司发起人会议。《申报》载:本市政学商各界温宗尧、郭顺等,鉴于发展中国影业,推进社会教育之重要起见,爰发起组织中国影业股份有限公司,于下午7时,借功德林举行发起人会议,到戈公振等20余人。

本月 《良友》杂志刊登戈公振寄照片《日本野心之表露:伪国政府公报及地图》。

《申报》与《生活》被扣后,戈公振赴南京疏通关系。

在南京期间,同张友鸾长谈,话题从新闻学的理论到新闻纸的一切经营与技术。

《文华》杂志第 30 期刊戈公振寄 3 张热河照片。

9 月 2 日 邵元冲为戈公振赴欧践行。

9 月 3 日 《金刚钻》载署名"碧诺"文章《戈公振收为中央社记者》,称中央社给其 7000 元赴欧。

《时事月报》第 7 卷第 3 期,刊戈公振文章《日人控制下的东北金融——杀人不见血的侵略政策》。

9 月 4 日 国闻社消息:国际联盟调查团中国代表处专门委员戈公振氏,受日报公会及中央社之委托,定于 9 月 5 日,乘意大利邮船赴日内瓦从事国际宣传并接洽其他事宜。

9 月 5 日 乘意大利邮轮赴日内瓦从事国际宣传,国民党政要汪精卫、吴铁城等,以及新闻界郑逸梅、钱化佛等在码头相送。

《金刚钻》刊署名"凤影"文章《戈公振挟巨款赴欧》,指中央给戈公振两万元作为宣传拍电之费用。

9 月 6 日 《申报》消息:中央通讯社以此次国联大会将讨论中日问题极关重要,特派戈公振君赴日内瓦担任发电通讯。戈君昨晨偕顾代表维钧等,同乘意邮船"甘琪号"放洋。该社社长萧同兹,特由京来沪送行。同时送戈君上船者,尚有 20 余人。

9 月 7 日 抵达香港,写《中欧途中》,在码头照了几张相。

9 月 11 日 《申报》广告:

关于生活日报之筹备,原由生活周刊社委托韬奋为代表人主持一切。现以法律规定社团不能担任无限责任股东,故改由韬奋个人担任。查股款现已认满十五万元,故决定依照原定计划进行。俟十月十日后正式筹办,并已承戈公振先生允任本报筹备处主任(戈先生十一月底可由日内瓦回国)。关于股本方面,因有热心赞助本报之印刷所愿合作办理印刷事务,无须独力创办印刷部,故特将原定之三十万元股本改为十五万元。尚有一小部分认而未铁者,请尽于一个月内径交新华银行代收为荷(通讯处上海环龙路环龙别业二号)。

戈公振所乘船抵达新加坡,上午至陈嘉庚工厂参观,下午中华总商会在中华俱乐部开茶会欢迎,晚上请调查团诸人用餐。

9 月 12 日 乘船离开新加坡。

9 月 13 日 《中欧途中》即日起连载于《时事新报》,文中写道:"调查团之东来,到沪为三月十四日,去沪为九月五日,为时凡六阅月,行程三万里。"

9 月 15 日 调查团于中秋节发起九一八事变纪念会,顾维钧做演说。

9 月 16 日 在锡兰(今斯里兰卡)访问佛教圣地。

9 月 18 日 《大亚画报》刊登照片《记者公会代表戈公振赴日内瓦时亲友送别》。

船行进途中,为纪念九一八事变,调查团众人相约不去跳舞、听音乐以及观看电影。下午 4 时半参加在经济舱举行的演讲会。

9 月 19 日 在印度孟买写信给戈宝树。

杨虎①电蒋介石,内容为:国民党中宣部派戈公振往日内瓦任宣传刺探工作,戈多年好友夏奇峰称,知其不解西文且太老实,宣传更非所长,恐误国事。②

9 月 20 日 蒋介石电陈立夫:"戈公振是否由中宣部派赴日内瓦宣传刺探,究竟负此任务者有几人,组织如何统,希查明见复为要,中正"。③

① 杨虎(1889—1966),安徽宁国人,字啸天。南京将弁学堂毕业。1915 年袁世凯称帝时任江苏军总司令、海军陆战队司令兼代理海军总司令。1918 年任广州大本营参军,后任鄂军总司令。1922 年任广州非常大总统府参军。1924 年任北伐讨贼军第二军第一师师长,1926 年赴江西,任国民革命军总司令部特务处处长。1927 年任上海警备司令。1931 年当选为中国国民党第四届中央监察委员。1936 年授陆军少将,4 月任淞沪警备司令。1945 年授陆军中将。1946 年当选为制宪国民大会代表。1948 年任监察院监察委员。1949 年寓居北京。

② 台湾"国史馆"档案史料文物查询系统,入藏登录号:002000001445A。

③ 台湾"国史馆"档案史料文物查询系统,典藏号:002-060100-00053-020。

9月26日　过苏伊士运河,参观开罗、埃及金字塔,拍摄照片《国联调查团西行追纪:戈公振颜德卿钱春邹恩元王大桢摄于埃及金字塔下》(见《生活画报》1932年第12期)。

9月29日　到达意大利的布林迪西。

9月30日　上午10时,抵达威尼斯,住Danieli旅馆,中午在Olimpia饭馆吃Bonillabaisse汤和意大利鸡饭。

10月1日　因行李耽搁,在威尼斯多待一日,游览宫殿、教堂、市政厅、博物馆及Lido游艺场。

在意大利期间,在中意友善会发表演说,介绍中国新闻事业,发表于意大利报纸上。

10月2日　晚,由威尼斯抵日内瓦,寄赠所拍照片,致信邹韬奋:

韬奋吾兄:

二次赴欧,决定于最短期间,出于意外,然国难当前,岂惮个人跋涉?故又冒暑远征。弟对于国事实抱无上悲观,但吾人既稍有知识,只有尽国民一份子责任,从自己奋斗起。《生活日报》筹备事,使兄偏劳,心实不安,弟虽身远,此心实悬念也。

10月3日　在日内瓦写明信片给戈宝权。

10月8日　《申报》刊登广告:东台大水,尚有捐册16本。迭次函催未蒙赐退,兹将名衔列下:内有戈公振,称敝会前寄诸君捐册不论有无捐款,务请将捐册寄退东台县政府成款产处收转,俾资结束而征信用为荷,此启。

10月8日　《申报》广告:全国唯一之寄售书店作者书店,赞助人有戈公振等。

发消息《顾维钧昨访德鲁蒙》。

10月10日　发消息《顾维钧赴巴黎》。

10月11日　发消息《明日呈递国书》。

10 月 22 日　发消息《颜王顾郭联袂赴日内瓦》《日内瓦我国设情报处》。

10 月 24 日　同颜惠庆冒雨驾车出游,颜在日记中写道:"他(戈公振)对国内政治与对施都不满。他说黄炎培仍被认为是国民党的敌人。"①

11 月 10 日　发消息《会议结果与英转变态度有关　国联盟约尊严与威信受打击》。

11 月 13 日　《申报》消息称:季达著有《宣传学与新闻记者》,卷首并有戈公振等之序跋多所称述。

11 月 15 日　发消息《顾维钧驳斥松冈妄言》。

11 月 19 日　发消息《郭泰祺访国联美代表》,采访郭泰祺。

11 月 20 日　发消息《国联开会期间　外委会通知各委一律集京》。

11 月 21 日　参加日内瓦国联行政会议开幕会。

11 月 22 日　发消息《外交战开始　国联空气顿形紧张》。

11 月 23 日　发消息《刘文岛昨抵日内瓦出席军缩会议》。

11 月 24 日　《社会日报》载文《戈公振善颂善祷》。

11 月 25 日　发消息《欧美侨胞拥护代表团》。

11 月 28 日　发消息《国联大会开会前美国政府声明态度》。

11 月 29 日　发消息《国联大会将否认伪组织　我国成功全恃精神团结》。

11 月 30 日　戈公振在国联第一次用华语向中国广播演说。

《良友》杂志 11 月期刊戈公振寄照片《古兰音女士,在美国攻音乐及心理学,现已学成,不日归国》。

12 月 1 日　发消息《国际联盟十九国特别委员会议》,下午 1 时在国联用

---

① 　上海市档案馆译:《颜惠庆日记(第二卷)》,中国档案出版社 1996 年版,第 697 页。

华语广播到中国。

12月2日 发消息《叛逆丁士源二日到日内瓦》①。

12月3日 发消息《顾代表再函国联驳覆松冈说帖 历叙日本不安情况》《颜代表演说广播美国》。

12月6日 发消息《小国仗义执言 对李顿报告表示信任 主张不承认伪满组织》。

12月7日 发消息《国联小国代表一致拥护李顿报告》。

12月8日 《天津商报画刊》刊登戈公振寄照片《驻法公使顾维钧十月十三日在法大总统府呈递国书留影》。

发消息《提出申斥戎首决议草案 日代表以退盟恫吓要求撤回 大小国继续发表对满案意见》《郭泰祺之演说 任何解决方案 必须以盟约为基础 东省处现状下 直接交涉断不可能》。

12月9日 发消息《国联大会敷衍下场 中日案移回十九国特委会办理 限最短期内制成议案提交》。

12月10日 邹韬奋致信戈公振,聘请戈任《生活》周刊特约撰述,告知"大著《途中的中国代表团》一文已在四十八期内发表,照片亦同时在此期画报刊布,尤为增色"。

发消息《国联十九委会明日召集将罗致美俄参加调处中日争端 颜代表函请确定提出建议期限》。

12月12日 发消息《不顾正义继续发表对我不利之言论 主张以三月

---

① 丁士源(1879—1945),字文槎,浙江吴兴人。早年入上海圣约翰书院就读,毕业后入北洋水师学堂学习。后留学英国。回国后,历任战事委员会法律署主管、内政部顾问、陆军部军法司司长、高等巡警学堂总办等职。1923年在天津一所有日本人背景的日报馆任编辑。1924年在天津任日本人主办发行的《日日新闻》主笔。1932年后历任伪满洲国驻日公使、伪满洲国驻国联代表等职。1945年病死。

十一日决议为调解基础》《李维诺夫①昨宴我代表团》《中俄复交颜惠庆与李
维诺夫交换节略》。

12 月 13 日　发消息《中俄代表发表复交谈话　中俄复交上月二十即商
定　吾人为和平事业者着一先鞭》,访谈国民党政府国联首席代表颜惠庆。

12 月 14 日　发消息《美愿参加十九国特委会》,采访美代表台维斯。

12 月 15 日　在《申报》载"中央社日内瓦通信"栏目文章《东北问题与国
联调查团之参加中日代表之舌战》。

发消息《国联十九特委会通过决议草案》《国联电华盛顿征询意见　苏俄
表示不愿参加调解》《张发奎②抵日内瓦游览》。

12 月 16 日　发消息《国联丧失权威　对解决中日争案意图延宕　徒成
日本及各大国之机关》《国联小组会拟定之决议草案空泛含混》。

12 月 19 日　发消息《竟要我放弃满洲为谈判条件》。

12 月 26 日　以中央社电名义发消息《顾维钧致国联备忘录　驳斥日本
之狡辩》。

本月　《良友》第 72 期刊登戈公振寄照片《国联大会中国代表团》《人物

---

①　李维诺夫(Maxim Litvinov,1876—1951),苏联外交家,出生于波兰。1921 年起任副外交
人民委员。1922 年出席热那亚国际经济会议和海牙国际财政经济会议,任苏联代表团团长。同
年,任莫斯科国际裁军会议主席。1927—1930 年,率领苏联代表团参加日内瓦国际裁军会议筹
备委员会,代表苏联政府提出全面彻底裁军的方案。1930—1939 年,任苏联外交人民委员。
1932 年,参加日内瓦国际裁军会议,任苏联代表团团长。1933 年底,赴华盛顿同罗斯福总统进行
了关于建立苏美外交关系的谈判。1934—1938 年,代表苏联出席国联会议。在苏联共产党(布
尔什维克)第十七次代表大会和十八大上当选为中央委员。德军入侵苏联后,任副外交人民委
员、苏联驻美国大使。1946 年退休,1951 年去世。

②　张发奎(1896—1980),又名逸斌,字向华,出生于广东韶关。1912 年考入广东陆军小
学,参加中国同盟会。1925 年冬任国民革命军第四军第 12 师师长,次年参加北伐战争,在攻占
汀泗桥、武昌城等作战中,因有战功升任被誉为铁军的第四军军长。抗日战争期间,先后任集团
军总司令、兵团总司令、战区司令长官、方面军司令官等职,率部参加过淞沪、武汉、昆仑关等战
役,被授予国民革命军陆军二级上将。抗战胜利后,任广州行营(后行辕)主任,1947 年改任总
统府战略顾问委员会委员。1949 年 3 月任国民党军陆军总司令,7 月辞职,去香港定居,1980 年
病逝。

志:国际联盟我国代表团中之戈公振氏在埃及金字塔下摄》。

本年初　侄儿宝权在上海大夏大学毕业后,乐于继承叔父事业,经校长欧元怀推荐,至时事新报馆张竹平处工作。

本年　陈学昭在法国克莱蒙大学撰写《中国的词》博士论文,因无资付印,致信戈公振。时戈公振正在国外考察,接信后即汇寄1500法郎资助。

经戈公振介绍,周巍峙在国联调查团中国代表处任宣传干事,年底到李公朴创办的"申报流通图书馆"读者指导部工作。

黄寄萍给戈公振介绍过女友,本来两人相处不错,但送行时,戈因为对另一相熟女士态度似乎更好,该女友愤然而去。

1933 年

（民国二十二年,43 岁）

1 月 7 日　发消息《国联十九国特委会　准本月十六日召集》。

1 月 9 日　发消息《对质问两要点国联静待日本解答》。

1 月 11 日　发消息《颜顾郭三代表电请出兵收复榆关》。

1 月 12 日　发中央社电,转汪精卫在国联宣言全文。

1 月 14 日　发消息《全部通过十九国会　大会廿一日召集说》。

1 月 15 日　发消息《英日成立妥协　国联一味迁就日本》《巴比塞①请释牛兰②》。

1 月 18 日　发消息《中日案调解国联试行最后努力》。

1 月 20 日　发消息《国联一味迁就日本不改倔强态度》。

1 月 21 日　发消息《十九国特委会东京哀的美敦书》《日军大举犯热声中国联大会昨日开幕》《孔祥熙由德抵日内瓦》。

1 月 23 日　发消息《毅然决然放弃调解希望　报告终属空文　于我毫无

---

①　亨利·巴比塞(1873—1935),法国作家。
②　牛兰,本名雅各布·马特耶维奇·鲁德尼克,共产国际联络部在上海的秘密交通站负责人,负责转送各种文件和经费等。他的夫人名叫汪德利曾。1931 年,牛兰和夫人、儿子一起被捕。"牛兰事件"成为轰动一时的国际新闻,国内外舆论持续关注,各界人士掀起营救牛兰的运动。

裨益》。

1月24日　发消息《十九国特委会今日下午开会》。

1月27日　发消息《国联九国委员会报告内容决定　建议部分意见未一致》。

1月28日　发消息《国联小组会慎重缮具报告书结论》。

1月29日　发消息《反对报告书中声明不承认伪组织　日军退沪英日谅解说至此益证明》。

本月　《良友》杂志第73卷刊戈公振寄照片《第69届行政院会议开幕摄影》。

2月1日　发消息《马丁将来演讲　主持日内瓦日报　以公正敢言著称》。

2月2日　发消息《英日新勾结》《颜惠庆准备赴俄履新》《李顿抵日内瓦》。

2月3日　发消息《顾维钧昨访希孟》。

2月4日　发消息《国联特委会昨开会拒绝接受日新提案》。

2月6日　发消息《国联十九特委会决定建议部分原则》。

2月7日　发消息《国联决定不承认原则后　日本仍竭全力图和解》《国联顾问会通过不承认伪组织办法》《颜惠庆宴俄土波代表》。

2月8日　发消息《特委会今晨集会考虑日本新提方案》。

2月9日　发消息《日内瓦展开新局面》。

2月11日　发消息《国联报告书草竣》。

2月13日　发消息《十九国委会通过报告书首三段初读》。

2月15日　发消息《国联更进一步考虑对日本施压力》。

2月16日　《时代》刊登戈公振寄两张照片《中义友善会成立,坐者为会长鲍德罗氏,演说者为驻意使署代办汪廷熙氏,鲍氏为众议院副议长》《国联特别大会我国驻英公使郭泰祺代表在大会中演说之情形》。

《东方杂志》第 13 卷第 4 号刊戈公振寄照片《中日代表在国联之活动：从国联理事会退出时之松冈洋右》《中日代表在国联之活动：日本代表长冈春一在日内瓦播音台对本国演说》《中日代表在国联之活动：我国驻英公使郭秦祺在国联特会中演说，国联对于中日问题，近已不顾多数国家之反对，仅秉英法二国之意旨，草拟袒日之报告书，然则欲倚赖国联者当有所觉悟矣》。

2 月 22 日　发消息《国联明日大会投票表决报告书》《巴黎日使馆前法退伍兵示威》。

2 月 23 日　发消息《我国代表大会演词要点》。

2 月 25 日　发消息《英法突然转变态度之原因　国人今后应具更坚强决心》，载与代表团要员谈话内容。发消息《我代表团电请召回驻日公使》。

本月　《长沙新闻记者联合会年刊》出版，内有戈公振文章《休息》《记者与体育》《世界报纸的三大趋势》《报馆剪报室之研究》《国际报界专家会议记略》《纪世界报纸博览会》。

《文华》第 35 期刊戈公振寄照片《我匡驻英公使郭泰祺最近与国联特别大会中讲说情形》。

3 月 1 日　时中苏恢复邦交，戈公振决定至苏联访问，"在中日问题紧张时期中，亲见中俄突然在日内瓦宣布复交。绝交与复交，竟与我个人发生多少关系，也是很可纪念的"。即辞去《申报》职务，以中央社特派记者身份随同中国驻苏大使颜惠庆等 4 人前往莫斯科。

发消息《颜惠庆昨晚启程赴俄　各国视线集中远东军事形态》。

《东方杂志》第 13 卷第 5 号刊戈公振寄彩照《中俄复交后新任驻俄大使颜惠庆赴任》。

3 月 2 日　至柏林，办理去苏联护照。在柏林和 Wolff 通讯社谈及中德之间新闻交换事宜。当晚应驻德公使刘文岛邀请在泰东饭店吃饭。

3月3日 上午和使馆参事梁龙冒雨上街购买生活用品,下午6时许离开柏林。

3月4日 清晨途经华沙,下午抵达苏联边境涅戈列洛耶,时苏联正在实施第二个五年计划,生活条件颇艰苦。但戈公振觉得自己"走入一个新的国家","已加入一种新的生活了","反感着兴味",下火车办理入境时正好下午6点。当晚乘火车,坐二等车。

3月5日 早上9点多随颜惠庆到达莫斯科,欢迎的有中俄会议专门委员王曾思、陈丕士和全体使馆人员。住新莫斯科旅馆。

3月7日 发消息《颜惠庆明日呈递国书》。

3月9日 发消息《驻俄大使颜惠庆呈递国书》。

3月12日 访中国代表团秘书蔡运辰。

3月16日 以中央社电名义发文章《中俄复交后之第一幕》。

3月17日 发消息《暴日进攻早有筹划 世界和平感受威胁 列强采一致行动》。

本月 《文华》艺术月刊第36期刊戈公振寄照片《一月二十四日在第七十届国联行政会议 有X者为我国代表顾维钧》。

4月6日 邹韬奋致信戈公振,希望提供照片,以备画报刊登。

4月18日 在莫斯科与抗日将领李杜、马占山、苏炳文等在车中晤谈,李杜题词:"不战不足以图存,仰人适足以自误。中华民国二十一年四月十八日经过莫斯克车中与戈公振先生晤谈之下书此。"马占山题词:"愿以身殉国",苏炳文题词"欲救国须全国一致联合起来,努力奋斗,方有事功可言,否则言救国而国为不能救,时至今日,惟有卧薪尝胆,共抗暴日以雪积耻,国威能振,国际地位自然增高"。

发消息《苏马一行过俄京赴柏林 即由德乘轮返国》。

4月21日 致信邹韬奋、胡愈之。是日,胡愈之亦致信戈公振。

4 月 22 日 邹韬奋致信戈公振,希望提供照片和文章给《生活》周刊。

4 月 27 日 《民气报》成立 20 周年。戈公振自莫斯科致贺词:"至大至刚,充塞天地;冠冕群伦、扬芬域外。"

4 月 28 日 发消息《盛世才在新疆发难》。

本月 《文华》杂志刊戈公振寄《国外近讯》系列照片 7 张:《意大利汜系党执政十周纪念展览会之外观》《中俄复交要人颜惠庆博士现任驻俄大使》《中义友善会成立留影》《中国童子军二三六团团长吴宗穆于四月十五日在菲率领全菲中国童子军回国旅行》《石籁坞山顶游侣》《菲律滨华侨杨德全足球杯比赛冠军酒楼总工团健将》。

5 月 1 日 在红场参加国际劳动节的阅兵典礼并观看群众游行。

5 月 10 日 发消息《颜大使致牒俄外长 声明中东路不容第三者干涉》。

5 月 11 日 《天津商报画刊》刊戈公振寄照片《烟台人在欧贩卖府绸获利开此饭馆,菜极可口》。

发消息《沪各团体反对电 已由颜大使转俄外长》。

5 月 15 日 发消息《颜惠庆向俄提出抗议》。

5 月 23 日 开始去列宁格勒访问,游览市容,瞻仰被称为"青铜骑士"的彼得大帝铜像。

5 月 25 日 参观埃尔米塔什博物馆,观看该馆珍藏的达·芬奇、拉斐尔以及俄国和欧洲其他国家名画家的作品。

5 月 26 日 参观俄罗斯博物馆,观看包括列宾《伏尔加河上的纤夫》在内的俄国名画。

5 月 27 日 发消息《俄真理报揭穿日本侵华阴谋》。

5 月 30 日 在列宁格勒国家歌舞剧院观看芭蕾舞《巴黎之火焰》。

6 月 2 日 在国家小剧院观看歌剧《卡门》。

6月6日 在列宁格勒参加体育大阅。

本月 《良友》第77期刊登系列照片《闻人在苏俄》,有《在苏俄法庭内旁听考察之我国名记者戈公振氏》《苏炳文夫人及其长女公子归国经汤木斯克》《陈友仁氏之公子丕士与其夫人在苏俄有年,近常为莫斯科日报执笔为文》《马占山将军赠本报之照》《苏炳文将军归国途经莫斯科时之题字》等。

7月1日 《图书评论》第1卷第11期,刊登陶涤亚的文章《戈公振著中国报学史》。

7月5日 在莫斯科观看军队大阅和在列宁格勒观看体育大阅后,写成《两个大阅》。

7月11日 花3天时间参观美术展览,写《十五年美术展览》。认为:"庶联①的艺术,随着革命的潮流,固日新而又新","由破坏而建设,由小己而大群,充分表现出一个时代和一个社会激烈复杂的转变"。其间,在观摩中国题材,尤其是关于描述淞沪抗战题材绘画时,认为"俄人此种作品的命意,我们应该知道,虽是描写关于中国的事情,而其主要作用,却是向帝国主义尤其是日本帝国主义,下猛烈的攻击"。

邹韬奋于被迫流亡国外前夕致信戈公振,决意本月14日乘意轮启程。

本月 《生活画报》第二集刊登戈公振寄照片《我国驻英公使郭泰祺最近与国联特别大会中讲说情形》《苏俄在新疆的贸易:新疆迪化之苏联商品陈列所内容销售于新疆以工艺品为多而以花布为大宗》《五一节日苏俄人民之庆祝,此为女工着各民族之衣服沿街跳舞之得意情形》《引人注目之工人军队衣服虽不一致而步伐整齐,为受过优良军事训练者》《青年党员列队游行一排男一排女以红领为饰,盖自幼受共产党政治之陶镕者》《苏俄的法庭:旁听席上之外交团与记者团》《陈友仁之女公子锡兰作土人装在俄专研究舞蹈,

① 即苏联。

纪念日表演于莫斯科之音乐会》《苏联政府于劳工节在红场阅兵礼》《国家剧场附近》。

《良友》第 78 期刊登戈公振寄照片《民众团体游行经过红方场之盛况》《苏俄共产党秘书长史太林近影》《五一节日翱翔云表》等。

8 月 1 日 《时代》画报刊登照片《戈公振在列宁格勒夏宫留影,此宫革命后即开放,今又以一部房屋改为模范工人休养所》。

8 月 5 日 颜惠庆在列宁格勒的旅馆里遇见从莫斯科来的戈公振,同车游览市容,在戏院看戏,并一起在欧罗巴饭店吃晚饭。①

8 月 6 日 同颜惠庆在列宁格勒访谈,提及伦敦会议无结果,颜惠庆决定回国。

8 月 22 日 乘火车由莫斯科前往罗斯托夫,中途在哈尔科夫停留。

8 月 23 日 发消息《颜惠庆游览苏联名城 将与罗文干会晤》。

8 月 24 日 在哈尔科夫的对外文化社访问,参观该社举办的乌克兰新建设展览会。

8 月 25 日 和哈尔科夫对外旅行社的翻译前往城南参观拖拉机制造厂等。

8 月 26 日 再次遇见颜惠庆,同他一起参观犹太人集体农场和流浪儿童教养所。与颜惠庆分别后,前往巴库等地参观,参观农场、拖拉机厂等设施,大约一周时间。

本月 《良友》刊登戈公振寄《外蒙古之邮票》。

本月—9 月间 戈公振曾到第聂伯水电站、阿塞拜疆的油城巴库、斯大林格勒等地访问。并从斯大林格勒乘船,沿伏尔加河到高尔基城。

---

① 上海市档案馆译:《颜惠庆日记(第二卷)》,中国档案出版社 1996 年版,第 760 页。

9月5日 在苏俄旧京列宁格勒夏宫中留影。

9月8日 发消息《拉西曼①自意启程来华》。

9月12日 上海日报公会开会,正式推荐戈公振参加第二次国际新闻会议。天津全市新闻界在永安饭店会商,也一致同意推举戈公振出席。

9月14日 国际新闻会议是否由戈公振代表出席,津市各报电复沪报公会,表示赞成请代办委托书。

9月16日 国民党中央执行委员会宣传委员会函请任命丘正欧②、戈公振为国际新闻会议新闻自由会议出席代表。

9月19日 国民政府令,派丘正欧、戈公振为出席国际新闻会议新闻自由会议代表。

9月20日 戈公振从南方旅行后返回莫斯科。③

9月21日 发消息《罗文干赴伊犁》。

9月25日 同颜惠庆一起离开莫斯科。

9月28日 发消息《俄报诋斥日方利用傀儡侵略》。

本月 《中央党务月刊》第62期刊登消息《派定国际新闻会议出席代表,丘正欧戈公振代表参加》。

10月2日 给朋友周越然④回信,"大示及书目拜悉,弟已去旧书坊数次,均云甚罕见,现将书目交彼等,令其觅得时即来报告。此地德法文书最多,英文较少,因俄人多研法文,英文近来始稍习之也。率颂著安。弟公振,10月12日"。

10月10日 驻莫斯科使馆人员聚会,戈公振作《国庆不忘国难,乐观战

---

① 拉西曼:时任国联卫生部长。

② 丘正欧(1905—2001),广东梅县人,先后就读于北京大学、巴黎社会学院、巴黎大学,获文学博士学位,回国后服务于新闻界、教育界,1949年去台,曾任政治大学新闻系教授。

③ 上海市档案馆译:《颜惠庆日记(第二卷)》,中国档案出版社1996年版,第769页。

④ 周越然(1885—1962),浙江吴兴人,著名藏书家。

胜悲观》之演说。

10 月 21 日 发消息《日本日益孤立》。

本月中旬 在莫斯科赫坦戈夫剧院观看高尔基的话剧《叶戈尔·布雷乔夫》。

本月 《时事月报》杂志刊戈公振寄《列宁格勒夏宫》照片 4 张。

去西班牙经过巴黎,应沈颂芳之约稍住几日,同住在拉丁区,一日数见,闻其所著《我所见的苏联》已完成四分之三。

11 月 7—11 日 受上海日报公会和京汉平津各地报界委托,戈公振和丘正欧一起代表中国新闻界,去西班牙首都马德里参加国联召开的第二次各国情报机关及报界会议。

11 月 10 日 受西班牙政府招待,游西班牙旧首都 Taledo。

11 月 15 日 《申报月刊》第 2 卷第 11 期刊戈公振摄寄《日暮穷途之国联》照片 3 张。

本月 《良友》杂志第 82 期戈公振寄照片《国联第十四届大会我国首席代表为顾维钧博士》。

12 月 1 日 《东方杂志》第 13 卷第 23 号发表戈公振寄照片《国联第十四届大会》《国联行政院第七十六届会议》。

12 月 10 日 在柏林访问颜惠庆。①

12 月 27 日 《大公报》刊照片《马德里国际新闻会议各国代表及眷属于 11 月 10 日受西班牙政府招待》。

本月 途经柏林时,在疗养院进行 X 光透视和血液检查,证明身体健康。

《生活画报》第 25 期刊照片《欢迎海外归来的抗日将士》、第 26 期刊照片

---

① 上海市档案馆译:《颜惠庆日记(第二卷)》,中国档案出版社 1996 年版,第 784 页。

《莫期科之五一节》、第30期刊照片《苏联体育大检阅于一九三三年六月十二日莫斯科红场举行 其最值注意者乃为工人而非学生且工人中半数为女子》、第31期刊《苏联演剧大会中之蒙古剧》照片6幅、第38期刊《海外拾零》照片4张。

1934 年

（民国二十三年，44 岁）

1 月 15 日 《国闻周报》第 11 卷第 4 期刊戈公振寄"文化传播"系列照片《中国国际图书馆欧洲之部，于去年成立于日内瓦（上）》《日内瓦中国国际图书馆报纸杂志陈列室（下）图书馆之外观》。

在莫斯科给钱芥尘①先生写信：

> 芥尘先生道席，顷承惠寄晶报十月三全份（余两份已代赠使馆），读之如置身国内，感纫高情，匪言可喻（按应谢大雄先生），左右对俄日关系，评论精当，两国果兵戎相见，于中国无益有害，振对俄人生活，极感兴味，故由柏林赶来度岁（欧洲老矣，惟俄有新气象），虽

---

① 钱芥尘（1886—1969），原名家福，改署芥尘，号须弥、炯炯。嘉兴人。早年中秀才，在家乡兴办小火轮公司。蔡元培在上海办《警钟日报》，宣传民族革命，以投稿得蔡氏赏识，被邀赴该报工作，全力以赴，直至该报为清廷查封。辛亥革命后，参加章太炎的统一党，继马叙伦任上海《大共和日报》总经理；以后又办《神州日报》《晶报》《新申报》；还在天津办《华北新闻》，在沈阳办《新民晚报》。此外还在上海办过《新中国杂志》，接办毕倚虹主编的《上海画报》。在《大共和日报》上发表李涵秋的小说《广陵潮》，又介绍张恨水在《新闻报》上发表小说《啼笑因缘》。与袁寒云结交，又深得张学良赏识，被聘为高等顾问，二三十年代代表张学良联络报界。40 年代，在上海主编《大众》杂志。中华人民共和国成立初期以"旧燕"笔名在《亦报》上发表回忆张学良的文章。1953 年被聘为上海市文史馆馆员。

有时寒至零下二十五度,但晴明可喜,不日尚拟赴土西铁路一行。春暖始束装东归,率颂年禧,公振拜启,一月十五日莫斯科。

1月16日 《东方杂志》第31卷第2号刊戈公振寄照片《西班牙当局招待国际新闻会议出席代表时摄影》。

1月28日 《大公报》刊戈公振寄照片《日内瓦中国国际图书馆布置完备宴请参与国联之中国代表团全体留影》。

发消息《共产党大会席上史丹林预测未来战祸》。

1月21日 参加了莫斯科德再尔新斯基俱乐部举行的列宁逝世十周年纪念活动,聆听了列宁妹妹玛丽亚·乌里扬诺娃的演讲。

本月 《良友》杂志第84期刊照片《陈锡兰女士表演土耳其斯坦舞之姿势》《马德里国际新闻会议开幕》《新任捷克代办梁龙小影》。

2月5日 颜惠庆到南京,谈戈公振现仍在俄遍游俄邦,对此种生活极感兴趣,近正著一书,述俄社会情形。

2月7日 驻俄大使颜惠庆到达天津,在与随车记者谈话中,提及"有一事足为新闻界报告,即戈公振君在欧活动甚力,近又赴俄研究,将来有一书著成,该书如果问世,实有裨益于社会匪鲜"。

2月7—11日 天津《大公报》连载戈公振《苏俄第二个五年计划》一文。文中记述了基洛夫的报告、计划任务和努力方向。

2月10日 《新生》周刊在上海创刊,继《生活》周刊之精神,主张抗日,反对国民党。该刊由胡愈之、艾寒松、杜重远主编。

2月13日 中国农历除夕夜写诗,题为《莫斯科新岁》:"新国庆新岁,寒窗撼风雪。忽闻鼙鼓声,东亚风云急。"

2月15日 《良友》第85期刊戈公振寄照片《柏林徐悲鸿绘画展开幕》《日内瓦中国国际图书馆设备竣事宴请国联中国代表团全体留影》。

2月16日 《东方杂志》第31卷第4号刊戈公振寄照片《日内瓦中国国

际图书馆设备竣事后之宴会》《徐悲鸿绘画展览会在柏林开幕》《日内瓦中国国际图书馆：善本藏书库》。

本月 《大众》画报第 4 期刊戈公振寄照片《苏俄舞台上之中国少女》。

《生活画报》第 3 集刊戈公振寄系列照片《苏联体育大检阅》《遨游海外之张学良过德参观容克飞机厂与经理谈话情形》《新任西班牙公使钱泰向该国政府递呈国书后留影》《钱泰公使递国书后由该国骑兵护送之影》《驻俄大使颜惠庆游列宁格勒亚历山大宫中国戏院》《珍邮：Touva 远处外蒙古之北角，其邮票以俄币计算，搜集不易，特影印以公同好》。

岁暮写有诗《莫斯科岁暮忆狄楚老》："我佛说平等，万劫都消灭，何以人相杀，辗转而不悔。今闻其豆煎，益垂家国泪，嗟噫岁云暮，相勉惟不息。"

3 月 2 日 在筹备徐悲鸿来莫斯科举办"中国绘画展览"事宜时，苏联有关方面人士谈及梅兰芳访问演出事，请戈公振从中联系，苏方将热烈邀请。是日，戈公振即以私人名义，发电报征求梅兰芳意见。不久接到梅兰芳回电，云："苏联之文化艺术，久所佩羡。欧洲之游，如能成行，定必前往。请先代谢文化协会之厚意，并盼赐教。"苏联有关方面人士又问及戈公振：中国有无电影？最出名的演员有谁？戈公振即推荐中国电影皇后胡蝶①女士。胡蝶也被苏方邀请访问。

---

① 胡蝶（1908—1989），原名胡瑞华，出生于上海，女演员。1925 年参演个人首部电影《战功》从而开启电影生涯，同年，在剧情电影《秋扇怨》中首次担任女主角。1928 年受邀加入明星影片公司。1931 年 3 月，她主演的中国第一部有声电影《歌女红牡丹》在上海新光大戏院公映。1932 年，出演中国的第一部彩色片《啼笑因缘》。1933 年 1 月，胡蝶被评选为"电影皇后"，当年她又主演了中国首部左翼电影《狂流》，同年主演的电影《姊妹花》则成为她表演生涯的代表作。1937 年卢沟桥事变爆发，胡蝶前往香港，先后拍摄了古装片《绝代佳人》以及爱情片《孔雀东南飞》等影片。1946 年，胡蝶从上海迁居香港。

3月3日 发消息《军事考察团抵俄京》，访杨杰①。

3月5日 发中央社电时评《我军事考察团离俄京赴波兰》。

3月7日 发消息《苏联军委长昨宴杨杰》。

3月10日 《申报》广告，德国医学博士费昆年在沪开设诊所，介绍人有戈公振等。

本月—4月间 戈公振在乌兹别克共和国等地访问，游览塔什干城、萨马尔干古城等名胜。

在招待杨杰军事考察团宴会上，戈公振和外交人民委员会东方司帮办鲍乐卫谈起梅兰芳访苏事。

《时代》第5卷12期刊登戈公振文章《电城：庶联访问记》。

4月2日 《国闻周报》第11卷第13期刊戈公振赠照片《柏林中国画展：山居休夏图》《柏林中国画展：飞瀑》。

4月9日 因消息称苏联封锁新疆边界，奉驻苏联大使馆命令至斜米（今哈萨克斯坦塞米伊市），沿途探询实况。②

4月15日 《良友》杂志第87期刊戈公振寄照片《柏林中国绘画会开幕》。

---

① 杨杰（1889—1949），字耿光，白族，出生于云南大理。1908年入日本陆军士官学堂学习，次年加入中国同盟会。1911年回国参加辛亥革命。1915年参加护国战争，屡建战功，晋升为陆军中将。1921年再次东渡日本，入日本陆军大学进行学习深造。1924年回国，先后担任国民军第三军前敌指挥官、河南陆军教育长等职。1926年加入国民革命军，在北伐战争、中原大战中功勋卓著，出任过国民革命军第一集团军总参谋长、总司令部参谋次长、中央陆军大学教育长等要职。杨杰拥护孙中山"联俄、联共、扶助农工"三大政策，在北伐战争中同共产党人建立了友谊。孙中山去世后，蒋介石企图私吞大革命果实，消灭共产党，杨杰对此明确反对。1930年12月，蒋介石对中央苏区进行第一次反革命"围剿"，杨杰劝阻蒋介石无效，"愤其所为"，遂离开部队，避居上海。1937年全国抗战爆发后，杨杰担任驻苏联特命全权大使，通过杰出的外交活动，为中国争取到大批贷款及军事物资，有力地支援了中国的抗战。由于杨杰的政见和蒋介石相抵触，于1940年被免职召回国。1949年9月，杨杰秘密飞往香港，准备北上解放区。9月19日，被国民党特务杀害。

② 台湾"国史馆"藏，典藏号：002-090400-00007-016。

4 月 18 日　《光明画刊》刊戈公振寄照片《柏林徐悲鸿画展开幕留影》《中国陆军考察团参观捷克 MURB 城拿破仑大破俄奥联军战场》。

4 月 20 日　《十日谈》第 26 期,春游专号载署名"象恭"文章《文坛画虎录:戈公振》。

4 月 22 日　《图画晨报》刊戈公振寄照片《柏林大学东方语言研究院华语生之一部　立右者为讲师曾垂祺君》。

本月　在柏林期间,在鼻部开刀医治脑漏,住院 9 天,昏迷 4 日。

5 月 1 日　发消息《全世界之劳工节莫斯科天空五百余飞机翱翔》。

5 月 7 日　下午 5 时,在莫斯科历史博物馆的列宁石像前,戈公振参加了苏联有关方面为欢迎徐悲鸿举办的中国绘画展览会开幕典礼。

5 月 9 日　发消息《俄京中国画展开幕》。

5 月 19 日　外交部接莫斯科中国公使馆转戈公振来电:"顷自土西路考察归来,新苏边界尚在半封锁中,而由沙拉阿札克至淦堪卡即贺哥斯之支路,为通伊犁孔道,长约百七十基罗米突,已在测堪,分三段赶造。形势紧张,概可想见,张死马逃①,新省战事,虽暂告结束,惟归化军色彩太浓,征之外蒙往事,迟早必成祸胎。最近穷促入新之东北军,滞留俄境已久,其中当不少思想激烈者,强邻进逼,随时有为人工具之可能,前逢险恶,言之寒栗,此行曾与多方面人士从长讨论,以为下列诸事可供中央采择",提出货物交易、教育普及、改组驻俄使领馆机构等。蒋介石电汪精卫,曰:外交部转示戈公振电陈各节,均关重要,请详加考虑,为规划实行,以图挽救。②

5 月 26 日　《新生》周刊第 1 卷第 16 期"海外新闻"栏目刊登戈公振寄照片《华盛顿之苏俄大使馆为昔沙皇之旧产,美俄未复交前该屋已闭置十五年,

---

①　指在 1934 年新疆军阀混战中,盛世才打败马仲英,逼迫张培元自杀事,当时苏联给盛世才提供了巨大的支持。

②　台湾"国史馆"档案史料文物查询系统,典藏号:002-060100-00081-019。

今始启用内部装饰》《莫斯科我国驻俄大使馆宴军事考察团》《苏俄驻美第一任大使脱洛亚诺夫斯基》《得尼泊水电堤之壮观》《得尼泊水电管理局》《得尼泊堤未筑前激流之状》《得尼泊新城》。

本月 《大众画报》第 7 期"海外消息"栏目刊戈公振寄照片《中国陆军考察团曾到世界各国考察军事,最近抵苏联参观莫斯科水陆航空研究院》《驻苏联之两中国记者,左,戈公振,右,大公报通讯员陈丕士,为陈友仁①氏之长子》《我国新任驻捷克代办梁龙氏》《我国驻捷克使馆》《粤军总参议吴逸志少将近在德国柏林与罗蕙英女士升空结婚》《中国画展览会在德国柏林开幕》。

6 月 1 日 《时代》第 6 卷 3 期刊戈公振文章《油城:庶联访问记之二》。

6 月 15 日 《良友》第 89 期刊戈公振寄照片《我国驻苏联大使馆新厦修理工竣,举行成立一周年纪念茶会留影》《中国军事考察团三月间赴莫斯科参观苏俄海陆军研究院留影》。

6 月 16 日 《新生》周刊第 1 卷 19 期刊戈公振寄系列照片《参谒列宁之墓》,有《红场全景,中列宁墓,旁即克里米林宫左角圣巴锡耳教堂》《八岁时之列宁》《十年纪念日墓前参拜之群众》《圣巴锡耳教堂》《列宁墓侧面》。

6 月 20 日 发消息《中国画展在俄旧京举行》。

6 月 23 日 《新生》周刊发表戈公振文《列宁逝世的十周年》。

6 月 25 日 发消息《吴南如②视察南俄各领馆》。

6 月 30 日 《新生》周刊社致函戈公振,云:"近得韬奋先生来函,渠于七

---

① 陈友仁(1875—1944),祖籍广东顺德,出生于中美洲英属西印度群岛的特立尼达。1913年任交通部法律顾问、英文《京报》总编辑。1922 年起任孙中山外事顾问、英文秘书。1926 年被选为中国国民党第二届中央委员,任国民政府外交部长。1931 年被选为中国国民党第四届中央委员,先后任广州国民政府、南京国民政府外交部长。1933 年参加福州事变,任福建人民政府外交部长,后流亡巴黎。1938 年回香港参加抗日活动,香港沦陷时被日军拘禁押解到上海,多次拒绝参加汪伪政府。1944 年在上海病逝。

② 吴南如(1898—1975),江苏宜兴人,北京大学法科预科、北洋大学法科毕业,曾任职于《新社会报》、国闻社,后进入外交界。1949 年去台,任新闻局长。

月初亦将赴俄国考察，届时必能与先生相叙。"

本月下旬　参观莫斯科郊外得奥斯坦金诺博物馆。

7月1日　《时报》第6卷5期"海外影信"刊戈公振寄照片《莫斯科之五一节与中国标语》《苏联莫斯科中国绘画展览会》《戴莲立女士》《驻苏联阿拉木图领事巴图沁君》。

7月14日　《新生周刊》第1卷第23期刊戈公振寄照片《美术：莫斯科中国大使馆为中国画展览会于五月八日在新馆招待苏联外交教育美术著作各界留影，中立着军装者为骑兵总监布登礼将军，其左为外交人民委员会次长沙克立果夫氏，左为使馆参事吴南如及徐悲鸿》。

7月15日　《良友》第90期刊戈公振寄"莫斯科来的消息"系列照片，有《苏联新进电影女明星岳果莱娃》《画展会之会场》《徐悲鸿氏在中国大使馆招待苏联各界要人茶会中即席挥毫作画情形》《画展开幕日中俄两方主事人员留影》《新任驻苏联塔什干总领事广禄（右）及副领事刘德恩（左）合影》《驻苏联塔什干中国总领事馆之外观》。

7月16日　《国闻周报》第11卷第28期刊戈公振寄系列照片"中国画展在赤都"，说明文字："本年五月八日我国驻俄大使馆为中国绘画展开茶会，招待苏俄外交教育美术各界要人，（上）茶会留影，（下）徐悲鸿在招待苏俄各界席上对客挥毫。"

7月20日　在莫斯科与邹韬奋会晤。两人多次长谈。邹韬奋后来回忆戈公振"最近两三年来对世界大势的辛勤的观察研究，在正确认识上的迈步"，"深觉到他的猛烈进步"。

7月27日　《新天津画报》刊登戈公振寄照片《莫斯克中国画展开幕留影》。

7月29日　发消息《军事交通考察团由日内瓦赴德》。

7月30日　发消息《徐悲鸿由俄返国　苏俄赠华名画十三幅》。

8 月 2 日　发消息《徐悲鸿离俄返国》。

8 月 4 日　发消息《张乃燕抵莫斯科》。

8 月 10 日　戈公振借国民政府外交部致电梅兰芳：

> 南京外交部：请转梅畹华先生，顷再与东剧协会接洽，十月中与他剧团有约，仓猝难于更变，如九月初不能来，可展至明年四月或五月，嘱为道歉如何，仍盼电复，公振，驻俄使馆代发。

8 月 17 日　参加在工会大厦圆柱厅举行的第一次全苏作家代表大会，聆听了高尔基所作题为《苏联的文学》的报告。

8 月 18 日　观看航空节的表演。

8 月 20 日　发消息《山东教育考察团抵俄》。

8 月 21 日　梅兰芳电戈公振，要求将访俄日期提前一两月。

8 月 24 日　发消息《胡兰珍女士应苏联作家大会演讲》。

本月底—9 月初　陪同蒋廷黻①、翁照垣②参观莫斯科郊外的博物馆，该馆陈列农奴和地主生活，戈和蒋对比中国农民和俄国农奴的生活条件，不约而同地说：这还不差。

9 月 1 日　在红场参加庆祝第 20 次国际青年节大会等活动。

9 月 3 日　发消息《翁照垣由德抵莫斯科》。

9 月 6 日　发消息《袁同礼③抵俄京　我国使馆设宴欢迎》。

9 月 9 日　离开莫斯科赴乌拉尔考察。

9 月 11 日　到达乌拉尔省首府施文德禄夫斯开（今斯维尔德诺夫），参观

---

①　蒋廷黻（1895—1965），字绥章，笔名清泉，湖南邵阳人。1911 年赴美求学，获哥伦比亚大学博士学位。1923 年回国任南开大学第一任历史系主任，1929 年调入清华大学任历史系主任。1935 年受到蒋介石的赏识，弃学从政，任国民党行政院政务处长，1945 年被任命为中国驻联合国常任代表，1965 年在纽约去世。

②　翁照垣（1892—1972），广东惠来人，民国时期著名抗日将领。

③　袁同礼（1895—1965），河北徐水人，著名图书馆家。

列宁大街。

9 月 12 日　到斯维尔德诺夫郊外的露天市场参观,并看到沙皇被枪毙处。

9 月 13 日　访问重工业人民委员会代表,参观钢铁厂和宝石厂,当晚乘车赴拜芮斯立基。

9 月 14 日　午夜到达拜芮斯立基,坐待天明。

9 月 15 日　在拜芮斯立基寻觅旅馆未果,经好心人介绍,当地《突击报》报馆帮助他找到化学联合工厂的第一旅馆住宿两夜。

9 月 16 日　《世界知识》杂志创刊,在《申报》广告列出特约撰稿人戈公振(中央社驻欧记者)。

9 月 19 日　再次拜访斯维尔德洛夫斯克的乌拉尔马许(Uralmash)①大型机械厂,当晚前往马格力导高斯开。

9 月 20 日　到达马格力导高斯开(Magnidogorsk),住中央公寓,接受工厂外事部门在专家俱乐部的招待。

9 月 21 日　到工人住宅区参观。

9 月 22 日　《新生》周刊第 1 卷第 33 期刊戈公振寄"列宁格勒之中国美术展览"系列照片,说明文字:"徐悲鸿此次赴欧开展览会以列宁格勒之中国画展为最后一次,该画展在冬宫举行,除中画外,并陈列俄国博物院所藏中国之古物,极为美观。"

9 月 23 日　前往马格力山,午饭后参观熔铁厂。当晚前往立宾斯开。

9 月 24 日　到达立宾斯开,前往拖拉机厂,住第一公寓,饭后参观旧城,晚上参加夜餐会。

9 月 25 日　参观了电气厂和火砖厂,并参观工人宿舍。

9 月 27 日　乘火车回莫斯科。

---

① 乌拉尔马许,位于斯维尔德洛夫斯克的苏联大型机械厂和军工厂,蒋经国曾在该厂任车间副主管和副厂长。

9月28日　陪同驻苏大使颜惠庆到达新西伯利亚,入住苏维埃旅馆。在新西伯利亚期间,访问有关新疆政情甚为详细。

10月5日　发消息《俞飞鹏、徐庭瑶将抵俄》。

10月6日　发消息《军事考察团今日抵俄》。

10月8日　发消息《苏俄要员欢宴俞飞鹏等　俞等谒列宁墓并参观各处》《美驻俄大使来华》。

10月9日　戈公振回访居住在国家旅馆的沈君怡、应懿凝夫妇。

发消息《华考察团在俄参观》。

10月10日　发消息《中国考察团在俄分组考察》。

10月11日　发消息《莫斯科庆祝双十节》。

10月12日　发消息《中国考察团在俄继续参观》。

10月13日　发消息《中国考察团离俄前往波兰》。

10月15日　《良友》杂志第96期刊戈公振寄照片"第一次苏俄作家大会于8月17日在莫斯科友联大厦开幕,左端第二人为主席高尔基氏"。

10月18日　访沈君怡夫妇,晚7点共进晚餐,谈及斯大林为俄国的"狄克推多"(dictator),晚饭后在戈寝室茗茶。

10月21日　陪沈君怡夫妇参观列宁墓,共进晚餐,谈及对苏俄研究要入虎穴得虎子,晚送沈夫妇离开莫斯科。

10月25日　就梅兰芳来苏联演出事宜,戈公振与苏方曾进行多次商谈。是日,双方商定正式条件后,组成了一个招待梅兰芳的委员会,负责一切工作。戈公振和吴南如(驻苏代办)被推为中国方面的委员。中国方面的工作由戈公振负责具体安排。

11月4日　发消息《驻俄代办吴南如宴俄大使》。

11月6日　苏联建国十七周年国庆日前夕,戈公振写《苦尽甘来的庶联》，以兹纪念。

11 月 7 日　参观苏联国庆检阅，身边有《密勒氏评论报》记者鲍威尔和清华大学教授蒋廷黻等。当晚苏联政府邀请外交团体和外国新闻工作者到克里姆林宫的圣乔治宫参观，午夜开始用餐，与加里宁、莫洛托夫等敬酒，至凌晨 3 点而散。

11 月 8 日　参加中国工人们在中国工人俱乐部的庆祝会。

11 月 16 日　史量才大殓，戈公振从俄国发电报："申报转史夫人暨家属礼鉴，惊悉史量才先生遇害，不胜悲痛，谨此奉唁，戈公振自莫斯科发。"

11 月 21 日　致信李公朴。

公朴兄：十月二十日手教拜惠。《读书生活》有暇尝道写小稿供补白。兄努力平民教育，敬佩此种工作乃从基本补教。总之政治不入轨道，则事倍而功半，尊意如何？公振　十一月二十一日。

11 月 26 日　《国闻周报》第 11 卷第 47 期刊戈公振"苏俄之工业"系列照片，有《拜芮斯立基化学联合工厂》《马格立联合钢铁工厂》《乌拉重工业制造厂》《郤略宾斯开拖重机制造厂》。此外有"莫斯科之双十节"系列照片，"本年双十国庆，驻俄中国大使馆特行庆祝典礼，苏联政府要人及赤都均至庆祝，上二图为来宾之一部，下图为军事交遄考察团长俞飞鹏氏与俄京名伶 Kozlovski 之合影"。

11 月 29 日　应邀参加莫斯科大戏院成立 125 周年音乐舞蹈会。

11 月 30 日　在莫斯科写《社会城》。

12 月 1 日　发消息《莫斯科筹备梅兰芳表演　决定组织委员会》。

12 月 6 日　《大公报》刊戈公振寄照片《中国军事交通考察团在莫斯科谒列宁墓：(中)徐庭瑶军长(左)驻俄代办吴南如》。

12 月 7 日　《大公报》刊戈公振寄照片《中国军事交通考察团在俄京游 Kremlin 宫并参观苏俄中央陆军陆官学校》。

12 月 20 日　在柏林写《油城》。

12 月 24 日　在莫斯科写《谷城》。

12 月 25 日　接到陈学昭由巴黎寄来的法学博士论文《中国的词》。

12 月 28 日　就梅兰芳访问演出事宜,苏联对外文化协会发出正式邀请书,其中云:"所有戈公振先生开示各节,遵当接受,惟盼阁下能于本年三月十五日莅临敝处,自当竭诚招待。"

本年前后　戈公振从莫斯科寄俄文课本和字典给戈宝权,希望他能有机会到苏联研究苏联新闻事业。

1935 年

（民国二十四年,45 岁）

1 月 1 日　《世界知识》第 1 卷第 8 期刊戈文章《莫斯科通信:附照片》。

《申报》刊戈公振寄照片《苏俄国庆阅兵式中之军事化学研究院女学员一部》。

1 月 4 日　苏联电影协会发起于本年 2 月间举行国际电影展览会,邀集远东及欧美各国电影界参加。戈公振致电明星影片公司周剑云,邀请参加出席。原电云:

> 上海明星影片公司周剑云兄鉴,苏联电影协会所办之国际电影
> 展览会,定二月开幕。望贵公司推派代表偕胡蝶女士光临,并希代约
> 联华公司亦派代表参加为盼。弟戈公振自莫斯科发。

1 月 14 日　《国闻周报》第 12 卷第 3 期,载戈公振文章《碱城和铁城:苏联访问记》。

发消息《莫斯科举行中俄交换名画典礼》。

1 月 23 日　梅兰芳赴俄文化交流,戈公振任招待。《申报》新闻载:

> 已定二月二十二日由沪乘轮赴日,转海参崴赴俄,预定三月十五
> 日以前,可抵莫斯科。所有班底一切,业已筹备完全。驻华苏俄使馆
> 代办日前特派汉文秘书鄂山荫君访晤梅氏,并面致苏俄文化协会邀

请书一通,并招待委员会名单一纸,邀请书如下:梅兰芳先生,阁下优美之艺术,已超越国界,遐迩知名,而为苏俄及苏俄人民所钦仰。兹特敦请命驾惠临莫斯科,以求广为我介绍于苏俄民众之前。所有戈公振先生开示各节,遵当接受。惟盼阁下能于本年三月十五日莅临敝处,自当竭诚招待,以谋旅次之安适。阁下此次莅临敝国,必可促进中俄两大国文化之关系,而使其日形巩固也。专此即请时绥,苏俄国际文化协会代理主席柯尔洽克,又招待委员会名单如下:㈠文化协会会长柯尔洽克……(略)㈨戈公振……(略)

1 月 25 日 被邀请于当日下午参观苏联全国代表大会,但因古比雪夫①突发心脏病去世,行程取消。

1 月 27 日 参加红场举行的古比雪夫国葬典礼。

1 月 28 日 《新生周刊》第 2 卷第 1 期载戈公振赠照片《苏联暗杀事件:基洛夫遗体陈列友联大厦任民众吊唁》。

《国闻周报》第 12 卷第 5 期载戈公振文章《所谓社会城:苏联访问记》、"苏联新建设"系列照片:《公共食堂之设备》《莫斯科之全国劳工总会》《寄儿所之内容》。

梅兰芳致电戈公振,同意赴苏联演出。

参观在克里姆林宫白宫举行的苏联全国代表大会,会议至 2 月 6 日结束。在评述莫洛托夫的外交报告时,戈公振写道:"我希望他尊重中国领土和主权,言论和事实一致。"

2 月 2 日 《新生》周刊第 2 卷第 2 期刊戈公振摄照片《苏联什景》。

2 月 7 日 发消息《俄轮来沪迎颜梅》。

2 月 9 日 《新生》周刊第 2 卷第 3 期刊戈公振寄《苏联工人新生活》照片

① 瓦列里安·弗拉基米罗维奇·古比雪夫是苏联早期的党和国家领导人,1888 年生于鄂木斯克市。

2 张。

2 月 25 日　发消息《中国电影界代表参加苏俄国际电影节》。

2 月 27 日　发消息《颜使抵海参崴》。

3 月 1 日　发消息《中国电影代表颜鹤鸣等抵海参崴》。

3 月 2 日　发消息《苏联国际影展开幕》。

3 月 4 日　《国闻周报》第 12 卷第 8 期刊戈公振文《谷城：苏联访问记》，刊登戈寄系列照片"苏联一角"（《苏联自元旦起取消面包票，面包店之拥挤情形减少》《莫斯科国家大戏院所设舞蹈专门学校表演教练技术》《苏联新开之 Udarnik 跳舞场》）。

3 月 6 日　《新生》周刊刊载戈公振《苏联近事》新闻照片 5 帧。

3 月 11 日　《国闻周报》第 12 卷第 9 期续载戈文章《谷城：苏联访问记》。

3 月 12 日　早晨 8 时，梅兰芳、胡蝶一行抵达莫斯科车站。戈公振陪同我国大使馆官员及苏联对外文化协会人士前往欢迎，中午请梅、胡等人在所住宾馆午餐。时戈宝权以天津《大公报》记者和《新生》周刊与《世界知识》等刊物特约通讯员身份随行。叔侄俩一起住红场和克里姆林宫附近的"大旅馆"。

3 月 14 日　参加苏联对外文化协会欢迎梅兰芳等人午餐。

发消息《俄外交文化协会欢宴梅兰芳等》。

3 月 16 日　《新生》周刊第 2 卷第 8 期刊戈公振寄照片《苏联第七届全体大会于 1 月 28 日在克润宁宫举行》以及"苏联近事"照片 3 张。

3 月 17 日　苏联对外文化协会欢宴梅、胡一行。

3 月 18 日　发消息《中国电影代表离俄京》。

3 月 19 日　参加下午 5 时大使馆茶会，此会目的一是欢迎颜惠庆回任，二是介绍梅兰芳于苏联各界前，苏联文艺界人士、各国公使和苏联政府要人、中外记者参加。

发消息《驻俄使馆举行茶会欢迎颜使回任》。

3 月 21 日　发消息《梅剧团在俄表演日程》。

参加在苏联外交人民委员会迎宾大楼举行的由苏联驻华大使鲍格莫洛夫主持的晚餐会,欢迎梅兰芳、胡蝶等人。

3 月 22 日　观看梅兰芳在高尔基街音乐厅的试演。

发消息《梅剧团今日在俄公演》。

3 月 23 日　晚 8 时,观看梅兰芳在苏的正式演出。

3 月 25 日　发消息《中东路非法让渡事件》。

3 月 28 日　陪同周剑云夫妇、胡蝶一行前往列宁格勒参观电影制片厂,游览名胜。

4 月 3 日　发消息《周剑云胡蝶返俄京》。

4 月 4 日　发消息《梅兰芳剧团在列宁格勒开演,演打渔杀家及刺虎》。

4 月 8 日　与颜惠庆谈论陈丕士(陈友仁之子)回国之事。①

4 月 12 日　发消息《梅剧团后日离俄返国》。

4 月 14 日　参加梅兰芳假都会大饭店宴请苏联各界人士的招待会。

4 月 15 日　夜,送周剑云夫妇、胡蝶一行由莫斯科的白俄罗斯车站前往德国柏林。

发消息《梅郎临别设宴》。

4 月 16 日　在莫斯科与侄儿戈宝权合写《中国电影代表团在莫斯科》一文。

《世界知识》第 2 卷第 3 号刊戈公振文章《庶联访问记:第七次庶联的大选》。

与戈宝权一起至莫斯科车站迎接来苏联访问的顾执中夫妇,并安排其住

---

①　上海市档案馆译:《颜惠庆日记(第二卷)》,中国档案出版社 1996 年版,第 885 页。陈丕士(1901—1989)回国后成为香港著名律师,一生支持祖国统一,任第六、七届全国政协委员,去世后骨灰安放北京八宝山革命公墓。

Grand Hotel。

发消息《中俄旅行社成立合同》。

4 月 20 日　发消息《梅兰芳离俄京赴华沙》。

4 月 25 日　给周瘦鹃回信并附俄文豪高尔基彩色小像一张：

> 瘦鹃兄：剑云兄来，奉手教，欣谂著述胜常，并悉移居珂里，更羡
> 清福。弟年来漂泊海外，倦而思归，但剑云兄比先我到沪，此间情形，
> 无待缕述，弟后日赴柏林，暂谋小休，年初曾画一片，奉贺年禧，上为
> 高尔基画像，不知如何夹入书中，久而未寄，今因便附奉，知海外有人
> 长相思也。率颂俪安，弟公振。四月二十五日。

4 月 27 日　赴柏林。

5 月 2 日　参加驻德使馆全体人员及旅德华人茶会欢迎梅兰芳、胡蝶。

5 月 20 日　《人间世》第 28 期刊署名"阿苏"的文章《记者生涯》，内有文字批评"戈公振驻俄多年，未见有同类文章①发登报纸"。戈后在第 34 期回复。

本月　《时代》第 8 卷 1 期刊戈公振文章配照片《空中的文化建筑》。

6 月 4 日　《北洋画报》刊戈公振赠照片《上月 2 日驻俄使馆全体人员及旅德华人开茶会欢迎梅兰芳、胡蝶》《驻德公使刘崇杰之公子章业，女公子庄业、班业，在柏林近郊留影》。

6 月 10 日　《国闻周报》第 12 卷 22 期发表戈公振、戈宝权合写的《梅兰芳在苏联》一文。

6 月 11 日　国际商会联合会开会前，采访巴黎某银行家探询是否采用金本位制。

---

①　指介绍国外新闻经验的文章。

6 月 25 日　发消息《颜大使离俄赴西欧》。

6 月 29 日　在维也纳参观。

7 月 9 日　发消息《颜大使将赴新疆视察中俄边界》。

8 月 7 日　《大公报》刊消息《梅兰芳抵沪谈话》,梅称:"此行代表与俄方接洽者,始终皆为戈公振先生,戈先生久居苏联,与苏俄文化方面,极为融洽,故一切布置,益见周到,令人心感。"

8 月 14 日　颜惠庆招待陈希豪①、李上校和戈公振等人。

8 月 20 日　《人间世》杂志第 34 期载戈公振与林语堂的公开信《通信》,此信写于 6 月 29 日维也纳。

8 月 22 日　由俄赴捷克斯拉夫考察,与驻捷代办梁龙合影。

8 月 27 日　颜惠庆设宴招待波洛伏伊和戈公振,指戈将去诺沃西比尔斯克。②

8 月 30 日　发消息《颜大使赴日内瓦》。

9 月 11 日　戈公振由苏联回国时曾写信给高二适,高二适就此信作诗《戈公振自捷克来书,赋此奉酬》:

> 当年沪壖记兴居,忽报天涯使者书。
>
> 同为生民憎泄泄,岂知河决慢徐徐。
>
> 思归三载宁云晚,问志中年总不如。
>
> 寄语故人憔悴甚,白门秋雨正萧疏。

发中央社电名义新闻《颜代表在国联大会演说中国愿供献世界和平》。

在苏联访问期间,戈公振去遍了苏联的名城,所有的大规模重工业都参观

---

① 陈希豪(1896—?),浙江东阳人,北平中国大学政治系毕业,1932 年奉命考察欧美。

② 上海市档案馆译:《颜惠庆日记(第二卷)》,中国档案出版社 1996 年版,第 920 页。

过,他说:"这是生平快事,有的地方,不许闲人涉足,即使你是什么专使特使,也无法进去,可是我得到特别通行的特权,竟能透彻的看个明白,我不懂得俄文,雇了一位苏联女子做向导,便解决当前的困难。"

康泽电报蒋介石,称接陈杰来电:"陈友仁之子陈丕士自武汉政府倒台后,随鲍罗廷①赴俄,在俄曾充红军士兵,其后又因戈公振(准共产党)之介绍,以大公报特派记者名义赴德法英各国活动"②。

10 月 1 日 抵达海参崴,住领事馆秘书闻侣鹤处。

在海参崴期间先后参观远东大学、中国列宁学校、中国小学、中国戏园、中国戏园医院、五一俱乐部等有关中国之文化机关,并随时摄影。同闻侣鹤谈天时,对世界及中国现状,极抱悲观,拟居苏州,整理考察所得材料。唯以儿子宝树为忧,希望筹措一笔款子存于挪威或丹麦银行,认为世界大战起,这两国不至于卷入。

10 月 7 日 《申报》载照片:我国名记者戈公振氏,随国联调查团出国驻欧多年,对于供给国内各报资料,联络各国报界感情尽力殊多。最近已自苏俄首途返国,为我国驻苏俄大使馆同人欢送,戈氏留影,前排坐于右方者即戈氏。

10 月 10 日 离开海参崴,时逢双十节,参加领事馆活动。在抵达礼堂时忽然昏倒,服八卦丹后清醒,小便呈青莲色。因海参崴没有好医生,船期又近,

① 哈伊尔·马尔科维奇·鲍罗廷(1884—1951),苏联威特比斯克省人,1903 年加入俄国社会民主工党(属布尔什维克)。1906 年及此后几年,在美、英等地的俄国流亡者中间活动。十月革命后回到苏俄,在外交人民委员会工作。出席了共产国际一大和二大,并于 1921 年 1 月出任共产国际驻柏林特使。1923 年奉派到广州,任共产国际驻中国代表及苏联驻广州政府全权代表。鲍罗廷被孙中山任命为国民党组织教练员,提出按苏联共产党的模式改组国民党的计划。之后任国民党中央执行委员会、政治委员会顾问,为孙中山的得力助手。1927 年四一二反革命政变后,遭到南京国民政府通缉。6 月 17 日,陈友仁正式通知鲍罗廷,武汉国民党中央已解除他的职务。同年 7 月鲍罗廷离开武汉,10 月经蒙古回苏联。之后曾任苏维埃劳动人民委员、英文《莫斯科新闻》主编。1949 年受美国记者安娜·路易斯·斯特朗间谍案牵连入狱,被指为苏维埃政权的敌人,流放到西伯利亚。1951 年死于伊尔库茨克。

② 台湾"国史馆"档案史料文物查询系统,典藏号:002-080200-00254-093。

匆匆上船。临行前,曾分别电告邹韬奋、胡蝶等人,约 16 日抵沪。4 天后途经旅顺时,戈公振发现小便仍呈青莲色,但无感觉,所以并不介意,在船上睡眠却不佳。

10 月 15 日 下午 4 时,抵达上海浦东码头。邹韬奋、胡仲持两人至,佣一小汽车接至海关码头等候行李。3 人谈了约两个小时。内容是上海报界近况和中国时局。当谈及政治时,戈公振说:在国内谈政治既然有许多不便,他此后将专门努力于拉丁化新文字的推行,因为当他旅居苏联的时候,他曾亲自看见拉丁化新文字伟大的效用,回国时还带了许多关于拉丁化新文字的材料。戈公振指着随身携带的一只装得满满的皮包,说里面均是他考察所得的资料,打算回国后研究整理出来,供国人参考,尤为重要,所以随身而带。6 时许,离开码头,3 人沿外白渡桥步行,下榻四川路附近的新亚酒店 3 楼。3 人共进晚餐后,匆匆分手,戈公振至通讯社和报馆访友,晚上 9 时许,到《申报》编辑部拜访老友。

晚 9 时,给李公朴电话告知回国消息。

陈学昭收到戈公振的信,信中说正动身回国,不想担任什么事情,要陈学昭替他找个清静的地方,方便整理东西。

《申报月刊》第 4 卷第 10 号刊戈公振文章《最近苏联人民生活的一斑》。

10 月 16 日 晨起,拜访狄楚青,并电话约请马荫良。下午 2 时同至哈同路(今铜仁路)257 号史量才灵堂吊唁。吊唁毕,两人就当时国内外形势、国内新闻事业和在沪友朋情况等,在史宅相谈 2 小时。戈公振对马荫良说:"教我的是狄平子,识我的是史量才,了解我和爱护我的是邹韬奋和马荫良。"晚 8 时,黄寄萍陪其赴友人宴会,提及在苏联就身体不适。

当日在下榻的新亚酒店,与友人谈起各国均对新闻事业很重视。戈公振回国,国民党中宣部和外交部都邀请其任要职,戈自己也以"新闻界和中央之间的桥梁"自称,国内报界也希望其去中央任职,以扶持报界。

10 月 17 日 邹韬奋因事未与戈公振见面。戈公振在电话中告诉邹韬奋,准备在上海休息两天,19 日去南京。

与李公朴会晤,畅叙积愫,谈论俄国近况和考察各国经过。戈公振告诉李公朴:"本可在莫斯科多住些时日,但眼望自己的祖国这样被人欺压侮辱,感到自己的责任,就觉得有从速返国的必要。"当谈到国内形势的时候,戈公振说:"只要国人肯努力,中国定有救。"

下午李公朴电话,戈公振说身体渐好,没有去看医生。

是日,天气陡凉,至《时报》馆访问好友,见张若谷,张觉其手指冰冷。外出吃晚饭受了凉。晚电话黄寄萍,称"今天和许多朋友们会谈,虽倦而十分愉快"。

10 月 18 日　晨,头昏,未起床,自己觉得好像还坐在船上,吃了两片阿司匹林。潘公展约请他去运动场参观全运会,见他身体不舒服,就请他不用同去,他说"市中心区的建设没有见过,去看也好",途中告诉潘自己儿子的情况,如同托孤。看一会儿就中途离开。周剑云夫妇约请,吩咐戈绍怡电话谢却。但下午周剑云夫妇仍然约请,情面难却,只好同往。晚黄寄萍为他洗尘,戈公振脸色灰白,穿了呢大衣,酒不喝,也不能吃菜。周剑云夫妇又宴请戈公振,胡蝶、欧阳予倩等人作陪,夜 11 时归。

10 月 19 日　原计划今晨至南京,因病未能成行。黄寄萍约同去吊唁张孝若(张謇之子),但戈公振精神萎靡,劝其静养。在五洲药房买庆脑退热药片口服。晚,决定进医院休养两天再赴南京。

晚与黄寄萍会晤,黄说报社同人拟定期开会欢迎,询问何日。戈公振因最近几日忙于应酬,提出由南京回沪后再图欢叙,日期暂缓决定。

给成舍我和严锷声去信,讲一个医生被诬的事情,说明他和这医生的友谊,请报纸能够如实记载。

10 月 20 日　下午 3 时,马荫良去新亚饭店看望戈公振,见桌上请柬、名片垒积成堆,"忙于无谓的应酬",而戈公振面容憔悴,精神疲乏,劝他去医院检查,有病早治,注意休息,戈公振完全赞司。马荫良即与虹桥疗养院联系,并

和司徒博一同伴送医院,住单人病房。上海红十字医学院董秉琦、梁福莲
(女)两医生诊治,初诊为疟疾和肝炎。

10月21日 下午2时30分,医院告戈绍怡,诊断为盲肠炎,急需开刀。
戈绍怡至,时戈公振发高热,手和声音均颤抖。戈公振用铅笔写一纸,关照绍
怡:所著日记游记,叫宝权续成速登;胡蝶约请今日赴宴,不能成行,请人将胡
蝶作《欧游杂记》取来,由他将此书内的俄人名字加入,待以后再版时补上;有
关别人请他办的未完事宜,由绍怡代办。

5时,马荫良、司徒博来医院签字,决定开刀。5时28分,由董秉琦做手
术。6时,手术完毕,情况尚好。"医说症尚轻,可无问题。"但手术后全身出现
红疹,入夜高热未退。

10月22日 晨7时,呼吸短促,验血证明有毒。戈公振托医院告戈绍怡
速来。绍怡至,戈公振自知病情严重,对她说,邹先生是生平好友,他的遗作可
请邹整理,遗体送医学院解剖。11时洗胃,吐出黑色之物(这天未进食)。邹
韬奋来看望时,戈公振请邹转告医生注意呕吐物。邹转告后因事匆匆离院,将
公振病情发电报告东台戈曙东,并托友人电话告戈公振几位朋友。

中午12时,邹韬奋接戈绍怡告急电话,即和马荫良同至医院。此时,戈公
振神色较上午差,呼吸更加短促。

片刻,周剑云夫妇、蒋光堂、胡蝶、欧阳予倩、黄寄萍等亲友八九人先后至。
戈公振睁开眼睛,微笑着"从被单里缓缓伸出抖颤的左手,和围在榻旁的好友
一一握手告别,最后并和服侍他的女看护握手告别"。戈绍怡说:"哥哥你安
心去吧。"

下午1时30分,躺在病榻上的戈公振已不能言语。守在病榻旁的还有戈
湘岚和戈宝树。

下午2时整,戈公振心脏停止跳动,手指呈青色。

10月23日 戈公振治丧处成立,日报公会为办事处。

10月24日 下午3时大殓。

12 月 15 日　安葬于上海第一公墓,主祭者:潘公展、汪伯奇、马荫良、黄伯惠、萧同兹、林柏生、严独鹤、朱少屏、邹韬奋、赵仰尘、戈曙东。各界挽联有于右任:"是民族国家大损失,与新闻事业相始终",戴季陶:"能以文章鸣,具有雄才堪所地;抛将心力尽,恨无妙术可挽天",陈果夫:"海外搜奇,想见烟波濯绖绮;枕中缄秘,空余文字缕心肝",顾维钧:"浮海正归槎,越万里九州,忽然长往;忧时犹有泪,抱千思百虑,徒托空言"。

江苏新闻学社决议全省报纸一律于戈公振公葬日发行特刊,以致哀思。

据毕云程记载,戈公振死前几天与他聊天,提及顾维钧任外交部部长时曾经邀请自己任情报司长,戈公振力辞说:"因为我不做官,所以对民众说话,还有一些信用,倘然做了官,则一些信用便没有了。"①

---

①　毕云程:《社会负戈先生》,《大上海人》1935 年第 2 期。

参 考 文 献

《报学月刊》

《北京画报》

《北洋画报》

《大公报》

《大上海人》

《大亚画报》

《东方日报》

《东三省民报》

《独立评论》

《读书生活》

《福尔摩斯》

《工商周刊》

《国闻周报》

《华北日报》

《京报》

《晶报》

《卷筒纸画报》

《良友》

《骆驼》

《民国日报》

《南京朝报》

《前线日报》

《青岛日报》

《琼报》

《上海画报》

《上海漫画》

《申报》

《生活周刊》

《时报》

《天津商报画刊》

《铁报》

《图画时报》

《霞光画报》

《小日报》

《新生周刊》

《新闻报》

《益世报》

《虞美人》

《中西医药》

《中央日报》

戈公振：《世界报业考察记》，商务印书馆 2017 年版。

戈公振著，韬奋编：《从东北到庶联》，生活书店 1935 年版。

蔡运辰：《旅俄日记　俄京旅话》，大公报馆 1933 年版。

陈从周著，陈子善编：《徐志摩年谱与评述》，上海书店出版社 2008 年版。

陈海量编：《印光大师永思集》，弘化社 1941 年版。

陈学昭：《天涯归客　文学回忆录》，浙江人民出版社 1980 年版。

范伯群主编：《周瘦鹃文集》，文汇出版社 2015 年版。

范国平主编：《李顿调查团报告书》文献整理，社会科学文献出版社 2018 年版。

范源廉著，欧阳哲生、刘慧娟、胡宗刚编：《范源廉集》，湖南教育出版社 2010 年版。

高拜石：《新编古春风楼琐记》，作家出版社 2004 年版。

高平叔：《蔡元培年谱长编》，人民教育出版社 1999 年版。

贡少芹：《李涵秋》，天忏室 1921 年版，明星书局发行。

顾维钧著,中国社会科学院近代史研究所译:《顾维钧回忆录》,中华书局 1986 年版。

顾执中:《战斗的新闻记者》,新华出版社 1985 年版。

洪惟杰:《戈公振年谱》,江苏人民出版社 1990 年版。

胡蝶:《欧游杂记》,上海良友图书公司 1935 年版。

胡适:《胡适全集》第 24 卷,安徽教育出版社 2003 年版。

胡适著,耿云志编:《胡适遗稿及秘藏书信》,黄山书社 1994 年版。

黄炎培:《黄炎培日记》,华文出版社 2008 年版。

计高成:《湖海诗存》,中国文联出版社 2007 年版。

纪如彬、吕华江编:《高二适先生年谱》,江苏凤凰美术出版社 2018 年版。

陆建初:《人去梦觉时　雕塑大师江小鹣传》,上海画报出版社 2005 年版。

梅兰芳著,傅谨主编:《梅兰芳全集》,中国戏剧出版社 2016 年版。

上海市档案馆译:《颜惠庆日记》,中国档案出版社 1996 年版。

上海韬奋纪念馆编:《韬奋全集》,上海人民出版社 2015 年版。

王仰清、许映湖标注:《邵元冲日记》,上海人民出版社 1990 年版。

吴蔼宸:《新疆纪游:附苏联游记》,商务印书馆 1936 年版。

谢六逸著,陈江、陈庚初编:《谢六逸文集》,商务印书馆 1995 年版。

杨炳、洪昌文编:《孤山拾零》,上海书店出版社 1993 年版。

杨小佛口述,朱玖琳撰稿:《杨小佛口述历史》,上海书店出版社 2015 年版。

应懿凝:《欧游日记》,中华书局 1936 年版。

袁志煌、陈祖恩编著:《刘海粟年谱》,上海人民出版社 1992 年版。

张若谷:《当代名人特写》,谷峰出版社 1941 年版。

郑逸梅:《艺海一勺续编》,天津古籍出版社 1996 年版。

郑逸梅:《艺苑琐闻》,四川人民出版社 1992 年版。

郑振铎:《欧行日记》,上海良友图书公司 1945 年版。

政协东台县文史资料研究委员会编:《东台文史资料》,1984 年印。

周天度、孙彩霞:《李公朴传》,群言出版社 2002 年版。

朱泽甫编著:《陶行知年谱》,安徽教育出版社 1985 年版。

顾维钧档案数据库。

台湾"国史馆"史料文物查询系统。

アジア歴史資料センター(アジ歴)—日本国立公文書館。

后　记

　　三四年前,我开史学理论与方法课,以《中国报学史》为例,探讨这本学术著作何以在那时出现。我私底以为史学著作的诞生,是作者旨趣之所在,亦是与时代激流冲撞之结果。此想法萦绕心中很久,准备写成文字时,却发现自己对戈公振其人茫然不知,孟子言:"颂其诗,读其书,不知其人可乎?"说的就是我这样半通不通的新闻史研究者吧。知耻而后勇,我找来戈公振的相关研究材料。

　　对于历史的认识,学者们有三种不同见解:一为已经发生的历史事实,是过去一切事件的总和,这些事实并不能如数保存下来;二为人们所记载的历史事实,这些是历史研究的材料;三是在史料基础之上的有关历史的认识。戈公振研究以第三类情况居多,总结其新闻思想,研究其新闻实践,分析其新闻论著,而第二类史料却很不完备。手头有用的参考书,一是洪惟杰先生在1990年编撰的《戈公振年谱》,二是东台政协出版的几册文史资料纪念集,其他零星的文章也有一些。洪先生的著作得到有关部门的支持,他可以看到保存在戈公振纪念馆里的一些材料,包括戈公振日记、书信,如今有关方面加大了保护的力度,我多方拜托也没有办法。不过我发现,现在大量民国报刊图书电子化,检索非常便利,戈公振是民国著名报人,写了不少新闻稿,他成为知名报人后,报刊对其活动的报道材料也很丰富,洪先生的《戈公振年谱》缺了一些这方面的材料，是非常遗憾的。其他的纪念文章也有类似情况。大规模纪念戈公振已经是改革开放以后，离他去世已有四五十年，很多当事人的回忆文章，很难保证史实的准确，要引用他们的说法总觉得内心不安，于是我开始检索史料，本意不过求个放心，但越做越发现史料需要整理。

指导研究生时，我一般会提出过去认为正常，现在被视作苛刻的要求：人物或事件研究，先做个年谱，按时间顺序把要研究对象的活动罗列一遍。这是老一辈历史学者常用的做法。如果第二类历史认识都没有搞清楚的话，后面基于其上的归纳总结都是基础不牢，地动山摇。年谱做完，研究者的时空概念就搭好了，不会像今天很多研究，看似引文翔实、论证严密，但细看时空线索却混乱不堪，常有用一个后来之观点证明前面行为的"穿越史学"。通过年谱还能发现被"理论化历史"所排斥的史实。现有的第三类历史知识是人们对历史事实的系统化再建构，常出于各种目的再整理和规范史实，有意或无意，忽略甚至裁撤与人们已有认知系统不和的部分，难免有削足适履的可能。我在整理年谱时，一些边缘事实会被还原，为历史研究提供陌生化的契机。例如，一般以为，戈公振去苏联考察并发回大量报道，因此他被认为是社会主义的同路人，可戈公振去苏联时身份是南京国民政府委派的中央社特派记者，也是中央社第一位海外特派记者。

而导致我决心做戈公振年谱的缘由，起初并不是基于史学的认识，而是发现民国时期有关戈公振情感经历的报道很多，多有冲突。已有学者详细论证过此事，我不多置喙，只想说明本来很简单的事实，因为时人和后人的记载，弄得扑朔迷离，前人挖坑后人埋。而做历史研究某个课题的机缘，有时并不是很"高大上"，我只是想弄明白戈公振为何离婚，结果做了20多万字的年谱。但年谱做完，如果不对谱主做一个较详细的介绍，又会成为一堆材料的断烂朝报，因此最好做个年谱长编，夹叙夹议。这留待以后再说吧。我现在将谱主做一个简单的介绍，希望读者先有初步的印象，再看年谱就有了份简陋的导航。

编撰完《戈公振年谱》，对戈先生的第一印象就是他一生大部分时候都不太走运。少年时读私塾,结果科举取消了,14 岁又入新式学堂,以第一名毕业,在自己堂伯的幕府帮忙,辛亥革命后,堂伯的差使调整,回乡读了乡绅夏寅官创办的淮南法政学堂,过了不多久,学校就倒闭了,参与《东台日报》的编辑,该报办了一年多也垮了,和兄长去考半个同乡张謇先生创办的通州师范学校,以第一名录取,但家中学费不够,只好把名额让给哥哥。多次碰壁后,戈公振觉得家乡的气氛太守旧了,就离开了家,前往上海,对家人说宁可在上海给修马路的人打石子,也不回去了。

东台当时最有影响力的绅士就是前面提到的夏寅官,他进士出身,曾参与维新变法,和当时新派人士有不少的往来,尤其和狄楚青相交莫逆。戈公振在夏家当过一阵家庭教师,夏北上京师为官,就把戈公振介绍给了狄楚青,在其名下《时报》的附属机构有正书局当图画的校对。

历史人物研究有两处盲点,一是传主早期没有成名前的事迹,留存的材料往往源自成名后自己或他人的回忆,多有遗漏和错误之处,戈公振成名前的历史,我前面的总结只是最合情理的说法之一,例如戈公振年轻时就读的学校,以往史料所写多有抵牾,可注意的史实是戈去有正书局工作前,正规的学历只能算高小,这是他第一次出国考察的动力之一,通过留洋提高文凭。常有文章写到戈公振父亲死后,孙中山为其题写了墓碑,这并不是戈公振父亲有如何影响力,而是戈公振向避居上海的中山先生讨来的,提出这点,是强调戈公振并非世家出身,而是完全靠着自己努力才获得其地位。

二是传主人生关键转折点的历史,按道理本该是传主一生最重要的历史节点,记录理应较多,但事实却是,有时当事人并不能明确这一节点而忽略其价值,或出于一些原因当事人讳莫如深。如同我们往往知道某人在任上的作为,但对于其如何能就任该职位,则难明其中隐秘的运作。前文述及,戈公振拿着夏寅官的介绍信来到上海,据包天笑回忆,当时《时报》员额已满,碍于人情,硬是加进了戈公振担任校对员。当时上海的报业主要把持在"青松帮"(青浦、松江)人手里,戈是苏北人,没有过硬的文凭。1913 年底,戈入职有正书局一年多后,兼任《时报》社编辑,并担任《时报》的时评主笔,当时《时报》以短评而见长,一天的报纸上常会有三篇小时评,作者分别是陈景韩(笔名冷血)、包天笑和戈公振,前两位都是老资格的报人,而戈只是无名小辈。

在《时报》工作了四五年时间,狄楚青家中发生重大变故,他就将报纸交给戈公振管理,可以说狄楚青是戈公振成为民国时期知名报人的引路者,但问题在于狄楚青何以如此赏识戈公振呢?现有的材料说戈公振在有正书局期间编辑了几本字帖,销量很好,引起了狄楚青的关注,也有说戈公振的书法很好,引起了同样热爱书画的狄楚青关注,还有一位戈的同乡回忆,当初戈公振在有正书局做跑腿盖章的活,每次要找狄楚青的夫人汪观定盖印,戈公振仪表堂堂而且言谈举止大方,引起了汪的兴趣,将其介绍给了狄楚青。再有报人则说明,戈在有正书局工作时,匿名投了不少的稿件,被《时报》采纳,逐渐大家知道了戈是作者,就被调到了《时报》,无论何种原因,戈公振的名字在1920年前后开始活跃在报纸上,《申报》《时报》《新闻报》都有其报道,他渐渐就成了知名的新闻人。

这也是近代新闻事业出现后才有的现象,参与报道活动、文章经常见报,记者也成了知名人物,但这还不能完全解释戈公振成为名记者这一事实,因为当时类似的情况也不少。1935年戈公振去世以后,上海的报界同人写了不少回忆文章,引人注意的地方是,这些文章往往提及戈公振是重要的新闻改革者。以前报纸的副刊被称为是"报屁股",不被人所重视,但戈公振在《时报》锐意进取,先后创办了多种周刊,如《劳工周刊》《英语周刊》《图画时报》等,开国内报纸的先河,其他报纸才按着《时报》的路子做了改进。这就涉及新闻史的重要判断,因为五四以后有所谓"四大副刊"的说法,一般以这些副刊开始刊登新文学作品作为副刊改革的开始,而从当时人回忆来看,上海报纸副刊的改革起始于戈公振,但五四运动到副刊改革是比较流畅的话语叙述模式,符合新文化运动——五四运动——报刊改革的认知模式,因此戈公振的功绩就被埋没了。这方面史实还有待进一步发掘。

　　在狄楚青时代,戈公振在事业上是舒畅的,但个人情感生活上却是不幸的。他 1916 年由伯祖母翟太夫人做主,娶了同乡可能也是表妹的翟蕴玉为妻。婚后戈公振鼓励翟蕴玉读书,资助其就读由蔡元培先生创办的爱国女校。1919 年五四运动爆发后,翟蕴玉积极参与上海的相关活动,同张闻天、康白情、宗白华等人有过密切交往。1920 年翟蕴玉从上海爱国女学国文专修科毕业后考入北大哲学系,成为北大最早招收的九个女生之一,也是在这一年,戈公振和翟蕴玉的独子戈宝树出生,戈公振送妻儿去北大,又带着孩子回来自己抚养,但翟蕴玉在北大就读后,受新思潮影响,与戈公振离婚,并和张大千之弟张君绶有了感情,两人后来坐船在烟台附近跳海自杀,这段感情悲剧的根源在于新思潮对旧有家庭的冲击(从张大千的记述看,翟蕴玉可能也有产后抑郁的病征),而戈公振又曾亲手将妻子送入这大思潮中,估计他怎么也无法预料这一结局。戈公振曾被上海的新闻同行称为“报界圣人”,对朋友肝胆相照,对亲友责无旁贷,对国家竭尽全力,我浏览众多史料,几乎无人非议过其人品和事功,咸称其是赤诚君子,为人无可挑剔,但其却一生孤苦,个人命运是何其的不幸。

　　狄楚青后将报纸转卖给了大商人黄伯惠,黄是松江人,报社也自然由苏北帮转而由松江帮掌权,戈的势力少了很多,一般有说法戈公振曾担任过《时报》的总编辑,但包天笑、金雄白等人都否认此说法,指戈公振只是《图画时报》的总编,属于《时报》的中层人物。黄伯惠对戈公振亦不算坏,他本人就酷爱摄影,每日同戈一起编辑《图画时报》,但戈自己仍然有些郁郁不得志。黄伯惠过于关注报纸的收益,把新闻事业当成生意,戈很多服务社会的想法都无法实现,这也是他后来脱离《时报》再就职时,一再强调收入无所谓,但一定要能做主的原因。此时上海陆续有大学开设新闻学的课程,当时的做法都是请业界的知名人物上几个钟点,戈也常去大夏大学、国民大学、复旦大学等开课,因为课程的关系,开始撰写《中国报学史》作为讲义,这也是他一生最重要的著作。

1927年初，戈公振决定自费出国考察新闻事业，有小报和后人笔记记载，原因是他开始了一段恋情，但对方家庭嫌弃其文凭学历，戈于是一边写《中国报学史》，一边准备出国留洋。这说法未必确实。戈公振此时正处在事业的关口，出国考察外国报业，还是有些想法的。出国前，朋友劝戈公振以他的身份，不必去国万里混个洋经历，但戈公振并不做如是想，他一生成就，都靠苦学苦读而来，早有出外访学的心思。

在国外期间，他采访了英国外长张伯伦、法国外长白礼安以及意大利首相墨索里尼等人，这些报道在国内有很大的反响。在新闻记者中戈公振逐渐以知外交而著称，这又成为他之后人生的一大机缘。他还在海外参加了国际报业大会。1927年底他赶到伦敦，在伦敦大学旁听新闻学，学习完毕乘船赴美，横跨太平洋到达日本，因为不确定回国后去哪里，就在日本鲍振青处待了几个月时间。此时的《时报》在黄伯惠手上从知识分子必看的文化类报纸，变成了刊载社会新闻多的低俗小报，同戈公振的理念不合，人事上也不顺手。此外戈公振很慷慨，时常把手头所拍的照片赠让给其他报纸，这也得罪了黄伯惠，戈公振在《时报》就待不下去了。《大公报》曾想请其当总编，其他报纸也发来过橄榄枝，但戈公振还是没下定决心。

戈公振回上海时，有史量才代表接船，此时他酝酿着购买《新闻报》，希望戈公振接手《新闻报》主编，但《新闻报》全体反对《申报》人员入驻，史量才的愿望成了泡影，戈公振只能屈身于《申报》，拿着主编的薪水，做着剪报的工作，上海的好友都为其境遇感到惋惜。1929年，上海报业组织了新闻记者东北观察团，戈担任书记员。该团先后参观了沈阳、长春、哈尔滨、北平、天津等地，在沈阳北陵别墅，张学良请他们参观其图书室，里面就有刚出版不久的《中国报学史》。

在《申报》期间，戈公振参加了很多社会活动，如在杭州成立报学会，发起组织中国笔会并担任书记员。1931年史量才倚靠黄炎培、陶行知、戈公振三人对《申报》进行了改革，戈公振还参与了《申报》画刊的创立。九一八事变爆发后,蒋介石曾召集各界人士共商国是,银行界人士是史量才,而新闻界则是戈公振。国联组织李顿调查团考察东北,戈公振以懂外交而知名,同著名外交家顾维钧又关系匪浅,还曾在东北考察,就作为代表团成员进入东北。尽管国难当头,但调查团的国人依然麻将不断,歌舞升平,只有戈公振茕茕独立,沉浸于书本中。

到东北后,调查团成员处处受日本人刁难,戈出去逛街透口气,就被日伪警察所扣押,幸被释放。回到上海后,为好友邹韬奋的《生活日报》创刊之事,戈公振前往南京疏通关系,和国民党中央党部宣传主委邵元冲相处不错,而国联大会即将在日内瓦召开,讨论中日之间的所谓满洲问题,迫切需要派遣记者进行报道,于是邵向陈立夫推荐了戈公振,经过国民党中央常委会讨论后,戈被任命为国民党中央社特派记者,随同国联代表团前往日内瓦。戈第二次出国并不是自己有意为之,他在给邹韬奋的信里写道,"二次赴欧,决定于最短期间,出于意外,然国难当前,岂惮个人跋涉"[①],此前中央社从来没有驻外记者,戈公振是第一人,因为此事非常重要,蒋介石曾密电陈立夫,询问为何派遣戈公振,有没有什么特别计划,要探听什么情报等,可见戈公振是很受国民党信赖的报人,蒋介石对其人也有相当的了解。

日内瓦国联会议期间,南京国民政府同苏联恢复外交关系,颜惠庆担任驻苏联公使,戈公振陪同其前往苏联。在苏联期间,戈公振有记者和外交官的双重身份,因此可以去其他西方记者去不了的地方,发回了不少的照片和报道,成为当时人们了解苏联建设情况的重要渠道。在回国之前,他的房间被人闯入,财物没有损失,但照片底片却被曝光,尽皆作废。戈公振还承担了文化使者的职责,在他的全力操作下,梅兰芳和胡蝶一同访苏,在苏联获得了极大的成功。

但戈公振自己在回国之前又有了前途的问题,他出国的身份是中央社临

---

① 戈公振:《途中的中国代表团》,见韬奋编:《从东北到庶联》,生活书店 1935 年版,第5 页。

时特派记者,和《申报》没有了关系,因此未来如何又成了疑问,因此他和朋友谈及要找个清静的地方整理书稿之类的话,更像是暂时无处可去的托词。

回国后一个星期,戈公振就突然去世,新闻界的人都觉得很突然,当时发生了数起类似暗杀的事件,如史量才在沪杭路上被刺杀,张謇之子张孝若被自己的仆人杀死,这些都让人产生疑问:戈公振怎么会死得如此突然?他酷爱运动,没有不良嗜好,也没有什么宿疾,为何就突然死了?按照戈的遗嘱,他的尸体被解剖,相关的病理报告也在医学刊物上公布,从内容上看,戈公振有肺结核、肝硬化和胃溃疡等病症,都不致命,关键是过于操劳导致急性腹膜炎,这在青霉素没有问世的时代为不治之症,实在是没有办法可想之事。

古人常说"赢得生前身后名",人的命运包括生前的事业和身后的令名,戈公振先生一生大多时间郁郁不得志,但其死后却声名不辍,这也算是一种补偿。有意思的是,戈公振比同时代的绝大多数报人更享声誉,事实上来自他的业余工作。《中国报学史》原是他在上海给南方大学和国民大学(两校其实为一所学校)上课时的讲义,钱钟书先生曾讽刺此类现象是"讲义出书",不是正规的路数,民国很多学者都有类似情况,此类著作也多被人们所遗忘。但《中国报学史》是当时中国新闻学教育少数几本有分量的著作,时人称之为"中国新闻学上最成功的著作"。另外,戈公振与邹韬奋、黄炎培等左翼知识分子有着良好的关系(通览《黄炎培日记》,可能戈同黄的关系并未如以往研究者所认为的那么密切),在苏联采访时报道了这个新兴社会主义国家的建设成就,而他又是在左倾知识分子遭受迫害的历史环境中突然不幸去世,其进步、爱国形象令人印象深刻。因此《中国报学史》在20世纪50年代作为中国新闻史研究的必备参考书翻印出版(也是那一时期唯一翻印的民国时期新闻学相关著作),持续发挥着影响力。

改革开放以后,新闻传播学科获得了重视,中国新闻史位处学科要冲,戈公振的《中国报学史》地位陡然上升,成为经典。在该书的盛名之下,反有灯下黑的现象,戈公振的其他事迹,隐匿于光辉之中。我所编著的这本《年谱》,

起于 1890 年先生诞生,终止于 1935 年先生离世,广搜各方材料,愿起到抛砖引玉的作用,但戈先生的相关材料,依然有不少散落在各处,有待发掘。我在编辑年谱时,能感觉到戈先生与不少人存在着关联,但缺乏必要的证据。例如,在《胡适全集》中有戈公振与胡适的通信,从语气来看,两人的交往应当比我已记载的更为频繁。又比如老舍和戈公振在民国同一份画报上发表过大量的照片作品,老舍任职伦敦大学时,戈公振在该校新闻系旁听就读,两人理应有过往来,但目前也没有证据。此外徐志摩去世时,戈公振担任追悼会的主持人,但并不见两人交往的其他材料。类似的情况还很多,相信随着相关材料不断发掘,能够弥补我的遗憾。过去有句俗话,当一架飞机起飞时,它就已经过时了,我也不得不表示,此书出版之日,就是需要修订之时,期待更多史料的出现。此为后记。

又即:感谢在本书成书过程中各方提供的帮助。首先感谢我读研和读博时期的导师李彬教授,在我读书时包容我的轻狂肤浅,在我工作后又激励我的奋进不懈。其次感谢 10 多年前在日本留学时的指导老师卓南生先生,和他一起在京都龙谷大学后门的小咖啡店畅谈新闻史,是我铭刻一辈子的温馨记忆。再次感谢同门师友的鼓励和支持,远在欧洲的李漫兄曾不辞麻烦为我疏通乡党关系,虽结果不如人意,但这份情意铭感于心。其他师友对我也多有鼓励,感谢我的本科学生贺嘉雯帮我在复旦大学文科图书馆查阅顾维钧档案,感谢本书责任编辑卓然女士不辞劳苦的工作,她提出了很多非常中肯的意见,使本书增色不少。最后感谢我的家人这些年对我的理解和宽容,这本书是献给我的父母,两位兄长,我的太太黄娴女士,我可爱的儿子小甘蔗小朋友,以及陪伴了我八年多的肥猫佑佑的一份小小的礼物,我作后记时,它正趴在我的腿上打着幸福的呼噜。世间万事东流水,于历史变迁的不可抗拒中,执意挽留些记忆,这是多大的执念呀。

又即:江苏省东台市地方文史研究专家程可石先生、朱兆龙先生给予了极大的帮助,二位先生作为当代戈公振研究重要学者,对于本书相关内容编撰过程中所提供的资料和建设性意见,尤其是程先生提供的《戈氏家谱东台支系》《漱泉山馆诗抄》等重要参考文献,为本书关于戈公振家世渊源的考证提供了一手珍贵史料,在此表示由衷的敬意和谢意。同时,也由衷感谢东台市博物馆、东台市戈公振故居等相关单位在本书编撰过程中所提供的帮助和支持。

责任编辑：卓　然
封面设计：石笑梦
封面制作：姚　菲
版式设计：胡欣欣　王欢欢

图书在版编目（CIP）数据

戈公振年谱/涂鸣华,王小杰 编著. —北京:人民出版社,2020.11
ISBN 978－7－01－022391－9

Ⅰ.①戈…　Ⅱ.①涂…②王…　Ⅲ.①戈公振(1890—1935)-年谱
　Ⅳ.①K825.42

中国版本图书馆 CIP 数据核字(2020)第 145861 号

戈公振年谱
GE GONGZHEN NIANPU

涂鸣华　王小杰　编著

人民出版社 出版发行
（100706　北京市东城区隆福寺街 99 号）

中煤（北京）印务有限公司印刷　新华书店经销

2020 年 11 月第 1 版　2020 年 11 月北京第 1 次印刷
开本:710 毫米×1000 毫米 1/16　印张:23
字数:300 千字

ISBN 978－7－01－022391－9　定价:70.00 元

邮购地址 100706　北京市东城区隆福寺街 99 号
人民东方图书销售中心　电话 （010）65250042　65289539